世界哲學家叢書

永 明 延 壽

冉 雲 華 著

1999

東 大 圖 書 公 司 印 行

國家圖書館出版品預行編目資料

永明延壽／冉雲華著.--初版.--臺北
市：東大，民88
　　　面；　公分.--（世界哲學家叢書）
參考書目：面
含索引
ISBN 957-19-2235-8 （精裝）
ISBN 957-19-2236-6 （平裝）

1.(宋)釋延壽-學術思想-佛教
2.佛教-哲學-原理-中國-宋（960-
　1279）

229.35　　　　　　　　　　　　87010296

網際網路位址　http://www.sanmin.com.tw

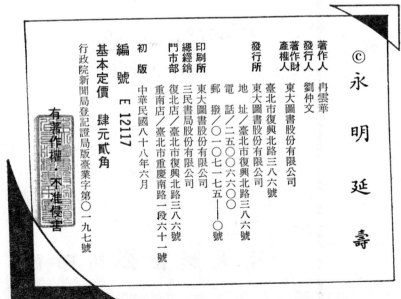

Ⓒ　永明延壽

著作人　冉雲華
發行人　劉仲文
著作財　東大圖書股份有限公司
產權人
發行所　東大圖書股份有限公司
　　　　地址／臺北市復興北路三八六號
　　　　電話／二五○○六六○○
　　　　郵撥／○一○七一七五一○號
印刷所　東大圖書股份有限公司
總經銷　三民書局股份有限公司
門市部　復北店／臺北市復興北路三八六號
　　　　重南店／臺北市重慶南路一段六十一號
初　版　中華民國八十八年六月
編　號　E 12117
基本定價　肆元貳角
行政院新聞局登記證局版臺業字第○一九七號

有著作權·不准侵害

ISBN 957-19-2236-6 （平裝）

「世界哲學家叢書」總序

　　本叢書的出版計畫原先出於三民書局董事長劉振強先生多年來的構想，曾先向政通提出，並希望我們兩人共同負責主編工作。一九八四年二月底，偉勳應邀訪問香港中文大學哲學系，三月中旬順道來臺，即與政通拜訪劉先生，在三民書局二樓辦公室商談有關叢書出版的初步計畫。我們十分贊同劉先生的構想，認為此套叢書（預計百冊以上）如能順利完成，當是學術文化出版事業的一大創舉與突破，也就當場答應劉先生的誠懇邀請，共同擔任叢書主編。兩人私下也為叢書的計畫討論多次，擬定了「撰稿細則」，以求各書可循的統一規格，尤其在內容上特別要求各書必須包括（1）原哲學思想家的生平；（2）時代背景與社會環境；（3）思想傳承與改造；（4）思想特徵及其獨創性；（5）歷史地位；（6）對後世的影響（包括歷代對他的評價），以及（7）思想的現代意義。

　　作為叢書主編，我們都了解到，以目前極有限的財源、人力與時間，要去完成多達三、四百冊的大規模而齊全的叢書，根本是不可能的事。光就人力一點來說，少數教授學者由於個人的某些困難（如筆債太多之類），不克參加；因此我們曾對較有餘力的簽約作者，暗示過繼續邀請他們多撰一兩本書的可能性。遺憾的是，此刻在政治上整個中國仍然處於「一分為二」的艱苦狀態，加上馬列教

條的種種限制，我們不可能邀請大陸學者參與撰寫工作。不過到目前為止，我們已經獲得八十位以上海內外的學者精英全力支持，包括臺灣、香港、新加坡、澳洲、美國、西德與加拿大七個地區；難得的是，更包括了日本與大韓民國好多位名流學者加入叢書作者的陣容，增加不少叢書的國際光彩。韓國的國際退溪學會也在定期月刊《退溪學界消息》鄭重推薦叢書兩次，我們藉此機會表示謝意。

原則上，本叢書應該包括古今中外所有著名的哲學思想家，但是除了財源問題之外也有人才不足的實際困難。就西方哲學來說，一大半作者的專長與興趣都集中在現代哲學部門，反映著我們在近代哲學的專門人才不太充足。再就東方哲學而言，印度哲學部門很難找到適當的專家與作者；至於貫穿整個亞洲思想文化的佛教部門，在中、韓兩國的佛教思想家方面雖有十位左右的作者參加，日本佛教與印度佛教方面卻仍近乎空白。人才與作者最多的是在儒家思想家這個部門，包括中、韓、日三國的儒學發展在內，最能令人滿意。總之，我們尋找叢書作者所遭遇到的這些困難，對於我們有一學術研究的重要啟示（或不如說是警號）：我們在印度思想、日本佛教以及西方哲學方面至今仍無高度的研究成果，我們必須早日設法彌補這些方面的人才缺失，以便提高我們的學術水平。相比之下，鄰邦日本一百多年來已造就了東西方哲學幾乎每一部門的專家學者，足資借鏡，有待我們迎頭趕上。

以儒、道、佛三家為主的中國哲學，可以說是傳統中國思想與文化的本有根基，有待我們經過一番批判的繼承與創造的發展，重新提高它在世界哲學應有的地位。為了解決此一時代課題，我們實有必要重新比較中國哲學與（包括西方與日、韓、印等東方國家在內的）外國哲學的優劣長短，從中設法開闢一條合乎未來中國所需

求的哲學理路。我們衷心盼望，本叢書將有助於讀者對此時代課題
的深切關注與反思，且有助於中外哲學之間更進一步的交流與會通。

最後，我們應該強調，中國目前雖仍處於「一分為二」的政治
局面，但是海峽兩岸的每一知識分子都應具有「文化中國」的共識
共認，為了祖國傳統思想與文化的繼往開來承擔一分責任，這也是
我們主編「世界哲學家叢書」的一大旨趣。

傅偉勳　韋政通

一九八六年五月四日

自 序

(1)

撰寫延壽思想一書，原來是由已故的傳偉勳兄首先向我提出的。
當時在我們的閒談中，他建議我在撰寫《宗密》一書之後，繼續再
寫一本後期中國佛教哲學的專著，觀察唐代以後中國佛教的思想發
展。我同意他的看法，接受撰寫這一本書，並且著手準備工作。但
是工作剛開始就遇到兩重障礙：一是我的身體時出毛病，二是延壽
的著作本身，不易閱讀。身體問題先是高血壓，繼之而來是視力衰
退，無法持久閱讀寫作，本書的進展速度馬上受到影響。因此之故，
本書的完稿日期一拖再延，直至今年夏初才算完成這個心願。延壽
思想研究上的困難在於他的著作本身：因為他是一位受吳越王室尊
敬的大和尚，博學多聞又是一位詩人，所以書中表達的方式頗為多
樣性：有時是以詩人情懷直述其志；有時又廣引經論，完全用「經
院哲學」的論理方法去弘揚佛教，詮釋禪理。無論是直述其志還是
引經論理，延壽所弘揚的是佛教；所解決的問題是如何統一佛教各
宗的不同思想。為了這些原故，書中的內容調和者眾，分析者寡，
讀者易見其林，難見其木。近代學者呂澂先生就曾經批評延壽說：
「過於重視禪教的統一……甚至把教中一些界限也弄模糊了。」就各

派的禪學而言，「延壽卻持混沌一體的看法……對宗也模糊了……幾乎辨別不出有何不同之點。」 延壽在做學問上的態度如此，著書的方法也是引書述同者多，析辨者甚少。想要從他的學問中分別出他自己的哲學思想，問題就變得複雜而又困難了。

為了克復這一困難，我頗費了一番功夫，找尋出一套方法，作為理解延壽思想的程序。首先要問的大問題，是延壽所弘揚的佛法是什麼樣的佛法？這一問題的答案要從延壽的著作中尋求，又要從後人的著作中求證。麻煩的是《智覺禪師自行錄》中所記的六十一種延壽著作中，現存的只有十種。按書名分析，六十一種延壽著作中，內容複雜，題目繁多，很難看出那些是他所弘的佛法，那些又是他自己的思想？書目的幫助有限，還是回到現存的延壽著作中，細心蒐證。據現在看到的材料說明，延壽最早的作品是《唯心訣》，其次是《宗鏡錄》、《萬善同歸集》、《心賦》、《觀心玄樞》、《受菩薩戒法》等。從這些書的內容中，我們可以清楚看出延壽哲學的主軸確是心學。延壽由唯心思想開頭，到《宗鏡錄》中更立一心為宗，聯合使用「唯心」與「一心」概念，辯證心是本體，說明心的重要性及其對現象世界的決定性。本書中的第三章，專門討論延壽的這種核心思想、發展層次及表達方式。由詩人情懷的「唯心」，發展為「一心為宗」的經院哲學體系，然後由博返約，又以詩人情懷用韻文體裁誦出《心賦》。從這三部哲學著作中，確定延壽思想的主軸；再依此一主軸脈絡作為分別延壽思想和學問的依據。

延壽思想的主軸浮現之後，再由此一主題出發，考察延壽的實踐哲學，進一步證實與主軸思想是否符合。考察果然再次證實他的實踐哲學仍是以心為主題，向佛教生活中伸展，建立了許多重要實踐方法，對後來中國佛教的定型有重要的影響。例如延壽在《唯心

訣》裡面，早就提出在宗教解脫中，「觀心」是最重要的實踐法門；
但是如何觀心則無說明。到了《宗鏡錄》中才對「觀心」的觀法、
歷史背景、各派論說如天台、唯識、華嚴、普賢等，作出系統性的
總結。又如在《觀心玄樞》中，以「觀心」作為一切宗教實踐行為
的「玄樞」。在《萬善同歸集》裡面，正式提出「唯心淨土」的口號，
為後來中國佛教開闢了「禪教一致」、「禪淨雙修」兩條發展的大道。
又如他在《受菩薩戒法》中，主張「萬法皆依無住真為體」，從而說
明「攝心為戒」的觀點。如此一來就使得戒律原來為了規範行為，
一變而為「真心」思想的外延作用。通過將「一心」向佛教生活的
伸展，使禪宗的思想與實踐得到全面性的充實；也將中國佛教原來
的主要教義及修習方法，完全納入禪宗。結果使禪宗一枝獨秀成為
主流，代表中國佛教全體。從思想上講，延壽的哲學正是禪宗成為
主流的奠基者。從此以後，禪與教義、禪與淨土、禪與戒律、禪與
佛教生活的各個方面，都可以在「一心攝萬法」的理論體系下，完
成「萬善同歸」。

　　除了延壽的核心思想和實踐哲學以外，還有一個大問題沒有受
到學術界人士的注意，那就是他的學問。如果仔細閱讀《宗鏡錄》，
讀者不難發現這是一部佛教思想大百科全書。書中有主題思想：「以
心為宗」，這自然是他自己的哲學；但在論證這一哲學主題的過程
中，書中引用了三百多種經、論、疏、偈等，說明心學的有關問題，
完全是經院哲學的論證方式。這些被引用的經籍包括印度佛教和中
國佛教的精華，是佛典中第一部標明中國佛教宗派思想的巨著。但
是書中所引的經論章句與延壽自己的哲學同異之點，仍然須要加以
區分，區分他的哲學主張與他的學問。本書特在第五章中，以「大
百科全書」思想為題，討論本書中所見的佛教各宗哲學要點。延壽

一再引用《肇論疏》中的名言：「會萬物而為己」，這萬物之中就包括各家佛學。延壽如何將各家教義「會歸」到他的思想體系？在「會歸」的過程中是否有異同比較或取捨標準？這些問題還未見前人討論。本書討論的結果發現，他的禪學是從「佛語心為宗」出發，主張「即心是佛」，又採用了荷澤禪「靈知不昧」的提法，詮釋禪心。他從華嚴哲學中找出心體的概念，與禪法「心為宗」一語結合，建立「一心」哲學體系。在論證過程中，引用《起信論》中的理論結構，以眾生心即如來藏，一心開二門。又用華嚴哲學中「十玄」、「無礙」等哲學方法，會通諸教之間的矛盾；再以「隨緣不變」、「不變隨緣」的辯證論，反復說明本體與現象之間的關係是既密切而又不同，矛盾而和諧等複雜交織的關係。

延壽從天台宗教義裡面，引出三諦圓融、一心三觀、觀心等概念及方法，詮釋心攝萬法的理論。但是他對天台教義的運用，只限於比較、說明、讚美；並不像對華嚴思想那麼深入認同，作為「立宗」的基礎。

唯識哲學是大乘佛教兩大思想體系之一，也是延壽思想中的一個重要理論根源。這一種哲學由玄奘從印度帶回，再經過其弟子們的鑽研，一度成為唐初佛教哲學中的顯學。但是這種哲學內容複雜，論證煩瑣，再加上梵、漢譯名音義難通，名相難解，到晚唐時已不能算是一個宗派了。如果從另外一個角度評論，唯識哲學的識、境、種子等概念，對現象世界出現的原因，以及解脫道路上地位的規劃，仍然使後期佛教思想家無法置之不理，延壽就是一個明顯的例證。他在討論心、識的層次及關係時，大量引用唯識宗的經籍；可是一接觸到本體論方面的問題，馬上就返回法性宗的立場，採用《起信論》的理論架構和華嚴宗的詮釋，作為他自己思想的主軸。梅光羲

先生早已在他的《宗鏡錄法相義節要》中，抄出延壽所引的法相文獻；呂澂先生也評論延壽有意模糊唯識宗的概念，使唯識思想與《起信論》中的心學，混亂起來。上述的評論有大部份確是事實，但在別的地方延壽仍然對法相與法性之間，有所辨別，有所選擇。這一點也是前人未論的要義之一。

(2)

　　早由宋代起，就有些宗教史學家開始評論延壽的歷史地位：有的說他是法眼禪宗的高僧之一，有的尊他為淨土祖師，宋僧惠洪更稱讚延壽「如禹之治水，孔子聞韶，孫子之用兵，左丘明、太史公之文章」。清世宗雍正也說延壽「為曹溪後第一人，超出歷代大善知識」等等。這一類譽美之辭，不必認真、也與事實不符。以禪宗思想而論，延壽自然無法與馬祖、石頭、黃檗、法眼等一代宗師相比，而這些高僧都生於曹溪之後。依教而論，延壽也遠不及法藏的開宗立教，或宗密的禪教和會。延壽的貢獻是在於集成，述多於創。延壽對後世的影響，也可以證實本書對延壽歷史地位的評估。以中、韓、日的佛教史為例，不少的學者曾撰寫有關《宗鏡錄》的書籍。可是這類撰述如果不是抄要，一定是原書的內容提綱，全屬於學問上的工作，思想上沒有發展。又如禪門語錄為例，延壽的詩句或雋語，有被引入禪師題唱中者，如《碧巖錄》、《從容錄》中的例子就可以看到。另一方面，這些被引用的嘉言雋語並不代表他的哲學體系。由這些事實評斷，延壽對後世佛教的影響，重點在百科思想、禪詩和淨土等方面。對一個哲學家而論，這也許不是他心目中的重要之點。如果暫時放開他的影響，而將延壽放入世界哲學史的範圍中加以比較，人們不難發現他的思想，合乎當時世界哲學的大氣候。

這一方面的比較工作，據我所知還沒有人做過，值得作進一步的討論。

近代出版的哲學史研究，絕大多數是以文化區域為界限，如印度或中國哲學史；西方各國雖然地區不同也有文化差別，但是從哲學角度而言，都可以上溯到希伯萊宗教思想和古希臘哲學。這兩大文明在羅馬帝國合流醞釀，提鍊發展，最後成為現代西方哲學，所以在哲學體系上是相通的，不像中國和印度哲學之間分歧那麼巨大，也不像歐亞之間的思想隔閡，名相各別。就是因為這種歷史文化、思想傳統方面的困難，所以討論哲學的學者多是各說各話，偶作比較，無法暢通引起共鳴。第二次世界大戰結束以後，資訊傳播、學術交流、人才互通都有空前的發展，比較思想進步快速，也有學者開始撰寫世界哲學史一類的學術專著。其中規模較大者，應推約・普樂特(John C. Plott)教授所編的《全球哲學史》(*Global History of Philosophy*)。這部多卷的大型出版物，我已見到的出至第四卷，正是延壽生前、生活和以後的時代。原書第四卷的副題是《經院哲學時代上冊》(*The Period of Scholasticism: Part one*)，內容分為兩個部份：多樣模式的一元論時期（公元800–900年），退落與苦心經營時期(900–1150)。普樂特教授在書中自己承認這樣硬性的區分思想歷史，自然不能說是完美無缺的區分；但他又指出除此而外尚找不出更好的辦法。這些問題與延壽的哲學直接關係不大，可以置而不論，但是一些與延壽有關係的地方，必須提出要點，試圖確定延壽在哲學史中的地位。

現在讓我們先看普樂特教授對其著作中，一些關鍵名詞的解釋，以及對哲學家的選擇。普樂特表示「經院哲學時代」一詞，指的是在此一時代流行於亞歐大陸的哲學普遍重視正、反、合式的三段論

法。當時的重要思想家普遍認為古老的傳統，須用新的方法與時代條件重加詮釋。這種新的詮釋導致「多樣模式一元論」哲學的出現。這一哲學思潮和學術方法，經過選擇淘汰和發展，最後完成了「偉大的總集成」。他所指的「大集成時代」，就是《全球哲學史》第五卷：「經院哲學時代下冊」，遠在延壽時代之後，和本書的論題無關，不必評論。現在讓我們看一下普樂特教授，選擇了那幾位人物，代表中國這一時期的哲學。他選出了柳宗元、韓愈、李翱代表公元800–900年間的中國思想人物；周敦頤、邵雍、二程、王安石等五人，代表公元900–1150時期中國哲學。這些人物通常都被視為儒家的思想家，因此就表示說中國哲學從公元800年起，已經進入新儒學時代了。事實上一般中國哲學史著作都是這麼說的。可是歷史真相究竟如何，一般學術著作很少評論。為了補正這一段歷史，本書特撰〈唐末五代之間中國哲學大勢〉一章，指出晚唐的新儒家運動，到五代時期只做到「其言雖行、其道不勝」而已。當時的主流思想仍是佛教，特別是禪宗的發展。就以公元 800–1150 這一段時間來說，佛教中的重要思想家就有澄觀、宗密、希運、臨濟義玄、法眼文益、永明延壽等數十位，其中有的是博學多聞，有的是開創新義，有的是領導風氣，有的是著作驚人，其在質量和數量上的貢獻，遠非儒道兩家可以比擬。就以當時的哲學趨勢而論，「多樣模式的一元論」，佛教界就有許多非常成熟的代表作品，宗密所著《禪源諸詮集都序》和《原人論》，延壽的《宗鏡錄》都達到當時世界哲學的最高水平，可惜歐洲文字少有這一方面的介紹，故鮮為外國人士所注目。

　　以普樂特的《全球哲學史》為例，在晚唐五代時期的中國哲學家裏面他曾注意到宗密，並且給予很高的評價。那時因為我的一篇

英文論文：〈宗密和他對禪學的分析〉，於1972年的《通報》中刊出，普樂特馬上將宗密的思想列入《全球哲學史卷三：教父及經典時代》(*The Patristic-Sutra Period*)。經典一詞泛指印度及中國在公元325–800年間所編成的宗教籍典，尤其大乘佛教的經論。普樂特指出他撰寫那一時期的哲學史，特別是公元800年前後的一段時期，是想找出傑出的思想家，對這一時期色彩絢爛、內容複雜、爭論紛紜的哲學發展，能夠作出有提綱性的結論。宗密在《禪源諸詮集都序》中，對佛教教義及禪宗思想的分析和總結，正合乎普樂特撰寫「教父及經典時代」的需要。於是他將宗密列入第三卷中，並且承認說：「以紀年前後而論，宗密應該排在下一卷哲學史裏面。現在將他選入此卷的原因，是因為他對經典時代的哲學發展有提綱挈領的陳述。」

如果以上述的理由而論，延壽在中國哲學史上的地位，應是公元900–1150年間重要的思想家之一。延壽承繼了宗密對佛教哲學的批判和其對禪思想的分析，並且豐富了論理及內容。在宗密的基礎上，發展了「一心」思想的經籍根據和理論系統；在禪思想發展方面也有所拓展，尤其是唯心淨土、心為戒體一類理論，使傳統的佛教教理及行為規範完全融入禪宗體系之內。從這一點而論，延壽可以看作是中國佛教經院哲學的大集成者，對佛教而言，可以和朱熹在新儒學中的歷史地位相比擬。所不同的朱熹所集成的儒家倫理，當時代表挑戰舊傳統——釋、道生活方式、倫理思想；而延壽所建立的佛學大集成，精神在於和諧統一，保存傳統。就哲學內容而論，延壽的「一心萬法」、「一心者萬法之總」、「萬法標形」、「物境千差、森羅一味」等哲學理論，正合乎世界哲學思想的大潮流——「多樣模式的一元論」。延壽在編撰《宗鏡錄》時，廣引經、論、疏、抄、

語錄、雜著，對佛家哲學的中心問題及各宗詮釋，作出詳細而有系統性的評論，也正表現出「經院哲學」的特色。從上述的幾個角度著眼，延壽確實是中國哲學史上佛教思想的集大成者。因為在公元第十世紀時，佛教思想還是中國哲學的主流，《宗鏡錄》以後的佛家著作，只有禪僧的「述古提唱」文集，例如《碧巖錄》、《無門關》等，但是內容只限禪宗，形式也不是「經院哲學」的路子。從世界哲學史的大氣候評論，延壽在中國思想史上的地位，無疑的顯得更重要。

(3)

在本書撰寫完工之時，有幾位已故的師友，值得追念。兩位老師去年正是冥壽百誕：一位是譚師雲山，另一位是印度老師師覺月師。譚師是引導我進入佛學的啟蒙老師，師覺月師指導我的碩士論文。沒有他們的指點，也許我對佛學永遠無緣。譚師從我 1953 年入印度國際大學，迄 1967 年離印來到加拿大，前後有十五個年頭，在致學、職業等許多方面，提攜之恩，令我終生難忘。傅偉勳教授生前未及見到本書的完稿，令人抱憾。現在將這幾位師友的愛護和幫助，謹記於此，聊表紀念和感激。他們都是賢智之士，早入無餘涅槃，清淨無為，和平安寂。

本書在撰寫的過程中，青年同學智學法師數次從東京蒐集材料，協助構思；肖鳳先後看稿正字，一如往昔。完稿之後又得叢書主編韋政通先生閱稿訂正。謝謝他們的幫助。

冉雲華　　1998 年 6 月 18 日晨於
加拿大 Hamilton 市安處齋中

永明延壽

目　　次

第一章　唐末五代之間中國哲學大勢

延壽(904-976)出生於晚唐，去世的時候五代十國已近尾聲，不久之後宋朝政府就統一全國，中國又進入分久必合的時代。但就延壽本人而言，五代十國分裂時期正是他的生活歲月。作為一個思想家，他的思想不可能不受當時思想潮流的影響。在他的思想成熟以後，著書立說，又對其後世的思想及學術產生必然的衝激。因此，在討論延壽及其哲學之前，應對當時的中國哲學大勢作一次概括，從而理解延壽思想的來龍去脈，使他的成就和歷史地位，才能被適當的評估與定位。

總體而論，晚唐至宋初的中國思想，仍然是以佛教特別是禪宗思想為主流。佛家在那兩百多年中，人才輩出，新概念、新方法、新體系都有相當的成就。新儒家運動，經過啟蒙思想家韓愈(768-824)等人的努力，並沒有馬上成為主流。道教雖有李唐皇室的支持，對個別思想家有過影響，但始終未能產生普遍性的發展。延壽生於斯時斯地，自然受到這些條件的限制。依照當時的教育制度，他應先由儒學啟蒙，可能兼及道家典籍，最後在佛教中找到了安身立命的哲學與生活。現在依照延壽思想發展的層次及次序，討論當時中國哲學的趨向。晚唐五代的中國佛教哲學是以澄觀(738-839)及宗密(780-841)師徒的華嚴學為主流。禪宗則以馬祖（道一，709-

788）所創的江西禪及石頭（希遷，700-790）所代表的禪法，是新思想發展的主力。除了這些鼎盛的佛教宗派以外，在佛教哲學方面，如三論宗所代表的空宗，由玄奘（600-664）所引入中國的唯識思想，雖然宗衰人去，但其空、有的基本哲理體系，仍然受到佛教知識人士的重視。天台宗的影響雖然侷限於江南地區，但延壽活動的地區，正好是吳越王國，那裡恰好是天台宗的基地，所以天台思想也對延壽有重要意義。在禪學論壇中，荷澤、牛頭兩家，雖然還未完全消失，但已經被排斥於主流之外。淨土法門也於此時，受到更廣泛的信仰。

一、儒家：道學重建與古文運動

現在先從儒家說起。儘管所有的中國哲學史論著，緊接隋、唐佛學之後，就是韓愈、李翔(772-841)的儒學革新運動，隨之而起則是宋代道學思想。這樣編寫給讀者的主要印象，就是中國佛教哲學經過韓愈排斥之後，被一擊而潰，中國哲學史於是進入新儒學時代。但如進一步思考，就有許多問題出現，例如韓、李的新儒學運動的內涵是什麼？當時的成敗如何？影響怎樣？按韓愈的儒家革新運動主要內容有兩個方向：一是文學改革，又名「古文運動」。二是哲學重建，又名「道學」運動。如果按照宋祁所撰《新唐書・韓愈傳》的說法，韓氏排斥佛道的「道學」努力，曾是「其言大行，學者仰之如泰山北斗云」❶。這樣的描述說明韓氏的古文及道學運動都很成功。當時的真相果然是如此的嗎？宋祁是宋代的史學家，讓我們考察晚唐五代人士對韓氏的成敗，作何看法。按較早的紀錄如五代

---

❶ 見《新唐書》，卷176，頁4052。

時編成的《舊唐書・韓愈傳》，對韓氏所倡導的運動，作評估云：

> 韓、李二文公於凌遲之末，遑遑仁義，有志於持世範，欲以
> 人文化成，而其道未果也。至若抑楊、墨，排釋、老，雖於
> 道未弘，亦端士之用心也。❷

這就清楚表示出，韓李的「道學」運動，在「排釋、老」方面，結
果只是「於道未弘」；在「志持世範，人文化成」的建設方面，也
是「其道未果」。排佛老、持世範是晚唐新儒家運動的兩項重要內
容，這兩個要點在當時的影響，迄五代時期都是「未弘未果」，這
又再次證明延壽時代的中國哲學主流思想，仍然是佛教哲學。

　　事既如此，《新唐書・韓愈傳》所言的「其言大行」，所指何物？
唐人皮日休(834–883)的文字，也許可以澄清《新唐書》所加的評論。
皮氏稱：

> 今西域之教……亂於楊、墨也甚……獨有一昌黎先生，露臂
> 嗔視……其言雖行，其道不勝。❸

由此可見，「其言雖行」說明古文運動的成功；「其道不勝」指排佛
的失敗及道學運動的挫折。

　　近代學者對韓愈、李翱的新儒家思想內容及評價，仍或持有不
同的看法，但是韓李思想的於道未弘、其道未果；其言雖行、其道

---

❷ 《舊唐書》，卷160，頁3498c。

❸ 見《韓愈資料彙編》，吳文治編（北京：中華書局，1983年），第一冊，
　頁51。

不勝的結果，確是無可否認的歷史事實。韓、李的新儒家運動，雖
然指出了聖人之道的道德內涵與社會基礎，但是仍無法在理論體系
及生活實踐上，對晚唐的佛教哲學及禪門宗教生活提出一套新的方
法。他們在中國思想史上的地位，只能算是新儒家思想的先行者。
先行者的工作只在指出一個新的方向，拿出一些材料，提出一些初
步的構想。韓、李新儒家所指出的新方向，正是恢復古代儒家的人
文思想、建立理想的政治社會道德。他們拿出的資料，是儒家古典
著作中的《論語》、《孟子》、《大學》、《中庸》與《易傳》。他們的
理想是用先秦儒家的方法與道德標準，重新建立中國的社會秩序。
他們的失敗是未能將這些古代思想融會提鍊成一整套的新理論，他
們也未能在生活實踐方面，以身作則，成為他們理想中的道法模範。

　　唐代新儒家的曇花一現，對公元第九、十世紀中國哲學，未能
造成重大影響的事實，也可以從延壽的著作中，看出一些端倪。《宗
鏡錄》卷三十三引用「古釋云」一段話說：

> 百家異說，豈文言之能惑者，此明於三教不惑，各立其宗：
> 儒家有二十七家，若契五常之理，即無惑也。黃老有二十五
> 家，若契虛無，即無惑也。釋有十二分教，若了本心亦無惑
> 也。然則三界雖殊，若法界收之則無別原矣。若孔老二教，
> 百氏九流，總而言之，不離法界。其猶百川，歸於大海。❹

從這一段話中可以看出，在延壽的心目中，儒家只是一種倫理道德
思想，著重於「五常之理」。韓愈所原之道，不過如此。新儒家所

---

❹　《大正新修大藏經》，第48冊，頁608b。(以下本書及冊、頁、欄號，
　　均簡化為如T48，608b)

主張的「心、性」之學，尚未為延壽所注意。從佛教思想觀察，當時儒家的倫理也都是「不離法界」而已。

　　延壽在他的著作中，偶然也提到孔子，或者引用儒家典籍中的名言。《宗鏡錄》中曾多次引用《孔子家語》中的話，如「良藥苦口，而利於病……」，「愛人者則人愛之，惡人者則人惡之」❺等，但是這些名言並非是儒家哲學的重心。延壽引用孔子的故事，有時來自《莊子》，《列子》一類的道家典籍，例如「仲尼曰：回也見新，交臂非故」，「孔子迷津，問於漁父」❻等等。又如孔子答商太宰嚭曰：「丘聞西方聖者焉，不治而不亂，不言而自信」❼。《莊子》中的孔子形象，有時是以寓言的形式，開儒家的玩笑，故意貶低「聖人」的神聖地位；《列子》中所言的「西方聖者」，也是佛家喜用的「孔子之言」，目的在於抬高佛家的地位。所有這些，自然不足以代表儒家的哲學。就整體而言，延壽所承認的儒家道德思想及其經籍都有其真實作用，於世有益。例如《宗鏡錄》中有一段引文說：

　　　　若周、孔經籍，治法、禮法、兵法、醫法、天文、地理、八卦、五行、世間墳典，孝以治家，忠以治國，各親其親，各子其子，敬上愛下，仁義揖讓，安于百姓，霸立社稷。若失此法，強者陵弱，天下燋遑，民無聊生，鳥不暇栖，獸不暇伏。若依此法，天下泰平，牛馬內向。當知此法，乃是愛民治國，而稱為實。❽

---

❺　T48，666c，767c。

❻　T48，451b–c，560c。

❼　T48，988a。

❽　T48，781c。

這一段話有幾點值得指出。第一，按照中國古代的學術分類，兵、醫、五行等法，本來不屬於儒家，到了唐末則混列於「周孔經籍」。這一事實表示，佛教的部份高僧對「世典」的分別，未免粗略；另一方面，這也足以表示古代中國學術的流派，傳到唐代末年，已為三教所代替。一些流派已成為官方主辦或主管的項目，所以就被佛家一般統稱為「世間法」，而世法的代表正以儒家為主。第二，從「孝以治家」，至「霸立社稷」的一段話，是在說明儒家的倫理制度，對社會的重要性與必要性。這種必要性在「若失此法」的一段話中，表現得更為強烈。一般討論中國佛教的著作，通常大多注意到中國佛教附依政權的事實；但多未能從理論上探究其內在的原因。現在從上面的引文中，可以清楚的看出，佛教是一種「出世間法」，它須要一種有效的「世間法」作為出世修道的先決條件，而印度佛教並沒有一套具體而正面的理論與制度可供佛教人士借鑑。中國佛教思想家，正好在這一方面與儒家妥協，希望能有一個「愛民治國」的安定條件，作為求道出世的基礎。

除此而外，《宗鏡錄》中有時也引用一些儒家文字，說明一些佛教問題。例如在討論環境對修道的影響時，就引用《孟子》書中的話說：「如孟子云：人性猶湍水，決東則東，決西則西。」❾又如在討論學習「宗鏡之文」時，必須「染神入心，窮源見性」時說：「如荀卿子云：君子之學，入乎神、著乎心、布乎四支，動靜皆可為法。小人之學，入乎耳、出乎口……」❿雖然上述所引《孟子》之中，實為孟軻的論敵告子所言，反對孟子性善之說，但是此一事實足以表示延壽讀過一些儒家典籍，但非精讀詳記。

---

❾　T48，585b。

❿　T48，585c。

二、道家、三玄、道教

　　道家思想有先秦、玄學與道教三種不同的層次。近人討論道教，喜歡將道家與道教一分為二，清楚割裂。其實道教本身固然有其與古代道家不同的一面，但也有其相互連接的關係。其原因在於道教主要的理論架構，仍然是以《道德經》、《莊子》等為根據。這些典籍在《道藏》中所佔的地位，就是一個證明。又如唐代三教辯論中的一位道家代表李榮，也是以《道德經》中的「道生萬物」為命題❶。道教在唐代的主要發展，有三個方面：一，因老子姓李而與李唐皇室搭上關係，依靠皇室的勢力，弘揚道教。二，以長生不老的金丹，而吸引唐代的帝王公卿。雖然多個皇帝如唐憲宗、穆宗、敬宗、武宗、宣宗，都是因為服食長生藥而喪命，但是道家金丹的盛名仍然吸引某些上層人士。甚至連像韓愈那樣以排斥佛、道為號召的人物，也不免於丹藥的引誘。三，道教新思想的發展，如王玄覽(626–697)、司馬承禎(646–735)、李筌、杜光庭❷對道教的理論建設，都受到上層部分人士的尊重與注意。

　　以延壽而論，他對道家的自然主義與丹藥思想，都曾討論評估，但是對唐代道家的新理論，則未加注意。這一點自然不是延壽的過失，而是時代的趨勢如此。事實上道教史的研究，直到公元二十世紀後期，才成為一般學者公開研究的課題之一。在晚唐五代時期，

---

❶　見道宣著：《集古今佛道論衡》，卷丁，T52，393c。參閱羅香林著：《唐代文化史》(臺灣商務印書館，民44年)，頁163–165。

❷　有關晚唐中國道教之發展，參閱卿希泰主編：《中國道教思想史綱》(成都：四川人民，1985年)，第二冊，頁428–457。

只有少數圈內人士才能見到道家新著的祕籍。

　　延壽對古典的道家思想，主要的是通過魏晉玄學的理解而評論。這並非是延壽一人如此，而是在隋唐之際，佛教思想家對道家理解，大部份皆作那樣的觀察。例如延壽引用《華嚴演義》對中國傳統思想的評估稱：

　　　　此方儒道玄妙，不越三玄：《周易》為真玄，《老子》為虛玄，《莊子》為談玄。❸

在《宗鏡錄》的另一處地方，對三玄的內容還有稍為詳細的解釋：

　　　　周弘正釋三玄云：《易》判八卦、陰陽、吉凶，此約有明玄。《老子》虛融，此約無明玄。《莊子》自然，約有無明玄。自外枝派，祖源出此。❹

從這些引言中，可以看出延壽對古典道家思想的理解，多是以二手資料為根據，沒有新義。他的貢獻，是在對傳統中國本土思想的批判與吸收方面，詳細情形將於本節後面，再加討論。

　　道教到了晚唐，主流是在丹藥方面。延壽對此亦有評論：「世又方術、服藥長生，鍊形易色，飛仙隱形者，稱此藥方祕要真實。」❺前面曾經提到，食藥鍊形之事，盛於中唐以後，延壽在《宗鏡錄》中，也證實了這一事實。除開主流以外，他還提到某些低層社會流

---

❸　T48，687b。

❹　T48，685c。

❺　T48，781c–782a。

行的「道術」：

> 世典亦稱實者，乃護國治家稱實也。外道亦稱實者，邪智僻
> 解，謂為實也……如是等但有實名，而無其義。何者世間妖
> 幻道術，亦稱為實，多是鬼神媚法。此法入心，迷醉狂亂，
> 自衒善好，謂勝真實。立異動眾，示奇特相：髑髏盛屎，約
> 多人前張口大咽；或生魚臭肉，增狀哺食；或裸形弊服，誇
> 傲規矩；或直來直去，不問不答。種種譎詭，誑誘無智……⓰

這裡所描寫的種種狀況，也許不全指的是道教，甚至包括有印度佛
經中所說的外道；但是起碼有一部份是與民間的道教有關，因為這
段文字的後面，提到這類「迷醉狂亂」的後果時，就有「內則病害
其身，外則誅家滅族、禍延親里」⓱等語。這種株連家族親里的酷
刑，正是中國的特產——歷史上對以宗教作號召的農民造反有嚴厲
處分。印度還沒有這種處理「外道」的方法。

　　雖然延壽對道教的許多行為，提出評論，不以為然；但是仍在
書中另一處地方，將仙客羽士，列為上層人物。《宗鏡錄》中，載
有黃金鑛石的一段譬喻稱：

> 譬如鑛石中金，愚夫無識，視之為石，擲在糞穢，都不領錄。
> 賈客得之，鎔出其金，保重而已。金匠得之，造作種種，釵
> 釧鐶璫。仙客得之，鍊為金丹，飛天入地，捫摸日月，變通

⓰　T48，781c–782a。參閱⓬所引卿希泰書，頁428–457。

⓱　T48，781b。有關道教與中國農民暴動，參閱卿希泰等編：《中國道教
　　史》（成都：四川人民，1998年），第一卷，頁257–280。

自在。**⑱**

這一段譬喻中，將獲得金礦的人士和其成就，分為凡夫、商賈、金匠、羽士等四個層次。他們所得到的金礦石都無分別，但是因為見識與技術的差異，其所達到的結果，則有天壤差別。在這四種人士中，成就最高的是鍊丹的仙客。早期佛教對中國本土宗教批判得最激烈的，就是道教。現在到了延壽的書中，仙客的地位忽然變得如此的崇高，這固然是由於延壽個人的見解與評估，但是由此也可以看出，儒、釋、道三教在晚唐五代所處地位，確實已有新的變化。從此也可以看出三教關係的衝突，漸漸趨向緩和。

如果認為上面引用的文字，只是一個譬喻，不能充分證明延壽對道教仙客的態度甚為尊重，那麼讓我們再看下去。延壽將上述的金礦譬喻，更推進一層，將凡夫、商賈、金匠、仙客等四種階層人士，與佛教圈內的地位加以對比。其結果是愚人喻一切凡夫，賈客喻二乘，金匠喻別教菩薩，仙客喻圓教菩薩**⑲**。圓教菩薩在佛教階位中，是四種人士地位最尊、功力最深、智慧最高的人物。延壽對仙客地位的尊重，這裡再次得到證實。人們必須記住，延壽是一位佛教高僧，是佛教圈內人士，他的信仰是佛教。雖然他對儒、道二教保持著尊重，對其教義及社會作用，都能作出較客觀的評估，但是這種客觀的觀察，並不能表示他的佛教信仰有什麼改變。剛巧相反，他對儒、道兩家的哲學，仍然有所批評。所不同的是他的批評，不是從宗派的感情出發，而是根據於不同的哲學原因。

---

⑱ T48，783a。

⑲ 同上。

三、佛教對中國傳統思想的批判

　　作為一個佛教僧人，延壽對儒道二教自然有他的看法與排斥，否則他就不會棄世出家，以終生的精力與時間，從事佛教修習與弘揚。佛教思想及修道理論，究竟有那些地方吸引著這位思想家，能夠引導他採取拋妻遺孥那樣激烈的決定；而那一股吸引他的力量，又會對他在評估其他宗教思想時，產生甚麼影響？這兩個問題，一個是延壽的宗教信仰，詳情下章中再作研究；另一個涉及儒道兩家對延壽的影響，以及延壽對儒道的批評。

　　《宗鏡錄》引用《華嚴鈔》的話說：「三教之宗，儒則宗於五常，道宗自然，佛宗於因緣」[20]。又說：「緣起深義，佛教所宗。」[21]延壽對傳統儒道思想的批判，也是從緣起觀點出發。延壽認為：

> 佛道正法，皆從緣生。故云心法四緣生，色法二緣起；若執不從緣生者，皆非正法，悉屬外道自然邪見。[22]

因緣觀念，既是「佛道正法」，儒、道兩家的思想，如從因緣觀點加以考察，會有什麼問題？延壽批評說：

> 如莊子云：貧賤苦樂，是非得失，皆其自然。若言自然，是不破果。不辯先業，即是破因。禮制仁義，衛身安國，若不

---

[20]　T48, 819a。

[21]　同上。

[22]　同上。

> 行用，滅族亡家。但現世立德不招後世報，是破果不破因。
> 若言慶流後世並前，則是亦有果亦無果也。㉓

這裡引用的話，雖言出自《莊子》，實則包括儒家。因為「生死有命，富貴在天」一類的話，正是儒家的名言，也屬於自然論的範疇。《宗鏡錄》認為：

> 所謂玉食錦袍，鶉衣藜藿席門，金屋千駟一瓢，皆因最初一
> 念而造。心跡纔現，果報難逃。以過去善惡為因，現在苦樂
> 為果，絲毫匪濫，孰能免之？猶響之應聲，影之隨形。此必
> 然之理也。㉔

這裡表明在佛家看來，世間一切窮通變化，雖然無常但有差別，而這種變化實有「必然之理」，這一必然之理，正是因緣起滅的理論。傳統儒家對此一現象的理解，可以用《周易》中的兩句話作代表：「積善之家，必有餘慶；積不善之家，必有餘殃。」㉕這是一種道德性質的因果論。儒家的道德因果說法，自然不能對世間現象作圓滿的解釋。所以延壽批評說：

> 不但貧富唯識變定，壽命亦然。以先心所作慈殺之因，今定
> 受報修短之果，非干今身善惡之行。故云：無禮必斃，跖何

㉓ T48，685c。

㉔ T48，816a。

㉕ 見《萬善同歸集》卷下，T48，990c。參閱高亨本《周易大傳今注·易·坤文》（濟南：齊魯書社，1979年），頁84。

事而獨壽？行善則吉，託何事而早終？❷⑥

　　盜跖的故事，引自《莊子》；　託指項託，傳說曾為孔子之師，但短命早亡，事見《論語疏》。　佛教思想家常以這類現象，訴病儒教倫理理論的缺點。

　　因為延壽承襲隋唐佛教思想家的傳統觀點，以三玄來通論儒道哲學，並且加以混合批判；而批評的出發點，仍是佛家的緣起思想。《宗鏡錄》卷四十六有一段評論，足以代表延壽對儒道哲學的態度。延壽引用《華嚴演義》的說法，以「此方儒道玄妙不越三玄」❷⑦為提綱，然後分別引用《老》、《莊》、《周易》的章句，再以佛教哲學的因緣論，加以破斥。延壽首先引用《道德經》「道生萬物」的命題說：

　　　　道生一，一生二，二生三，三生萬物。注云：一者沖和之氣
　　　　也。言道動出沖和妙氣，於生物之理未足，又生陽氣。陽氣
　　　　不能獨生，又生陰氣。積沖氣之一，故云一生二。生積陽氣
　　　　之二，故云二生三。陰陽含孕，沖氣調合然後萬物阜成，故
　　　　云天地生萬物。次下又云：萬物負陰而抱陽，沖氣以為和。
　　　　上來皆明萬物自然生也。❷⑧

上面這段引文的文字，有三個層次：開首及「次下又云」是《道德經》的原文；「注云」的文字是引自題為唐玄宗撰的《御注道德真

---

❷⑥　T48, 816a。

❷⑦　T48, 687b。此處引文見《華嚴演義》，T36, 103c。

❷⑧　T48, 687b。

經》❷，因為是「御注」所以在當時是必讀的官方注釋。延壽引用此書也是吳越承襲唐代教育制度的另一個具體證明。引文最後一句話，是延壽對道家所言萬物生成論的理解及總結：「自然生也」。延壽認為，「萬物自然生成」的理論，不限於老子一家，且為莊子學派所認同。他引用《莊子‧大宗師》篇論道的兩段話說：

> 在太極之先（應作上）而不為高，在六合（應作極）之下而不為深，先天地生而不為久，長於上古而不為老。注云：言道之無所不在也，故在高為無高，在深為無深，在久為無久，在老為無老。無所不在，（而）所在皆無也。❸
>
> 又云：知天之所為，知人之所為。注云：知天之所為者，自然也。意云：但有知有為，皆不為而為，故自然也。❸

這兩段文字中的注文，引自郭象(252–312)《莊子注》❸。郭氏之注與陸德明(550–630)作的《莊子音義》❸，也都是唐代的標準讀物。最後的「意云」是延壽的總結。換句話說，在延壽的理解中，無論是《老》是《莊》，道家哲學的根本立場，就是自然生成論。延壽對這種理論的批判，就是以此為重點。他批評說：

---

❷ 此處引文，參閱《道德經名著選輯》㈡，《中國子學名著集成》本，頁102–103。

❸ T48，687b。

❸ 同上。

❸ 郭注原文，見《南華經》卷四，《中國子學名著集成》第057號，頁159，174。

❸ 見《南華真經》（《中國子學名著集成》第054號），頁129，141。

> 今斷云：若以自然為因者，斷意也。即老子意，由道生一，
> 道是自然，故以為因，是邪因也。又若謂萬物自然而生，即
> 莊子意，則萬物自然無使之然，故曰自然，即無因也。如烏
> 之黑，即莊子文。❸❹

延壽在這裡對道家哲學的自然觀，有清楚的分析。他認為老、莊在
這一概念上有重要的差異：老子主張「道生萬物」； 莊子主張「萬
物自然無使之然」。這兩種不同的自然論，不但為一般人士所忽視，
就連致力道家思想的專家也很少論及。

　　延壽對「道生萬物」一派的批評，指其為「邪因」； 對「無使
之然」的自然論，評之為「無因」。 這種評論的基本出發點，正是
佛教哲學中的因緣學說。雖然延壽對「邪因」一詞未加詮釋，但從
延壽以前佛家對道家的批評論點中，可以探索出延壽的用意。宗密
在《原人論》中曾批評道家的說法：

> 所言萬物，皆從虛無大道而生者，大道即是生死賢愚之本，
> 吉凶福禍之基……❸❺

按照佛家的緣起學說而論，「此有故彼有，此生故彼生」。 此講因，
彼講果，因果雖然不同，但性質絕對不異。從倫理上討論，這就是
善有善報，惡有惡報，有此因必有此果。因是種子，果是後果。以
此為準則，佛家認為如果大道是萬物之本，怎麼會生出生與死、賢
與愚、吉與凶、福與禍等性質相反的後果？從此可見，道如能生性

---

❸❹ T48，687b-c。

❸❺ T45，708b。

質相反之物，則其不是正因可知。正因指的是與果性質相同的東西，所謂「種瓜得瓜，種豆得豆」是也。道生萬物，萬物性質不同，善惡交雜，所因佛家認為此種理論是「邪因」。

佛家批評莊子的自然生成論，缺點在於「無因」。佛教哲學對無因的批評，有很長的歷史，現在不必詳述，謹就距延壽相去不遠的《原人論》而論，其中就有以此理由抨擊《莊子》的自然論者。要點如下：

> 萬物皆是自然生化非因緣者，則一切無因緣處，悉應生化。謂石應生草、草或生人、人生畜等……。㊱

在佛家看來，「無因」是不可能的，這可以一切事物皆出有因得到證明；也可以由修道的經驗中證實。如果一切無因而生，自然而成，宗教也成為不必要的贅物了。

延壽對儒家的批評，是以《周易》為主，其所用的評論方法，仍是從因緣論的角度出發，原文如下：

> 《周易》云：一陰一陽謂之道。陰陽不測謂之神。釋云：一謂無也。無陰無陽，乃謂之道。一得為無者，無是虛無。空虛不可分別，唯一而已。故以一為無也。若有境則有彼此相形，有二有三，不得為一。故在陰之時而不見為陰之功，在陽之時而不見為陽之力，自然而有陰陽，自然無所營為。此則道之謂也。㊲

㊱ 同上。並參閱冉雲華著《宗密》(臺北：東大，1988年)，頁82–87。

㊲ 同上。並閱T48，687c。

這裡所引的文字，出於《周易・大傳》，惟文中「謂之道」及「謂之神」等語，〈大傳・繫辭〉原文均作「之謂道」、「之謂神」❸。引文中的「釋云」，應當是陸德明所作的《周易釋文》，也是唐代的官定讀物。說明《周易・大傳》的立場及哲學性質以後，延壽提出了他對《周易》哲學所得的結論：

> 今斷云：若以陰陽變易能生，即是邪因。又，一者無也，即是無因。❸

延壽認為《周易・大傳》所言的自然生成論，如以因緣思想區分，不外兩種可能：「邪因」或者「無因」。如果是「無因」，馬上就會產生下列的弊病：

> 若計一為虛無自然，則皆無因也。則人自然生，應常生人，不待父母等眾緣；菩提自然生，則一切果報不由修得。❹

四、對傳統宗教實踐的評估

作為一位佛學家，延壽不但批判了道儒兩家的哲學理論，並且也對儒道兩家的宗教實踐，加以評估。他承認這兩家的主張與實踐，都能造成真實的利益，但是那些利益從佛家的觀點而論，不免局限

---

❸　見前引高著：《周易大傳今注》，頁514，516。

❸　T48，687c。

❹　T48，781c。並參閱《金光明經・四天王品》（曇無讖本），T16，343b。

於世俗的現實，並有缺點的範圍之內。在討論儒家之利時，《宗鏡錄》稱：

> 當知此法乃是愛民治國，而稱為實。《金光明經》云：釋提桓因種種勝論，即其義也，蓋十善意耳。修十善上符天心，諸天歡喜，求天然報，此法為勝，故言勝論耳。又《大梵天王說出欲論》，即是修定出淤泥，亦是愛論攝耳。❹

按照《金光明經》的說法，「愛民治國」是一種真實，是一種勝論，因為這種方法確實能夠產生真而善的效果。但如按照佛家修定理論而言，儒家的理論只是愛論的一種。

事實上不僅儒家如此，道教的長生術也是如此。《宗鏡錄》指出：

> 世又方術、服藥長生，鍊形易色，飛仙隱形者。稱此藥方祕要真實，此亦愛論鈍使攝耳。❷

為什麼呢？

> 若服藥求知，聰利明達，推尋道理，稱此藥方為勝為實者，藥力薄知，不能鑒遠。觸藥則失，藥歇則失，亦非實也。❸

---

❹ T48,781c–782a。

❷ T48，782a。

❸ 同上。

這就表示，道家的丹藥雖然有一定的效果，但是「不能鑒遠」。 而且丹藥還有兩種缺點，可能被性質相反的藥物（觸藥）而消除其藥力；也可能因停止用藥後而藥力消失。從這些觀點而論，丹藥的實在功能只是有限的世間作用而已，不能算是絕對真實。延壽進一步指出：

> 若此間老莊，無為無欲，天真虛靜息諸，誇仙棄世絕智等，直是虛無。其抱尚不出單四見外，何關聖法？縱令出單四見，尚墮複四見中。見網中行，非解脫道。❹

從哲理上批判，延壽認為道家與道教，都局限於「單四見」或「複四見」，因此都屬於「愛論」或「愛論鈍使攝」。這裡所用的名詞與範疇，都是佛教思想史上特有的用語，除非通佛教思想及語言者，不易讀懂，須要稍加說明。

按「四見」、「愛論」都屬於「戲論」（梵語：Prapanca）——意為違反真理、錯誤而無意義的理論。吉藏(549–623)在《中觀論疏》中解釋此一概念說：

> 戲論有二：一者謂愛論，謂於一切法，有取著心。二者見論，於一切法，作決定解。❺

延壽判儒家「愛民治國」理想為「愛論」，道家丹藥神仙之說為「愛論之鈍」。其所持的理由即儒道的理論都含有「取著心」。心有所求，

---

❹ T42,12b。

❺ 同上。

就會落入世間「愛網」，無法得到解脫。按照佛家的看法：這正是「鈍根人起愛論，利根人起見論」❹。上面所說的儒道觀點，都屬於「愛論」。

老莊思想在延壽看來，算是「見論」範圍。而佛教哲學又把不同的觀點，分為簡單與複雜兩類：「單四見」與「複四見」。《宗鏡錄》對此，皆有解釋：

> 單四句者：一有二無，三亦有亦無，四非有非無。複四句者：一有有、有無。二無有、無無。三亦有、亦無有；亦有亦無無。四非有非無有；非有非無無。而言複者，四句之中，皆說有無。❹

文中的「四句」是梵語Catuskoti的漢文翻譯，就是中觀哲學對一切理論的邏輯分類與組合。四句中每句所概括的理論，就是佛家所稱的「見」。

總的來說，延壽承認儒家有愛民治國之實，道教丹藥也具變通自在的功效。這些好處在佛家看來，都不是究竟道，都是屬於世俗性的法門，都不能使修道者得到解脫。也就是因為這種原因，延壽雖然早年就對儒道之藝，有所涉獵，但是終於選擇佛教信仰為宗旨，出家為僧。但是他並非是一位心胸窄狹的教條主義者，他雖然不將儒道思想視為自己可以安心求道的哲理，但是在講授佛法時，仍然引用外典中的名言，譬解佛教的深意或方法。例如上面曾經提到的《孔子家語》、《孟子》、《荀子》、《莊子》、《列子》等。延壽對這類

---

❹　同上。

❹　T48，687c。

外典的引用，有時作為批評的對象；有時卻是從旁引喻，作正面的肯定。

　　除此而外，延壽究竟是一位中國的佛教徒，生長於中華文化圈內，以中國傳統理解宇宙。因為這種背景，當他討論宇宙及個人的關係時，常常於不知不覺中，引用中國傳統的宇宙架構，說明天人關係。例如他在討論「一心法界，涵蓋十方」這一命題時，就曾宣稱說：「法界一心……豈惟心具，身亦遍含」[48]。身、心、宇宙是三種不同的實體，如何能有機的涵蓋在一個系統？印度佛法的古典解釋，就是由色（物質）、心二法所構成的五蘊論。由五蘊向外擴展，就構成六根、六境、六識所組成的十八界。後來佛教在發展中，發現十八界（又名「法界」）的宇宙論太簡略，於是又在「禪天」數目中豐富了宇宙境界。可是這種坐禪的體驗，還是對宇宙的變化及與個人身心的關係，解釋得不夠清楚完整；因此之故，大乘佛教思想家就由外道思想中，引進「劫波」（梵文Kalpa）概念，以解釋宇宙的形成、成長、衰老、滅亡。但是這種印度說法，非常遙遠荒誕，而且譯音及涵義，不合中國人的思想模式，一般人還是很難弄清楚這些外來的想法。為了補足這一缺陷，《宗鏡錄》中有一套中國模式的宇宙──個人關係系統：

　　　　諦觀身時，即知此身具做天地一切法俗之事。所以者何？如此身相，頭圓相天，足方法地，內有空種，即是虛空。腹溫暖法春夏，背剛強法秋冬，四季體四時。大節十二法十二月；小節三百六十法三百六十日。鼻口出氣息，法山澤谿谷之風氣；眼目法日月，眼開閉法晝夜；髮法星辰，眉為北斗，脈

---

[48]　T48, 554b。

為江河，骨為玉石，皮肉為地土，毛法叢林。五藏在內，在
天法五星，在地法五嶽，在陰陽法五行，在世法五常。內為
五神，修為五德。使者為八卦，治罪為五刑，主領為五官。
昇為五雲，化為五龍。心為朱雀，腎為玄武，肝為青龍，肺
為白虎，脾為句陳……當知人身雖小，義與天地相關……㊾

這一段文字的來源相當複雜，現在沒有必要作詳細的查對；但是有
一點是非常清楚，即文中天人合一的概念，不是來自印度哲學，而
是古典中國的傳統。徐復觀在討論董仲舒的天人一也的概念時，就
曾指出：「人為天所生，因而圓顱方趾象天地，這是很古老的傳
統。」㊿《宗鏡錄》的文字，正好是由「此身具做天地」一切之事而
開始。其他如體形呼吸，四肢五臟等，又是脫胎於道教信仰，具體
內容與《黃庭內景玉經》有關㉛。天、地、人一體的「三才」觀，
正是中國古典哲學中特有的概念。按照印度人的思想模式，天人概
念的討論，通常由兩種出發點開始：元素或神學。元素指的是五蘊、
六根、十八界等；神學指的是禪天及六道輪迴一類的系統。《宗鏡
錄》的「法界」「身觀」則從體形、四季、大節小節、五官五臟、
五行五常、五神五德、五官五刑、五雲五龍等具體的形象分類上著
眼。這是中國傳統的概念與分類方法，這也是佛教中國化的一種模
式，也足以代表中國古典哲學與文化，對延壽所產生的影響之一。

㊾　T48，554c。

㊿　見《兩漢思想史》（香港：中文大學，1975年），頁262。

㉛　參閱王明：〈黃庭經考〉，《中央研究院歷史語言研究所集刊》，第20本
　　（1948年），後收入王著《道家及道教思想研究》（北京：社會科學，
　　1984年），頁324–371。

五、佛教思想在晚唐的變化

　　作為中國思想主流的佛教，從魏晉之際到晚唐時代，經過了不同時代的變化。從早期的佛教信仰與實踐摸索，到對印度大乘佛教的系統介紹，是第一次大轉變，其特點是從盲目的接受到有目的性的追求。追求的結果，使中國佛教思想家對印度佛教有了系統性的理解，作出批判性的選擇，使佛教傳統與中華本土文化相貫通，為佛教在東亞的新發展打下強固的基礎。就是在那種基礎上，有哲理頭腦的中國佛教大師建宗立教，使佛教漸漸超越印度傳統，轉化為中國特有的佛教。這一時期的代表，就是隋唐佛教。隋唐佛教有兩個層次的發展，一種在宗教哲學方面，也就是唐人所說的「教」；一種是平民化的教理與實踐，指的是「禪」與「淨土」。

　　隋唐之際的佛「教」，按發展次序而論，是天台、三論、唯識、華嚴四家。其中三論與唯識，主要的成就在於有系統的將印度大乘哲理介紹入華。在介紹的過程中，也有介紹者對這兩家哲理所作的詮釋，而詮釋中也有創造性的新東西。三論宗的巨匠是吉藏(549–623)，唯識宗的大師，是玄奘(600–664)及其高足。

　　另外兩家，一是由智顗(538–597)所建立的天台宗，二是由法藏(643–712)所建立的法界宗，即一般人士所稱的華嚴宗。此二家的宗旨，雖然都以印度佛典如《法華經》，或者《華嚴經》作為立教的標榜，可是教義系統的建立及思維模式全是中國特有的東西❷。天

---

❷　參閱冉雲華著：〈從智顗的「摩訶止觀」看中華佛教對印度禪法的吸收與改造模式〉，收於冉著：《中國禪學研究論集》（臺北：東初，民79年），頁108–137。

台宗的早期人物，和南朝及隋代帝王關係太密，所得沒有受到唐朝君臣的重視，但在江、浙、安徽一帶保持著一定的影響。雖然荊溪大師湛然(711–782)，一度曾擴大了天台佛教的影響，可惜後繼無人，到延壽時代已經凋零。這種景況在德韶(891–972)傳中表現得非常清楚。作為一種代表思想，天台哲學仍然對中國佛教哲學產生影響，延壽的著作，就是最好的證明。

在中國佛教哲學的諸「教」中，法界觀門的思想體系建立最晚，其教義的包容性也較新較全，在論理的技巧方面，也比較更成熟。再加上大師級的人才相繼，代有貢獻，如法藏、澄觀(738–838)、宗密(780–841)，先後受到唐代帝王、大臣、名流的支持，使華嚴思想成為中國佛教哲學的代表。

到了延壽的時代，唐王朝的中央政權已經崩潰，華嚴宗的教團也大非昔比，但是華嚴法界觀門的哲學體系，仍然在中國佛學教理上，被看作是「圓宗」正統。延壽在他的《宗鏡錄》中開門見山直言：

> 祖標禪理，傳默契之正宗；佛演教門，立詮下之大旨。則前賢所稟，後學有歸，是以先列〈標宗章〉。❸

〈標宗章〉是《宗鏡錄》的主軸──「立心為宗」。這一主軸思想，從禪宗觀點而言就是「默契正宗」；從教門而言就是「詮下大旨」。延壽更進一步澄清說明，「默契正宗」即「佛語心為宗」及「以心傳心，不立文字」；至於「詮下大旨」，就是「杜順和尚依《華嚴經》立自性清淨圓明體」。延壽認為，此一華嚴所言的「一切眾生自心

---

❸ T48, 417b。

之體，靈知不昧，寂照無遺，非但華嚴之宗，亦是一切教體。」❺

　延壽在討論印度佛教哲學時，採用宗密等人對印度佛教思想的批評，重新再次確認。例如延壽在討論印度佛教思想時稱：

> 諸佛如來一代時教，自古及今，分宗甚眾，撮其大約，不出三宗：一相宗，二空宗，三性宗。若相宗多說是，空宗多說非，性宗性論直指，即同曹溪見性成佛也。❺

這種佛教哲學的分類，來自宗密的《禪源諸詮集都序》。延壽更進一步引用宗密在比較性、相兩宗的差別與優劣時，直用「圭峰禪師云」，承認其理論的來源。例如：

> 又云：空宗但述遮詮，非凡非聖，一切不可得等。性宗有遮有表……❺

此處之「又云」仍指宗密所言。

　整體而言，中國佛教大師，從傳譯印度佛典到註疏佛經，從介紹印度佛學到分析批判外來思想，從尊崇印度佛教哲學到重建中國佛教理論體系，最後創宗立說完成中華佛教的建立。這種新型的中國佛教，在理論方面超越印度佛教的邏輯推理，拋棄單一的純粹思維，採用兼容並收與因病授藥的辯證選擇，完成了建立以人生為中心的中國佛教。這種有中國特色的佛教，在哲學與知識的層次上，

---

❺　T48，417c。

❺　T48，959a；參閱宗密著：《禪源諸詮集都序》，T48，402b–405c。

❺　T48，987a。參閱宗密原著，T48，406b。

是以延壽《宗鏡錄》編纂而集大成；在宗教生活上，以禪宗一枝獨秀為代表。延壽的佛教哲學百科全書思想之完成，本書下面將有專章討論，現在先談禪宗的興起、繁盛與獨尊。

禪法在印度佛教中屬於定學，與戒、定、慧組成佛教修道生活中的「三學」。大乘佛教興起以後，三學演變為「六波羅密」，「禪波羅密」是其中之一。佛教傳入中國以後，習禪的僧人代有所成。到了公元第六世紀時，習禪僧人才用漢文記錄自己的習禪主張或經驗。當時有影響的三家禪師，分別是北方的僧稠(480-560)，江洛一帶的菩提達摩（532年卒）及門下，以及天台山的智顗(538-597)❺⑦。這些習禪者有的領導其弟子形成教團，天台就是一個例證；有的是單幹獨習，過著苦行僧式的生活，菩提達摩及其弟子，都沒有自己的寺院，也沒有長期居留的大本營。弟子跟師父學習一段時期，就自行遊方化俗，了無恆產。直到達摩的第四代法孫道信(580-651)及其弟子弘忍(601-674)，才在湖北雙峰山「擇地開居，營宇玄象，存沒有迹，旌榜有聞」❺⑧。這種由遊方化俗式的流浪生活，到擇地開居，是此派禪人生活的第一次大變化──由流浪到定居。弘忍及其弟子更進一步「法門大啟，根機不擇」❺⑨，更使達摩禪法由少數慎選的個人修習，成為「大啟」的顯學。

達摩禪法的第二次大變化，是神秀(605?-706)受詔應武則天女皇的邀請，由湖北荊州到達唐朝的中心，長安與洛陽。從此以後，神秀生時已有「跌坐觀君，肩輿上殿」、「兩京法主，三帝國師」❻⓪

---

❺⑦ 參閱冉文：〈中國早期禪法的流傳與特點──慧皎、道宣所著「習禪篇」研究〉。收於冉雲華著：《中國禪學研究論集》，頁1-49。

❺⑧ 引文見〈傳法寶紀〉，收於《初期の禪史I》，柳田聖山著，頁415。

❺⑨ 同上，頁420。

等榮譽，逝後更有諡號豎石等尊榮。他的弟子更因其餘蔭，主持京、洛一帶的大寺院，與王公貴裔相交往。神秀一門自以「東山法門」為號召，由一個地方性的教團，形成與帝國中央權力有關聯的派系。這種重視祖師庶嫡之分的風氣，導致達摩禪法的第三次轉變——南北分宗。

禪宗有南北分宗之變，是由神會(684-758)於公元732年在滑臺論戰中首先發起。在那次論戰中，神會指責：「神秀門下，師承是傍，法門是漸」。「既二宗雙行，……故標南北之名」❻❶。這種爭論持續六、七十年之久，直到公元 792 年，神會取代北宗成為唐王朝正式承認的「禪宗七祖」而結束。「禪宗」一詞自此正式建立。但是此一詞中的「宗」字，是甚麼意思，還須加以詮釋：按白居易(772-846) 言：「自四祖以降，雖嗣正法有塚嫡，而支派者猶大宗小宗焉」❻❷。唐人賈餗 (835 年卒) 也說「代襲為祖，派別為宗」❻❸。由此可見，早期禪宗所重視的「宗」， 是由「祖宗」一詞而來，教義的辨別，也是以宗為主。這種禪門分宗事件，最初是只分南宗和北宗。到公元第八世紀中期，又出現牛頭、淨眾、保唐、洪州、石頭等宗。宗密所記的禪宗，是此種狀況的當時紀錄。南宗當時的主流，是以荷澤和江西作為代表。盛唐及晚唐時代的禪宗大勢，就是這樣❻❹。

---

❻❿　引自張說(667-730)撰〈大通禪師碑銘並序〉，收於柳田聖山：《初期禪宗史書の研究》，頁498。

❻❶　引自宗密《裴休拾遺問》，石井修道本，刊於《禪學研究》，第60號(昭56年)，頁80。參冉雲華：〈黑水城殘卷「承襲圖」研究〉，收於《潘石禪先生九秩華誕敦煌學特刊》，頁75-87。

❻❷　白氏之說，見〈傳法堂碑〉，此處引文用《胡適手稿》第七輯，頁269-71。

❻❸　賈氏之語，原出〈靈坦碑〉，此處引文用胡適本，同上注。

　　禪宗的第四次大轉變，是在五代至宋初之間，也就是延壽生活的時代。這時唐朝中央政權已經崩潰，以京、洛為中心的佛教團體，都受到毀滅性的衝擊，北宗、荷澤的菁華幾乎全部消失。各地的分支也因領導中心的喪失，而無法有所發展。倒是以江南及華南的禪宗僧團，能夠保全其基地，並且藉世亂不安之勢，吸引大量信眾，接引並培育許多領袖人物，提出新的教義，建立了新式的宗教生活方式，從而使以禪宗為代表的中國佛教，從印度佛教傳統中蛻變出來，完成佛教華化的歷史責任。延壽活動的年代，這一轉變還正在進行，尚未到達蛻變後的新型態——所謂「五家七宗」的宋代禪法。但是無論如何，唐代禪宗的主流，已經不是佛教主力，江南一帶的地方禪學，在馬祖，青原的法旗下，已經大放光彩。

　　延壽是一位禪師，屬於法眼門下。法眼大師文益(885–958)是一位很有見識和成就的僧人，他主張「先明佛意，次契祖心」❻❺。所謂「先明佛意」就是要研究佛經；「次契祖心」，就是要以經文所言與禪門祖師所教的禪法比較會通，將經文中的真理與自己的修道經驗，化為一體。由此可見，這一派的禪師不像其他禪宗中極端分子那樣，要求修禪者「於禮懺轉讀，畫佛寫經，一切毀之，皆為妄想」❻❻。這也就是延壽主張的禪教合一。他說：「所冀因指見月，得兔忘罤。抱一冥宗，捨詮檢理。了萬物由我，明妙覺在身。可謂搜

❻❹　參閱冉著《宗密》，頁120–139。

❻❺　見文益著：《宗門十規論》第八。收於《新修續藏經》（以下簡作《續》），冊110，頁440。參閱鄧克銘著：《法眼文益禪師之研究》，頁69–79。

❻❻　此為宗密對保唐寺一派禪法的總評論，見其《圓覺經大疏鈔》卷三之下，《續》，冊10，頁534a。這些話有一部份，也適合描繪別的極端禪師。

抉玄根，磨礱理窟。剔禪宗之骨髓，標教網之紀綱。」❻在這個問題上，延壽遵循著文益的指示；在理論和方法上，承繼並發展了宗密的「和會」論。他的具體做法和成就，本書將在下面再作進一步的討論。

　　總括延壽對晚唐佛教思想的態度而論，他將中國佛教宗派，列入討論議程：空宗、有宗、性宗等印度三宗哲學，延壽皆有評論。中國所創建的天台、華嚴、淨土思想，也在他的著作中，成為思潮的主流。由於他的努力，不但使隋唐迄五代的中國佛教思想菁華，得以保存；更由於他的努力，中國佛教的百科全書哲學，得到完成。

---

　❻　見延壽著〈宗鏡錄序〉，T48，416a。

第二章　延壽的時代、生涯及著作

　　正當儒學新啟蒙運動還沒有開花結果的時刻，中國佛教界卻未因大唐中央政權的崩潰而衰落消失，反而在這個存亡的嚴重關頭，面對亂世的分裂，承繼晚唐佛教思想的傳統光輝，完成了中國佛教百科全書哲學體系，從而使中國佛教思想從諸家並起、互相抨擊的矛盾風氣中，到達圓融互存的現實。這一和會勘定的偉大工程，是由永明大師延壽(904–976)❶所完成的。

　　延壽俗姓王，他所生活的地區，並不是文化中心的中原，而是偏安一隅的吳越王國，一生活動的範圍，沒有超出浙東和浙西。在這樣的地理及文化的限制下，他居然完成了建立中國佛教百科全書思想體系這樣的工程，實在令人驚歎。生活在那樣的亂世中，延壽又寫下許多清純絕致的詩篇，編出佛教巨著、禪理菁華，在亂世中能有這樣多方面的建樹，在中外歷史上也是不多見的成功人物。

　　延壽是他的法名，世稱「智覺禪師」是他的諡號。又稱「永明

---

❶　研究延壽思想的中文書，有孔維勤著：《永明延壽宗教論》一書。日文出版物頗多，皆是學術專題研究論文，詳見參考書目。英文專著，已有兩部博士學位論文，作者分別是釋恆清(Shih Heng-ch'ing)及Albert Franklin Welter，亦見本書後列參考書目。日文修士學位論文，有王翠玲之《宗鏡錄の基礎的研究》(東京大學，1995)。

大師」，因其主持杭州名剎永明寺長達十餘年，建樹甚巨，影響亦偉，以是世人尊其大號如斯。有些書籍傳記，稱他「字仲玄，號抱一子」❷；有的還說他字「沖玄」❸。「抱一」、「沖玄」皆是道家思想的特有用語，由此可窺見延壽思想中的道家影響。另一方面，晚唐的禪學中，在不少地方都有道禪合流的傾向。延壽在他的許多著作中，也採用道家術語，詮解佛教哲理。

一、吳越王國

唐王朝滅亡以後，中國又陷於割據分裂狀態：在中原地區已有五個短命的王朝相繼出現，就是歷史上所稱的五代。但是這些短命的王朝並無力控制全國，有勢力的地方集團，就以時局造出英雄而宣佈脫離中央帝國政權，自立為王。延壽出生及活動的浙江地區，就是五代十國之一的吳越王國。延壽一生的活動都在吳越，他的重要活動都與吳越王室有關。

吳越王國由錢鏐(852-932)所創建。錢氏出身民間，信仰佛教，注重文化。因此在中國大混亂的時代裡，偏安一方，保全乃至補救了唐代留下的中國文化。錢鏐去世以後，他的子孫承繼了他所遺留下三項重要政策：第一，不要和中原的中央王朝完全決裂。第二，全力建設地方經濟。第三，支持佛教，為百姓祈福，為統治者安心。就是這三條治國原則，使吳越地區在混亂的中華大地，獨得偏安之利，取得政治上的穩定，經濟上的繁榮，以及佛教的興盛。例如從

---

❷　《宋高僧傳》只記延壽俗「姓王，本錢塘人也」，見T50，887b。記他字號者，見《廬山蓮宗寶鑑》卷四，T47，325a。

❸　《永明道蹟》，《續》，第146冊，頁489b。

吳越立國（907年）到吳越王錢俶入京納土歸宋（978年）前後七十年間，由吳越移交給宋王朝的版圖有十三州，一個軍，八十六縣；戶口有五十五萬六百八十人❹。顯德六年(959)宋朝開國的前一年，後周的戶口是二百四十萬戶。吳越的人口佔中原王朝總人口的比例，約在四分之一以上。就是在這樣的大氣候中，在如此的歷史、地理、文化的背景下，產生了延壽這樣一位大師，延續了中國佛教哲學的生命，影響了中國佛教的發展及思想模式❺。

　　討論一位思想家的內涵時，應從他的生平開始，因為他的一生遭遇，正是其思想形成的外在因素。延壽是一位歷史人物，記載他的傳記資料，不下二十餘種；再加上傳記作者的時代背景及宗派立場不同，中國傳統佛教史籍中所刻畫出來的延壽，多是他們理想中的「聖者」，實際上恐怕並不是延壽本來面貌❻。因此之故，想要追尋延壽本人的面目，只能從延壽自己的著書及早期史料著手。不幸的是延壽所編寫的書籍，很少談論他自己的生涯；而早期史料如《宋高僧傳》與《景德傳燈錄》的作者們，雖然都與延壽是同一時代的人物，可惜記事太簡略，評論也不盡公允❼。

---

❹　參閱韓國磐著：《隋唐五代史論集》，頁88–132，文中所引戶口數字，見同書124頁。並見《宋史》，卷480。

❺　有關吳越王國佛教的研究，參閱阿部肇一著《中國禪宗史の研究》，頁165；牧田諦亮，《五代宗教史研究》，頁3–184。

❻　美國學者 A. Welter 曾有專文討論各家傳記中所表現出的不同延壽形象，文題為 "The Contextual Study of Chinese Buddhist Biographies: The Example of Yung-ming Yen-shou (904–975)"，收於 P. Granoff 與 K. Shinohara 合編之 *Monks and Magicians: Religious Biographies In Asia* (Oakville: Mosaic, 1988)，頁247–274。各種傳記之間的關係及比較，參考王翠玲論文，頁1–3。

　　延壽的原籍有的傳記說是錢塘人，有的說是餘杭人；有的說是
丹陽人❽。錢塘與餘杭可以看作是相同的說法，指以杭州為中心的
一帶地方。丹陽一般是說位於現在江蘇鎮江境內的古丹陽郡。延壽
生時，此處不屬吳越，沒有可能是延壽的生地。吳越境內另有一處
丹陽，即舊日會稽境內阿曲一帶❾。《樂邦文類·卷三·智覺傳》說，
延壽「本丹陽人，後遷餘杭」❿。至於遷徙到餘杭的原因，《人天寶
鑑》說：「父王氏因糜兵寇，……歸吳越為先鋒，遂居錢塘。」⓫按
《吳越備史·州考》越州會稽條中記載，公元896年夏初，吳越王
國的創建人錢鏐，領軍東進，平董昌之亂，斬其為首者十餘人；「以
下脅從者悉宥之。」⓬我頗以為，延壽之父就與此事有關，「因糜兵
寇……歸吳越為先鋒」， 於是由浙東隨軍西轉，住在餘杭；延壽就
在那裡出生。正由於這種錯綜複雜的歷史背景，才造成僧傳的紀錄
混亂。

---

❼　《宋高僧傳》的作者贊寧(919–1009)與延壽同時活動於吳越，亦為上
　　層佛教領袖，然將延壽傳置於「興福篇」， 為世所譏。《景德傳燈錄》
　　的作者道原雖居蘇州，但亦屬法眼宗，與延壽是同門。

❽　《宋高僧傳》言延壽本錢塘人，T50，887b。《景德傳燈錄》言「餘杭
　　人」，T51，421c；《淨慈寺志》收於《中國佛寺志》第18冊，頁512。
　　持延壽生地為丹陽後遷杭州者，見王日休著《龍舒增廣淨土文》，T47，
　　268b；宗曉著《樂邦文類》，同上，195a；及《永明道蹟》，《續》，第
　　146冊，頁489b。主張丹陽者，見《廬山蓮宗寶鑑》，T47，325a。

❾　見《吳越備史·輿地圖》(《叢書集成初編》第115冊，)，頁2c。

❿　T47，195a。

⓫　《續》，第148冊，頁71a。

⓬　《吳越備史》，頁9a。

二、早年生涯

延壽的早年生涯，材料很少，《人天寶鑑》稱他「長為儒生」❸。
明代編成的《永明道蹟》，則將其學生時代編成一段故事：

> 師年十六為儒生，時吳越文穆王元瓘鎮杭州。師獻〈齊天賦〉，
> 眾推世間之才，咸欲官之。❹

此事不見於早期文獻，非常可疑。延壽生於公元904年，按照中國
傳統年齡計算方法，十六歲當是虛數，其時應919年。是年春季元
瓘率水師溯江而上，大戰淮軍於狼山江，大勝。秋七月兵敗於無錫，
其母去世。當時元瓘的官銜是「檢校太傅增食邑五百戶仍任湖州刺
史」❺。

儘管獻賦一事可疑之點甚多，但延壽受到儒家傳統教育一點，
應是事實。這一點可以從他對儒學的知識，及其在詩賦寫作的水準
上得到清楚的證明。按五代時期中國的教育制度，並未因唐帝國的
滅亡而廢止。唐代會考制度分「明經」「進士」兩科。「進士」一科
的考試內容，包括詩賦兼及經義❻。延壽的作品，有詩有賦，就在
其大部頭的巨著中，也常採用騈體文的寫法。因為這些原因，我頗
懷疑他的儒家教育，重點曾放在「進士」考試的準備方面。

---

❸　見 ⓫。

❹　《蹟》，《續》，第146冊，頁489c。

❺　見《吳越備史》，頁20b。

❻　參閱章群著：《唐史》（二），頁306。

數種傳記都說，早從他未出家前開始，延壽就對佛法深感興趣，例如與延壽有同門之誼的道原就說：

> 總角之歲，歸心佛乘。既冠不茹葷，日唯一食。持《法華經》，七行俱下，才六旬悉能誦之，感群羊跪聽。**⓱**

這一段文字，有些地方如「群羊跪聽」之類，自然含有濃厚的神話色彩，不必看作是歷史事實。又如後來寫成的延壽傳記，有平息其父母諍論等故事，也都缺乏早期資料可資證實。

對一個信仰佛教的人士而言，出家入道是一件大事。《宋高僧傳》對這件事，卻只有簡略的記載。

> 兩浙有國，時為吏，督納軍須。其性純直，口無二言。誦徹《法華經》，聲不輟響。屬翠巖參公盛化，壽捨妻孥，削染登戒。**⓲**

這一段記載有兩點值得注意：第一，延壽在出家以前，一度擔任過吳越軍的「軍須」。 第二，當他出家為僧時，不但結過婚，並且已有孩子。《傳燈錄》補充說延壽是在二十八歲時，「為華亭鎮將」**⓳**。至於他未出家以前的一段生涯如何，只有《永明道蹟》稱：「師嘗為餘杭庫吏，後遷華亭鎮將，督納軍需」**⓴**。按華亭位於現在江蘇

⓱ T51，421c。

⓲ T50，887b。

⓳ T51，421c。

⓴ 《續》，第146冊，頁489c。

東南境的松江縣。延壽曾在當地作過軍需，當無可疑。華亭約在公元897年，以錢氏部將顧全武大破淮南軍於嘉興，而受吳越控制，當時是吳越王國的北方邊防地區[21]。至於延壽為什麼要棄官捨家，早期記載只是說常誦《法華》及翠巖盛化而已。到了西元第十二世紀中葉，王日休才對延壽的出家因緣，有了戲劇性的描繪：

> 初為縣衙校，多折官錢。勘之，止是買放生命。罪當死，引赴市曹。錢王使人探之，若顏色變，即斬之；不變，來奏。臨斬顏色不變，乃貸命，遂為僧。[22]

這一戲劇性的事件，到後來淨土信徒的聖者傳奇中，就被更進一步添鹽加醋，越來越神奇了。《樂邦文類》、《永明道蹟》就是最具代表性的例證。到了明代，更將這些傳奇，編成戲劇，深入民間。[23]

　　從上述的討論中，我們可以看出，如果拋棄宗教神話傳說，延壽的俗家生涯，大概是這樣的：他於公元904年，出生於餘杭王家。其父祖籍浙東丹陽，後歸錢氏，寄籍餘杭。延壽青少年時代，曾讀儒書。後來在當地作過庫吏，再遷升為華亭鎮將，督收軍需。可能因為帳目不清，遭到處分，於是決定捨妻孥而出家。

---

[21] 見《備史》，頁10b。

[22] T47, 268a。

[23] 據中國社會科學院文學研究所吳曉鈴先生生前告本書作者說，明代僧人智圓，著有《異方便淨土傳宗歸元鏡三祖實錄》雜劇一種，收於《古本戲曲叢刊》第五集中。劇中的主角，正是延壽。

三、捨俗求道

延壽從早年起就讀《法華經》一事，各家都有記載。他的決定出家並拜翠巖和尚為師，也為各種傳記所公認，其中以《傳燈錄》的說法，較為詳細：

> 年二十八，為華亭鎮將。屬翠巖永明大師，遷至龍冊寺，大闡玄化。時吳越文穆王知師慕道，乃從其志，放令出家，禮翠巖為師。❷❹

至於延壽在作鎮將，督納軍需之際，為什麼忽然有出家的決定，早期史料並未說明。到了延壽去世一百年後的資料中，才有延壽出家動機的新說法：

> 為華亭鎮將，嘗舟而歸錢塘，見漁船萬尾戰戰惻然，意折以錢易之，放於江裂縫掖。❷❺

這裡只說延壽在出家之前，曾經買魚放生。再後一點編成的《龍舒淨土文》中，才有「多折官錢……買放生命。罪當死，引赴市曹。錢王……貸命，遂為僧」❷❻ 的說法。

儘管各種傳記對延壽的出家，所說不同，但是與此事有關係的

---

❷❹ T51，421c。

❷❺ 惠洪著：《禪林僧寶傳》，《續》，第137冊，頁239d。

❷❻ T47，268b。

兩位人物，則是一致，那就是延壽的第一個師父翠巖和尚，及吳越王國的統治者文穆王。翠巖和尚的傳記，見《祖堂集》：

> 嗣雪峰，在明州。師諱令參，湖州人也……錢王欽仰，賜紫。❷

從這一段記錄中，人們只能看出他是雪峰禪師的弟子，曾受錢王的尊敬。《宋高僧傳》沒有為令參立傳，只在兩處地方提到這位禪僧。這兩處地方一為〈延壽傳〉，一為〈惠明傳〉❷。從這些資料中可以看出，他曾先後主持過永明寺和龍冊寺，也曾參加過一次禪宗的大辯論。按照他在禪宗祖師的譜系推算，令參是屬於青原一派。其承傳次第如下：

行思(740亡) ── 希遷(700-790) ── 道悟(748-807) ── 崇信
── 宣鑒(782-865) ── 義存(822-908) ── 令參 ── 延壽

從現有的材料觀察，令參是一位受人尊敬的禪門人物，長於事務，但在思想及禪法方面，未見有任何記載。

　　另一位與延壽出家有關的人士，就是吳越國王錢鏐，他當權的年代是公元932至941年。錢鏐信奉佛法，崇敬高僧。除開令參師徒之外，受他參拜的佛門人物，還有道怤、全付、希覺、志通等人❷。

---

❷　《祖堂集》，頁1670c，行13-14。並參閱鈴木哲雄：《唐五代禪宗史》（東京：山喜房，昭60年），頁186-187。

❷　T50，859c，887b。

❷　記錄錢鏐一生最詳者，當為《吳越備史》卷2，頁20-23。他的佛教政策，參閱阿部肇一著：《中國禪宗史の研究》，頁135-142。畑中淨園著：〈吳越の佛教──特に天台德韶とその嗣延壽について〉，見《大谷大學研究年報》，第7期(1954)，頁305-365。並❷所引鈴木著作，

延壽的出家日期，各家記載也有出入。《景德傳燈錄》說，延壽去世時是「壽七十二，臘四十二」❸。依此推算，他應該在 933 年出家。按照中國的傳統計算年齡方法，當時他是虛齡三十歲。這與《永明道蹟》的記載相合❸。第二種說法為《人天寶鑑》及《蓮宗寶鑑》等所記，三十四歲落髮受具的說法❸。第三種說法是《宋高僧傳》，言延壽的年齡是「春秋七十二，法臘三十七」❸。依此推算他的出家日期應在 939 年。日本學者牧田諦亮即依此將延壽的落髮年代，定在939年❸。這樣一來就有933、937、939年出家等三種說法。那麼他真的是何年落髮呢？據本書作者猜測，《宋高僧傳》的作者贊寧，曾任吳越的「僧統」，管理僧籍登記，他所記的年代可能是根據官方的紀錄。在這種情形下，延壽 939 年受具足戒為正式僧人的說法，較為可信。933年是延壽決定棄官的日期，937年可能是落髮受沙彌戒的日期，939年是登僧錄簿記的正式記錄。

各種傳記對延壽出家以後早期生活，記載也是簡略零亂。《宋高僧傳》在「削染登戒」❸四字以後，就再不作記載。《傳燈錄》則說延壽在出家之後，即「執勞供眾，都忘身宰。衣不繒纊，食無重味，野蔬布襦，以遣朝夕。」❸較後編成的《人天寶鑑》也說，他在「受具後苦行自礪唯一食，朝供眾僧，夜習禪法。」❸按照唐宋時期一些

頁195–196。

❸ T51，422a。

❸ 《續》，第146冊，頁492c。

❸ 同上，第148冊，頁71a；T47，325a。

❸ T50，887b。

❸ 見牧田著：《五代宗教史研究》，頁83。

❸ T50，887b。

❸ T51，421c。

僧人的習慣，像延壽這一類的僧人，如曾先學外典後入佛門的話，通常會被人視作重學輕行，因而有傾向「狂慧」的危險。所以他們在剃度之後，多數先從宗教生活的實踐入手。例如先於延壽的宗密（780–841），就曾一度「捨眾入山，習定均慧，前後息慮，相繼十年。」[38]只有經過這一段實踐功夫，知識分子才能由書面上的文字知識，進入深層的修道生涯。延壽初期的出家生活，似乎是以「朝供眾僧，夜習禪法」為主。

　　至於延壽住在龍冊寺的年數，並無清楚的資料可查；他的下一活動中心則是天台山。《宋高僧傳》稱：「嘗於臺嶺天柱峰，九旬習定，有鳥類尺鷃，巢棲於衣褶中。」[39]從上面這一類資料來觀察，延壽從早期的僧侶生活時，就已非常重視習定，但是唐末時期的禪宗主流巨匠，多是著重於「定慧不分」，堅決反對為坐而坐的坐禪。繼《六祖壇經》以後，臨濟宗的創立人義玄（867亡），就曾不客氣的指斥坐禪說：「有一般瞎禿子，飽吃飯了，便坐禪觀行……厭喧求靜，是外道法！」[40]青原系統的禪門大師，也不乏反對坐禪的祖師。例如比翠巖高祖輩的道悟禪師曾經說過：

> 任性逍遙，隨緣放曠，不要安禪習定。性本無拘，不要塞耳藏聽。[41]

---

[37]　《續》，第148冊，頁71a。

[38]　見《禪源諸詮集都序》，T48，399c。

[39]　T50，887b。

[40]　T47，499a。

[41]　見《祖堂集・崇信傳》，頁1704c。

如果拿這些祖師的話與延壽喜悅禪定的傾向相比較，延壽很可能會發現，龍冊寺「朝供眾僧，夜習禪法」的寺院生活，無法滿足他對禪定的追求。於是才有向天柱峰去，與世相隔，九旬習定。

　　根據現代學者研究的結果，對中國佛教習禪方法最有貢獻的人物，當推天台宗的實際創建人智者(538–597)。他所整理與改造出來的坐禪方法，對中國後來的佛教，有全面而深入的影響❷。延壽到天台一帶去坐禪，也許含有另尋名師的意味。他的目標果然不錯，就在他入深定之後，「乃得韶禪師，決擇所見」❸。他與這位禪師的相會，對延壽的生活與思想，都有決定性的影響。

　　上面所講的韶禪師，就是法眼宗第二代的大師德韶和尚 (891–972)❹，他是文益(885–958)大師的嫡傳弟子❺。法眼宗雖然後世將其列為禪宗五家之一，但是這一派的思想，傾向於禪教合一，對不同學派抱有兼蓄並容的精神。就以德韶本人而論，他就曾「參見善知識，屈指不勝其數」 ❻，又曾廣興道場，術數尤精，被江浙一帶的人士尊稱為「大和尚」。《吳越備史》稱，在錢俶尚未得勢之前，一度「出鎮丹丘。下車數月有僧德韶語王曰：此地非君為治之所，當歸國城，不然將不利矣！」❼錢俶從之，返回杭州。就在那一年底，發生了一次宮廷政變，使錢俶成為王位的承繼者。從此以後，他就

───────────

❷　參閱關口真大著：《天台止觀の研究》，頁271–281。

❸　T50，887b。

❹　德韶傳見《宋高僧傳》，T50，789a；《景德傳燈錄》，T51，407–410b。並參考本章 ❻ 所列近人研究。

❺　法眼的禪法，參閱鄧克銘著：《法眼文益禪師之研究》及前引阿部肇一著書，頁163–168。

❻　T50，789a。

❼　《吳越備史》，卷2，頁27b。

尊德韶為國師。

《景德傳燈錄》稱：當延壽拜見德韶時，「韶國師一見而深器之，密受玄旨。仍謂師曰：汝與元帥有緣，他日大興佛事。」[48]早在延壽未見德韶之前，德韶就曾以術數協助過錢俶，並且要求後者「他日為國王，當興佛法！」[49]現在又預言延壽「與元帥（即錢俶）有緣，他日大興佛事。」就是這種私人交誼，再加上「術數」預言的效力，使延壽與吳越王國的統治者，成為大興佛教的伙伴。

拜德韶為師的結果，使延壽的宗教隸屬有了改變，他成為禪門法眼宗的第三代人物。雖然他的出家師父令參，與文益都是屬於義存（雪峰大師）那一支禪法，但是令參是雪峰以下的第一代，而德韶要晚數代。令參的法系前已經討論過了；德韶這一支的法譜承傳如下：

義存 —— 桂琛 —— 文益 —— 德韶 —— 延壽

儘管改換師門使延壽比以前在禪門的輩份晚了兩代，但是法眼宗當時正盛於江浙地區，人才輩出，與上層社會關係密切，這對延壽未來的發展，有很大的助益。何況博學的德韶，還可以對延壽的所見，有所「決擇」。從延壽早年就喜歡閱讀《法華經》一事來說，那部佛經正是天台宗的根本經典，而天台山正是天台宗的本山，延壽之選擇天柱峰為深定之所，及其入天台山向德韶請益，也不可以說是意外的事。

雖延壽在天台的生活細節，早期寫成的傳記無有記載，但是後來的傳記則保留下一些傳說。如《龍舒增廣淨土文》說：延壽「於禪觀中見觀音，以甘露灌其口，乃獲觀音辨才，下筆盈卷。」[50]值得

---

[48]　T51，421c。

[49]　T50，789a。

注意的是文中對此一傳說，並未繫年；再後一點的《樂邦文類》，則言他於天台山有一段奇遇：

> 於國清行法華懺，夜見神人持戟而入。師呵：其何得擅入？對曰：久積淨業，方到此中。又於中夜旋遶，次見普賢前供養蓮華，忽然在手。因思夙有二願：一願終身常誦《法華》，二願畢生廣利群品。憶此二願，復樂禪寂，進退遲疑，莫能自決。遂上智者禪院作二鬮：一曰一心禪定鬮；二曰誦經萬善莊嚴淨土鬮……遂精禱佛祖，信手拈之，乃至七度，並得誦經萬善生淨土鬮。由此一意專修淨業。❺

這一段神話，不見早期紀錄，很難被看作是歷史事實。大概後世淨土信仰的稗史作者，為了宣揚淨土教義，美化或神化祖師形象，才創造了這樣的故事。

除了天台山國清寺以外，《傳燈錄》有「初住明州雪竇山，學侶臻湊」❺之語，並說此事在延壽「密受記」於德韶之後。《宋高僧傳》也在敘述延壽於德韶處受記以後，「遁遁於雪竇山，除誨人外，瀑布前坐諷禪默。」❺延壽的這種遁居山野，對瀑默坐的禪法與風格，富於自然色彩。就是在啟發學者的禪機時，他就曾經用過富於山水詩境的語句。例如他有對話一則，其中也提到雪竇山水：

---

❺ T47，268b。

❺ 同上，頁195a。

❺ T51，421c。

❺ 同上，頁887b。

> 師上堂曰：雪竇遮裡，迅瀑千尋，不停纖粟；奇巖萬仞，無
> 立足處。汝等諸人向什麼處進步。時有一僧問：雪竇一徑，
> 如何踐履？師曰：步步寒華結，言言徹底冰。❺❹

而這裡的迅瀑奇巖，詩情禪意，都完美而合諧的結合在一起。從這
些對話及其自然的美境，與詩畫的境界，都可以看出此時延壽禪學
的某些特色。

四、移居杭州

　　延壽的投入德韶門下，以及他在雪竇山的成就，使他的名聲大
播。他「衣無繒纊，布襦卒歲；食無重味，野蔬斷中」❺❺等簡單的
日常生活，更使他在僧群中特別突出；而他熟悉「方等懺」的儀軌，
再加上贖物放生的習慣等，不但使他的宗教實踐方式，受到上層人
士的尊重，也贏得一般平民的信仰。就是在這樣的背景下，錢俶請
延壽由浙東遷至錢塘，主持靈隱，「行方等懺」❺❻。按「方等懺法」
是天台宗所行的宗教儀式之一，由智者創立，目的在於通過懺悔的
方式，消除由六根所引起的一切罪障。近人研究延壽的學者以此為
據，認為延壽在天台山的居住，不但使他學到了天台佛教哲學、淨
土信仰等，同時也學到宗教儀式❺❼。延壽入主靈隱是在寺院重建完

---

❺❹　T51, 422a。

❺❺　《宋高僧傳》，T50, 887b。

❺❻　同上。

❺❼　參閱森江俊孝：〈延壽と天台德韶の相見について〉，《印仏研》, 23/2

工之前，抑或在重建期間，僧傳並無記載，但是《宋高僧傳》將延
壽傳分類於「興福篇」一事，也許在表示延壽對建寺的貢獻有關。
後期的材料則直接記載說：

> 建隆元年，大檀越吳越國錢忠懿王弘俶，見靈隱傾廢，請師
> 復興，重構殿宇，前後計一千三百餘間，及四面圍廊，自三
> 門遠至方丈，左右相通。禪師實為靈隱中興之祖。❺⁸

　　根據《傳燈錄》的記載，延壽於遷入靈隱的「明年復請住永明
大道場，為第二世，眾盈二千。」❺⁹這就表示延壽住在靈隱的日子，
只有一年左右。在一年之內是否可以完成建造殿宇一千三百間，乃
至四面迴廊那麼樣的大工程，恐怕不大可能。最合理的推想，是重
建靈隱的工作，開始於延壽到來之前，或者完成於他離開之後。但
是延壽參與其功一點，無可置疑。

　　永明寺是當時另一杭州大寺，第一位主持是道潛（961亡），他
也是錢俶的友人之一。道潛亦屬法眼禪宗，與德韶同門，他在建隆
二年九月十八日死去。錢俶即邀延壽主持永明寺。從那年起，延壽
住永明寺先後達十餘年，而那十多年也是他學問最成熟、著述最豐
碩的時期。《傳燈錄》總結他這一段歲月的成就說：「師居永明道場
十五載，度弟子一千七百人。」❻⁰除了度徒弘法以外，他也於此寺著

　　　　卷(1975)，頁154–155。

❺⁸　引自《永明道蹟》，《續》146冊，頁490d。

❺⁹　《景德傳燈錄》，T51，421c。

❻⁰　同上，頁422a。道潛傳見同上，頁412b-c。又見《宋高僧傳》，T50，
　　　788c及《淨慈寺志》卷8，頁510–511。

書立說，使他在佛教史上奠定大師地位的基礎——他的巨著如《宗鏡錄》、《萬善同歸集》等，都成書於住持永明期間，這幾部巨著對後來中國佛教哲學模式、教行關係，都曾產生決定性的影響。宋僧惠洪讚美《宗鏡錄》的成功，就是一例。他說：「智覺以一代時教流傳此土，不見大全；而天台、賢首、慈恩性相三宗又互相矛盾。乃為重閣，館三宗知法比丘，更相設難。至險要處，以心宗旨要析中之」**❻❶**。這一重閣辯道之處，正在永明寺內。智覺是延壽之號。天台、賢首、慈恩是晚唐佛教哲學的三大系統。在延壽之前，還沒有人將這三宗提名道姓加以評論。例如湛然(711-782)的《金剛錍》，宗密著《原人論》等就是例證：前者只提教義而作排斥；後者是以印度佛教哲學範疇，作為評論的標準。在佛教史上，正式以印度、中國佛教哲學聯合評論，《宗鏡錄》還是首開其端。不僅如此，《宗鏡錄》的編輯方法，也是非常別緻的：它不是延壽一個人獨想孤思出的撰述，而是「三宗知法比丘，更相設難」的集體討論。這種著書的方法，近似歐洲中古時代神學院(Seminary)式的辯論，也超越中國古代譯經院中講新譯經的模式**❻❷**。延壽此舉，頗富創意。

　　從學術性的著作而論，《宗鏡錄》是一部長達百卷的巨著。在它編成之前，中國學者的著作中，也有達百卷以上的大部頭作品，如《法苑珠林》，或《禪源諸詮集》等，但是那些巨著多是資料彙編，或雛型的百科全書**❻❸**，其有系統的思想性，都遠不及《宗鏡錄》。

---

❻❶　《續》，第137冊，頁240c。

❻❷　參閱曹仕邦著：《中國佛教譯經史論集》，頁3-10。

❻❸　《法苑珠林》，（唐）道世編，長一百卷，收於T55，為百科式的資料彙編。《禪源諸詮集》一百一卷，見《新唐書・藝文志》，今已佚。敦煌卷子本《圭峰大師所纂集著經論疏鈔集注解文義及圖件等》目錄中

從這一點而論，延壽編纂《宗鏡錄》不但是佛教史上的一件大事；
也是中國編輯史上一種富於創造性的成就。宋代僧人惠洪，撰有〈宗
鏡堂記〉一文，對延壽著《宗鏡錄》的經過、方法、成就及意義，
有全面性的概括：

> 余嘗游東吳，寓西湖淨慈寺之寢堂。東西廡建兩閣，甚崇麗。
> 寺有老衲謂余言：永明和尚以賢首、慈恩、天台三宗，互相
> 冰炭，不建大全。故館其徒之精法義者於兩閣，博閱義海，
> 更相質難；和尚以心宗之衡準平之。**64**

文中之淨慈寺就是永明寺，宋紹興十九年(1149)改永明為淨慈。永
明和尚就是延壽。

如果《宗鏡錄》只是一部資料彙集的書籍，那麼作為主編的延
壽其貢獻就很有限。事實上延壽在編輯該錄的過程中，不但督察各
宗精於法義之徒，「博覽義海，更相質難」，而且更進一步用心(禪)
宗的標準，加以折中。換句話說，延壽不但是主編，同時也在教義
諍論中，扮演著仲裁的角色。後人在討論延壽及《宗鏡錄》的重要
性時說：

> 〔此書〕參錯通貫此方異域聖賢之論者三百家。領略天台賢
> 首而深談唯識，率斥三宗之異義，而要歸於一源。故其橫生

稱：「集禪源諸論開要一百三十卷」，當為此書之異本。參閱冉雲華著
〈敦煌寫本「禪源諸詮集都序」對中國思想史的貢獻〉，《敦煌學》，第
12集(1987)。

64 見《淨慈寺志》，頁234。

疑難，則鉤深頤遠。剖發幽翳，揮掃偏邪。其文光明玲瓏，

縱橫放肆……⑥

文中所引的諸家經論有三百多部，討論的教義牽涉到天台、賢首等
三宗。延壽的博學由此可見。從思想層面觀察，他還將這三家的佛
學，要歸於一源。從文學方面評論，《宗鏡錄》是「光明玲瓏，縱
橫放肆」。從學術深度衡量，延壽也做到了「鉤深」及「剖發」的
研究與詮釋。就是因為這種廣括的範圍，精深的內容，流暢的文筆，
再加上延壽的名望及吳越國內王臣們的支持，所以「此書初出，其
傳甚遠。異國君長讀之，皆望風稱弟子」⑥。在佛教史上，中國佛
教人士自編自撰的論著，以前還沒有一個人能像延壽一般，很快就
得到國際上的讚譽。

　　前面曾經提到，早在他主持雪竇時，延壽常在談禪之時，喜歡
用優美的詩句，表達所證的禪境。這種文學意境與宗教體驗結合的
表達方式，是延壽禪法的特點之一。這一風格在他主持永明寺時期，
仍然時有所見。《傳燈錄》稱有人問他「永明妙旨」是什麼時，延
壽就以偈回答說：

　　　欲識永明旨，門前一湖水。
　　　日照光明生，風來波浪起。⑥

這一首詩是常為後人引用的名作，寫的是寺前西湖的眼下風光，也

---

⑥　同上，頁235。

⑥　同上，頁236。

⑥　T51，421c。

是禪心靜動、念起法生的實際狀況。《宋高僧傳》稱讚延壽的崇高
操守與詩學時說：「自無貯畜，雅好詩道」 ❻❽。在這一點上，他不是
一位像寒山或王梵志一類獨來獨往的異士，而是一位負責的領袖，
卻又具有高度風雅的詩僧。

　　對延壽晚年的活動大事，各書所記甚少，早期的傳記只有重返
天台授菩薩戒一事。《傳燈錄》稱：「師居永明道場十五載」 ❻❾。按
延壽於公元961年入主永明，依此計算他應當在974年退職。又稱：
「開寶七年入天台山度戒約萬餘人」 ❼❶。開寶七年是公元974年。
延壽早年曾居天台山，當時天台山的領袖人物是他的老師德韶。事
隔多年之後，德韶已經去世，而延壽卻在年高德重的情形下，再上
天台為萬眾授戒傳法，感觸一定不少。《人天寶鑑》有一段紀事詩，
也許足以表現出他當時的內心感受：

　　　開寶七年謝事，歸華頂峰，頌曰：渴飲半掬水，饑餐一口松。
　　　胸中無一事，高臥白雲峰。 ❼❶

從詩中的語句看來，他卸下叢林重擔，年老體衰，很欣賞這種淡泊
生涯。

　　除了晚入天台，為萬眾授戒的壯舉以外，明代寫成的《永明道
蹟》， 及清人徐逢吉撰寫的《清波小志》等，皆言延壽曾經參與杭
州六合塔的建築工程：

---

❻❽　T50，887b。

❻❾　T51，422a。

❼❶　同上。

❼❶　《續》，第148冊，頁71b。

> 錢塘古稱羅剎江，其潮汐之險，不減瞿塘三峽。錢王有吳越
> 時，築捍海塘。工役難就，曾以萬弩射潮頭，終不能殺其勢。
> 開寶三年師奉詔於月輪峰，建溯六和塔；高九級五十餘丈，
> 用以為鎮。自是潮習故道，居民德之。❷

延壽參與六和塔的建築一事，雖難證實；但按中國民間傳統習慣，
建築塔廟一定要由高僧主持典禮的例證推測，此事非常可能。

　　《宋高僧傳》及《傳燈錄》皆言，延壽於開寶八年乙亥示疾❸，
「二十六日辰時，焚香告眾，跏趺而亡。明年正月六日塔於大慈山。
壽七十二，臘四十二。」❹ 按開寶八年十二月二十六日，相當公元
976年1月29日。一般著作多誤延壽去世日期為975年。直到近年著
作才有少數作者改正此事。❺

五、著書立說

　　作為一位深思勤學的思想家而言，延壽的著作數量驚人。按照
《智覺禪師自行錄》所載，延壽所纂的書籍，「共六十一本，總一
百九十七卷」❻。《錄》中並且將這六十一本著作的名稱及卷數分別

---

❷　同上，第146冊，頁491c。

❸　參閱T50，887b；此處引文見T51，422a。

❹　同上。

❺　例如鈴木哲雄：《唐五代禪宗史》（東京：山喜房，昭69年），頁187-188。
　　石井修道：《宋代禪宗史の研究》（東京：大東，昭62年），頁82。郭
　　朋：《宋元佛教》，頁142。孔維勤：《永明延壽宗教論》，頁6。

❻　《續》，第111冊，頁83b-d。

註出，這是研究延壽寫作的基本資料。但是這六十一種著作中，現在還流傳的約有十一種，其餘多已佚散。所幸最足以代表他思想的大部頭專著，如《宗鏡錄》、《萬善同歸集》、《心賦》等，都還存在，因而他的思想發展及其內容，仍然可以從這一類的資料中查出。

按照有關延壽的史傳及書目記載，《宋高僧傳》只提到「著《萬善同歸》，《宗鑑》等錄數千萬言」**❼**。《傳燈錄》也只說：「著《宗鏡錄》一百卷，詩歌賦詠，凡千萬言，播於海外。」**❽** 從此而後，其他傳記提到延壽的作品時，也多以此為準缺乏新義。只有《蓮宗寶鑑》中，多加了一種《神棲安養賦》而已**❾**。如果說佛教史傳，對延壽的著書記載甚略，那麼官方所修史書所記，就更為簡陋。例如顧著《補五代史藝文志》中，所記的延壽著述，只有《抱一子注》、《心賦註》兩種；《宋史・藝文志》所記有兩種，書名卻與《補五代史藝文志》所記不同，題為《感通賦》與《宗鏡錄》。**❿**

近代學者所編的延壽著書目錄，當以許地山等所編纂的《佛藏子目引得》，為學界的基本參考書目。其中對延壽的著書，列有十三種，算是記載延壽著作現存書目最多的一種。但是那本索引只是資料整合，未能討論著作的內容，更未能討論那些典籍是否真為延壽編著；抑或後人所混淆。例如《引得》列有《三時繫念佛事》及《三時繫念儀範》兩書各一卷，題為延壽的著作**⓫**。這兩種書同收

---

❼ T50，887b。

❽ T51，422a。

❾ T47，325a。

❿ 參閱《藝文志二十種綜合引得》(北平：燕京大學，1933)，頁17b–18a。

⓫ 見《佛藏子目錄引得》(臺北：成文，1966複印本)，第一冊，頁34b–35a。
參閱冉著論文〈延壽佛學思想的形成——文獻學上的研究〉，收於《1991年佛學研究論文集》(高雄：佛光出版社，民81年)，頁1–40。

於《續藏經》第128冊中，皆於書目中註明為「宋延壽述」或「撰」的字樣❽。現代學者也有人仍然承襲此種看法，例如惠谷隆戒就贊成此一傳統說法，其理由為書為「智覺」所著，內容又以淨土禮懺為主，亦與延壽所提倡的「禪淨合一」一致❽。可是如果檢閱原書，則會發現書中明載是「中峰國師」所作❽。中峰當是元代臨濟宗高僧明本(1263–1323)。明本於公元1329年，受諡號為「智覺禪師」，恰好與延壽的諡號相同。結果兩名混亂，明本的著作被誤為延壽的作品。1334年，明本得到「普應國師」的諡號❽，「智覺」就成為延壽專有，所以造成學者的誤會。何況書中還有「南部贍洲大明某省」❽一類的字句；而「三時繫念」的概念，也不見於延壽的書中，由此可見，這兩本書不是延壽所作，可以成為定論。

　　延壽作品的繫年，也是一項複雜而困難的問題。由於原作大部不載寫作日期，而作品的版本流傳不一，想要解決這些問題現在已無資料可作全盤的討論；另一方面，此一問題又不可以置之不理，因為它牽涉到延壽思想的源流及成長過程。一般書目或傳記，多按延壽著書的重要性或篇幅長短，作為次序延壽著作的原則。如按時間次序，似乎還沒有人作過嘗試。茲據近人研究的成果，及本書作者的判斷，試將延壽著作，作如下的討論：

　　（一）《唯心訣》　　又名《永明智覺禪師唯心訣》，或稱《禪

---

❽　見《續》，第128冊目錄。

❽　見《佛書解說大辭典》，小野玄妙主編（東京：大東，昭43年），第4卷，頁78d–79a。

❽　《續》，第128冊，頁56a，71d。

❽　參看忽滑谷快天著，《禪學思想史》下冊，頁495–513。

❽　《續》，第128冊，頁62c，65b，70b。

宗唯心訣》，收於《大正新修大藏經》第48冊。此書不見於《自行
錄》所列的延壽編著書目，但是書為延壽所作一點，實無可疑；並
且也是現在可知的延壽最早的哲學著作，成書在《宗鏡錄》之前。
《宗鏡錄》卷四十六有一段話說：

> 又《唯心訣》破一百二十種見解云：或和神養氣而保自然，
> 或苦質摧形而為至道；或執無著而椿立前境，或求靜慮而伏
> 捺妄心；或挎情滅法以擬空，或附影緣塵而抱相；或喪靈源
> 之真照，或殞佛種之正因⋯⋯❽

引文中的這些話，除開個別的用字以外，全同《訣》文。《訣》文
明言：「已上略標一百二十種邪宗見解，並是迷宗背旨，失湛乖真，
捏目生花，迷頭認影。若敲冰而索火，類緣木以求魚。」❽由此可
證，《唯心訣》成書於《宗鏡錄》之前。至於《唯心訣》不見於《自
行錄》的原因，據筆者推測，《錄》中有《唯心頌》一卷，可能正
是《訣》的異名。❽

（二）《宗鏡錄》　　一百卷，是中華佛教哲學篇幅最長的百
科全書。這本書中所包納的教義，乃是集天台、華嚴、唯識及禪宗
四家之教義，而加綜合討論的長篇編著，但卻不是一本資料彙集。
全書的組織設計，當是延壽的貢獻。此書又名《宗鑑錄》或《心鏡
錄》，但內容全同。書中旁徵博引大乘佛經一百二十種，聖賢文集六
十種，禪宗禪師語錄一百二十種，主張禪教並重，性相合一，以一

---

❽ T48，688b。文中椿誤作「椿」，源作「原」，今並依《訣》文訂正。

❽ 同上，頁996b。

❽ 《續》，第111冊，頁83。

心而統萬法，頓悟漸修以證道，對後世的中國佛教發展，有重大的影響。全書分為三個部份：標宗，問答，引證。其內容及用意，序中說明如下：

> 今詳祖佛大意，經論正宗；削去繁文，惟搜要旨；假申問答，廣引證明。舉一心為宗，照萬法如鏡；編聯古製之深意，撮略寶藏之圓詮。同此顯揚，稱之曰錄。分為百卷，大約三章：先立正宗以為歸趣，次申問答用去疑情，後引真詮成其圓信。⑨

三章之中，〈標宗〉是核心，文字不多，僅佔半卷。但是全書其他部份，都是以此核心為重點。〈問答〉最長，佔了九十二卷又半的篇幅。〈引證〉為全書最後七卷。有人說〈標宗〉是一至六十卷等，當是誤計。⑨

《宗鏡錄》書前有「天下大元帥吳越王錢俶」所撰的〈宗鏡錄序〉。《宋史・世家三》稱：「建隆元年，授天下兵馬大元帥」⑨，由此可見《宗鏡錄》之編成，當在建隆以後。據楊傑稱，此書成後，錢王序之「祕於教藏」⑨。到了宋朝元豐年間 (1078-1085)，皇弟魏端獻王，始鏤版印刷，分施著名寺院。到1091年開封法雲寺又得

---

⑨　T48, 417a。

⑨　見郭朋：《宋元佛教》，頁144。

⑨　《宋史》(中華書局標點本)，頁13898。

⑨　T48, 415a。《大正大藏經索引》，第27卷，頁17稱：「皇弟魏獻王作端證王」。冉按：魏端獻王即趙頵，宋英宗幼子，元祐三年 (1088)亡。《宋史》第246卷有傳。

到從杭州傳來的新版本。新版「尤為精詳，乃吳人徐思恭請法涌禪師……遍取諸錄……校讀成就。」❹這本書於大觀二年(1108)入福州東禪寺所雕的《崇寧萬壽大藏經》，後來再被納入《高麗藏》、《明藏》；中國的《雍正本》及日本的《五山本》（1371）、《寬永本》（1642），皆以崇寧本為底本。其中以高麗藏鏤板較早，又是從崇寧本複刻而成，所以最為學者所喜愛。《大正新修大藏經》即以高麗藏本為底本。

《宗鏡錄・標宗章》是全書的根本思想，也是延壽哲學的核心──「舉一心為宗」❺。〈問答章〉則是引用華嚴、天台、法相三家經籍的哲學要點，加以比較，說明旨趣相同。〈引證章〉先引經典語句，再以禪門祖語錄相比，是禪教一致理論的體現。尤其是從九十七卷起，所引用的唐代及更早期的禪師語錄，非常珍貴。因為那些早期禪宗語錄，有的佚散，有的被後人竄改，有的作者姓名不一，在這種情形下，《宗鏡錄・引證章》中所保留的唐代禪師語錄，就成為研究宋代以前禪宗歷史、文獻及教義的重要材料❻。

（三）《萬善同歸集》　是延壽的另一部代表作品，它的篇幅雖然不長，但是對後世中國佛教的影響力，並不下於百卷《宗鏡錄》。此書雖有三卷和六卷的兩種不同版本；但在內容上並無差異。全書共分三個部份：卷上以三十三條問答，討論萬法皆由心而起，事理相即的理論；中卷收有問答二十七條，說明大乘佛教波羅密的宗教修習；下卷以五十四條問答，宣揚妙行圓修的旨趣。從上述的

---

❹ T48，415a–b。

❺ 同上，頁417a。

❻ 日本學者如宇井伯壽、關口真大、柳田聖山等人對唐代及以前之禪宗文獻研究，常以《宗鏡錄》中的文題、作者、文句，考訂文獻。

內容觀察，此書可以說是一本中國佛教思想摘要，但是後世佛學家則視其為禪與淨土合一的代表作品。《大正新修大藏經》所用此書，書前有沈振的序（作於宋熙寧五年），及德儀1429年（宣德己酉）、如巹1478年（成化戊戌）所寫的跋文 ❼。此書的重要性，近二、三十年間，頗受國際佛學研究者所重視——釋恆清及Welter皆以此書為考察重點，分別寫成博士學位論文。

（四）《警世》　一卷，附於《唯心訣》之後。

（五）《定慧相資歌》　一卷，亦附於《唯心訣》之後。定慧相資是《大智度論》中的名句，經智者的提倡，很受中國佛教人士推重。《六祖壇經》唱出的「定慧不分」，更成為禪宗信徒所公認的教義。話雖如此，但每一學者對這個口號，卻有不同的表現方法。以延壽而論，他是以駢體文為主，表達了他的定慧觀；並且在討論的過程中，還偶而用中國思想的名詞，闡釋定慧平衡的重要性。例如他在歌中寫道：

> 初名止觀助新學，後成定慧菩提根。……定為父慧為母，能孕千聖之門戶……定為將慧為相，能弼心王成無上……❽

這種將定慧喻為父母，譬若將相，弼輔心王一類的說法，遠超過印度佛經中對定慧關係的說法，而與中國社會倫理架構相結合。又如歌中有「偏修定純陰，爛物刳正命……偏修慧純陽，枯物成汙滯。」 ❾更用中國傳統的陰陽學說，闡釋定慧不可偏修偏廢。

---

❼　見T48，957b，993a–b。

❽　同上，頁996c–997a。

❾　同上，頁997a。

（六）《心賦》　　按《自行錄》中有「《心賦》一道七千五百字」❿之語，應當是此書。《續藏經》中收有《註心賦》四卷，亦言為延壽所著⓫。因為《自行錄》只說《心賦》，未提《註》字，這就表明延壽的原作，是有賦無註。至於註文成於何時？編者是誰？現在已無可考。但據日本學者森江俊孝的研究，註文的文句與內容，與《宗鏡錄》及《萬善同歸集》都有很密切的關係⓬。延壽的宗教哲學，是以心為宗，《心賦》的主題也是討論心學。在這一點上，本書與《唯心訣》相同。但《唯心訣》著重於校正其他學派的心學「邪見」；《心賦》則直述延壽對心的看法。《心賦》一卷現存的最早刻本是在朝鮮刻成，書後有明代萬曆年間的跋文。《註心賦》四卷則以明崇禎七年，徑山化城寺的刻本為早。⓭

（七）《觀心玄樞》　　是延壽心學的另一部專書。收於《續藏經》中的本子，只是一個殘本。書的開頭有一則眉批「補入首題；契上大約佚失此卷前半許」⓮。由此可知，《續藏經》所據的底本，原是一種佚題的殘本。書題是《續藏經》的編者所加，佚去部份——「前半許」到底有多少，也是無法查清。直到日本學者森江俊孝前幾年在天理大學圖書館中，發現了一個古寫本；並且將其整理發表，《玄樞》的全貌才為世人所知。

根據森江的研究報告，古寫本《觀心玄樞》共有七十個問題。

---

❿　《續》，第111冊，頁83d。

⓫　同上，頁1a。

⓬　參閱森江俊孝：〈心賦と註心賦〉，刊於《曹洞宗研究員研究生研究紀要》，第11號(1971)，頁289–290；及〈宗鏡錄と註心賦〉，刊於同上《紀要》，第12號(1980)，頁230–231。

⓭　《續》，第111冊，頁1a。

⓮　同上，第114冊，頁424a。

《續藏經》是從第二十六個問題中的「契」子開始。❿更重要的是寫本前面有序，文稱：

> 夫若不觀心法門，會萬物為自己者，則一理不立，一事不成。何以故？理因心顯，事假心成，若無於心決定，無有一法而可建立。故云：從無住本，立一切法。以萬法無自體，但從識變，心若不起，諸境皆空。心生法生，心滅法滅，此之謂矣！❿

寫本並且註明，《玄樞》是從《宗鏡錄》中，「略出大意」❿。《宗鏡錄》第三十卷，在討論「唯述一心，能報慈化」時，曾經引用了智顗所述《觀心論》的原文❿。《玄樞》也以「觀心」為題，這裡道出了他與天台宗的關係。自然智顗的書中，著重點在護持正法，奉行六度，懺悔滅罪，轉生淨土；《玄樞》則集中於「觀心」。

　　（八）《自行錄》中尚記有《勸受菩薩戒文》一卷，及《受菩薩戒儀》一卷❿。現存的延壽著作中，《續藏經》第105冊收有《受

----

❿　森江就此，曾經發表三篇論文：

a)〈宗鏡錄と觀心玄樞について〉，刊於《印度學佛教學研究》，第27卷(1979)，頁2／305。

b)〈新出資料逸文觀心玄樞と研究〉，刊於《曹洞宗研究員研究生研究紀要》，第9號(1977)。

c)〈觀心玄樞と研究〉，刊於同上《紀要》，第13號(1981)，頁41–72。

❿　見上引森江論文c，頁42。

❿　見上引森江論文a。

❿　見T48，589c。

❿　《續》，第111冊，頁83d。

菩薩戒法》一卷，書前有序，題稱「大吳越國惠日永明寺智覺禪師
延壽集序」⑩。書的尾題又稱「梵綱菩薩戒儀」⑪，當係《受菩薩
戒儀》一文。由「大吳越國」的字句判斷，此書當在錢俶降宋以前
所作。延壽在序中一再說明：「欲知佛戒者，但是眾生心，更無別
法。」⑫由此可證他是以禪宗的心學作為菩薩戒的內涵中心。《宋高
僧傳》稱，延壽於垂老之年，曾在天台山「開菩薩戒，求授者約萬
餘人。」⑬延壽的那次授菩薩戒，或與此書有關。

（九）《神棲安養賦》　名見《自行錄》，文存於《樂邦文
類》⑭。此賦為延壽進獻錢俶的應酬文字，表示他對吳越王的尊敬
與祝福，是吳越佛教與政治關係的直接文獻；文後附有錢俶的〈進
賦奉制文〉。「安養」意指「極樂」，出於《無量壽經》下卷。宋僧
宗曉 (1151-1214) 言，此賦尚有一個延壽「自注本」，今已佚散不
傳⑮。

（十）《山居詩》　書名見於《自行錄》。日人編輯的《禪籍
目錄》載有《永明壽禪師山居詩並和韻》二冊，「宋仲玄延壽等大墅
編」⑯是日本元祿十三年的刊本。另有一本《永明壽禪師物外山居
詩》，是朝鮮本。按《淨慈寺志》卷18，載有李日華(1565-1635)所

---

⑩　同上，第105冊，頁8c。

⑪　同上，頁11b。

⑫　同上，頁8c。

⑬　T50，887b。參閱冉雲華：〈延壽的戒律思想初探〉，刊於《中華佛學
　　學報》，第4期（1991年），頁297-311。

⑭　參閱《續》，第111冊，頁83c。賦文收於T47，215a。

⑮　同上，頁215a稱：「是賦師自有注本，事廣文長，此不暇錄。」由此可
　　見自注本在宗曉編纂《樂邦文類》時，仍然存在。

⑯　見駒沢大學圖書館編：《新纂禪籍目錄》，頁494ab。

撰〈山居詩序〉，敘述編刊此集的經過稱：

> 永明山居詩六十九首，其本雲孫大壑得之於遊衲擔頭，重刻
> 於萬曆丙午，版藏圓照樓。自宋初迄明末，七百餘載，始得
> 表章，後復與樓具燼，今又百餘年矣。佛國山人黃松石
> (1701-1751)，家有藏本，余又為之刻印以行……⑰

《寺志》附有〈山居詩〉十首，即據黃氏存本輯出。

　　（十一）《慧日永明寺智覺禪師自行錄》　　收在《續藏經》
第111冊，題為「永平道者山大」等編輯。書前有乾隆十年(1745)西
原居士蔣恭棐所寫的緣起，敘述此書發現的經過⑱。錄中有「釋典
有先自行化他之教，儒宗標內舉不避親之文。師常示徒云……」⑲
看起來此書當非延壽本人所編。但其內容，如延壽著作書目，經學
者研究，確實可靠。此書當是延壽門人，於其師去世以後，根據他
自述的資料，補編而成。

　　（十二）《三支比量義鈔》　　一卷，收於《續藏經》第87冊。
題作「玄奘立，永明寺主延壽造，西蜀沙門明昱鈔」⑳。明代佛學
家智旭 (1599-1655) 曾經指出，這本書是「宋永明禪師《宗鏡錄》
中節出」㉑。書的本文確見於《宗鏡錄》第五十一卷㉒。依此書的

---

⑰　《淨慈寺志》，卷18，頁10。

⑱　《續》，第111冊，頁77a。

⑲　同上，頁77b。

⑳　同上，第87冊，頁93以下。

㉑　同上，頁93a。

㉒　參閱 T48, 719b-720b；窺基所著《因明入正理論疏》卷中，T44,
　　115b-117b，即可見延壽所引文字的來源。

內容觀察，實非延壽編成，而是明昱從玄奘所譯之《因明入正理論》，窺基的《論疏》， 及《宗鏡錄》中的引文三書，摘要合鈔，再加上他自己「鈔」合成一本，因此不能算是延壽的作品。

《佛藏子目引得》還記有一種《萬善同歸集揀示西方》一題，原收於《樂邦文類》❷。此書為後人從《萬善同歸集》中，摘出有關淨土的文字，應當不算是延壽自己的專著。

按照《自行錄》的記載，延壽的著作共有六十一種之多，其中十一種現存，其餘均已散佚。近人孔維勤曾以「窺書名想其義」的辦法，將延壽的佚書，分為四類：心宗義，天台淨土義，華嚴義及雜篇。可惜原作已佚，無法查證❷。

六、生前死後

《宋高僧傳》及《傳燈錄》皆言，延壽於開寶八年十二月二十六日去世，時當公元976年1月29日。一般書籍不察，常將延壽去世日期記為975年，誤也。開寶九年正月六日塔於大慈山。經過了六百多年之後，他的骨灰舍利在1607年，遷葬於宗鏡堂內。「後額仍用太宗御賜壽寧，有董太史其昌題名。」❷根據《淨慈寺圖》所示，宗鏡堂位於寺後，在無量壽懺堂與聽松閣之間，此處正是延壽編造《宗鏡錄》的所在。到了公元1666年，他的骨灰塔又搬家一次。《寺

---

❷ T47，198c–200b。

❷ 見孔著：《永明延壽宗教論》，頁39–40。此書名中的「宗教」二字是專門名詞：宗指「達摩」所創之禪宗；教以「華嚴為教」。 請注意：此與現代漢語名詞「宗教」，涵義不同。

❷ 《淨慈寺志》，卷11，頁741。

志》記載此事云：「康熙五年，復遷建於寺東，即今處。院門額曰：極樂世界。正中石刻曰：唐慧日永明宗照智覺禪師之塔。」⑫到雍正十一年(1733)，皇帝又下敕令於塔前建立石牌坊及兩廊山門，加封「圓妙正修智覺禪師」⑫。清代康熙、雍正、乾隆三帝，都一再崇敬延壽，其中雍正更為《宗鏡錄》御製前後兩序；在〈御選語錄序〉中，譽延壽「為曹溪後第一人，超出歷代大善知識」⑫。這些官方的褒辭，或者別有用心，與延壽本人沒有多大的關係，只可以說他對中國後世的宗教影響之一而已。

雖然延壽「居永明道場十五載，度弟子一千七百人」⑫，但是在他的傳法弟子中，並沒有什麼傑出的人材。《傳燈錄》記載「杭州永明寺延壽禪師法嗣」時，只記有「杭州富陽子蒙禪師」及「杭州朝明院津禪師」二人，並且只說：「已上二人無機緣，語句不錄」⑬。這兩位嗣法弟子的名字，也見於《淨慈寺志》，但是亦無詳情。另有延壽在雪竇山所剃度的弟子行明(932-1001)，頗以說法稱著，《傳燈錄》稱杭州開化寺傳法大師行明：

> 姓于氏，少投明州雪竇智覺禪師披剃。及智覺遷往永明大道場，有徒二千，王臣欽仰，法化彌盛。師自天台受記，迴永明翼贊本師，海眾傾仰。開寶八年，智覺歸寂，師遂住能仁

---

⑫　同上，頁743。

⑫　同上，頁742。

⑫　《續》，第119冊，頁183a。雍正為《宗鏡錄》所書的「上諭」，見同治雕昭慶律寺本，頁1-8。

⑫　T51，422a。

⑬　同上，頁419b。

寺。忠懿王又建大和寺，延請主持二處，皆聚徒說法。 ⓭

這位有能力「主持二處、聚徒說法」的弟子，為何不能算是延壽的嗣法人物，倒是一件耐人尋味的事。

　　延壽的另一成就，是他在國際範圍的影響。早在他生前時，他的聲譽就馳名於興外，「高麗王覽其錄，遣使遺金線織成袈裟、紫水精數珠、金澡罐等。」 ⓭ 《傳燈錄》稱高麗國有「三十六人，親承印記。前後歸國，各化一方。」 ⓭ 至於這三十六位高麗僧人，到底是什麼樣的人物，現在已經無法全知。但是其中有兩位，甚有成就。其一名為智宗(930–1018)。智宗於高麗光宗十年 (959)，奉命入唐求法，到達吳越，師事延壽。又到天台山從淨光大師 (天台祖師義寂，919–987)，研習天台教旨。公元970年，返回海東，歷受高麗國王光宗及成宗兩朝禮遇。現代的佛教史學者，多認為智宗就是那三十六名高麗學生的領袖。他從吳越所學到的中華佛教，是一種融合禪宗、天台、華嚴教義，恰與《宗鏡錄》中的「宗」「教」相合。他返回高麗弘揚法眼禪法，可以稱為「朝鮮禪宗之始」 ⓭ 。智宗的碑文記載他去吳越前後稱：

　　　　顯德初光宗大王皇，極崇沙門，微雪領之禪，俾申角妙；選丹靈之佛，明示縣科。師雄入議圍……仰告征期。光宗……親置餞筵……得達吳越國，先謁永明壽禪師。……壽公豁開

⓭　同上，頁425b。

⓭　T50，887b。

⓭　T51，422a。

⓭　鎌田茂雄著：《朝鮮佛教史》(東京：東京大學，1978)，頁186。

青眼，優待黃頭，便解髻珠，即傳心印。❸

這段韓國的金石文字，一方面證實了延壽傳記中所紀之事，證明他確實有高麗弟子；但也可以澄清中國資料中某些混亂之點。例如《宋高僧傳》稱：「高麗王覽其錄，遣使遺金線織成袈裟……」❻這似乎說高麗王先閱《宗鏡錄》，然後才遣使向延壽敬禮致意。韓國的資料現在說明，高麗王光宗，「極崇沙門，徵雪嶺之禪」在先，才於公元959年派僧入華到達吳越境內，當時延壽尚留雪竇，次年才到杭州；《宗鏡錄》尚未編輯，高麗王根本無可能「覽其錄」了。從上面引用的〈圓空國師碑〉觀察，延壽名馳高麗的經過先後，應當是他的高麗學生，於公元970年學成歸國，帶回其老師的著作，進呈御覽，延壽才得到高麗王敬仰，遣使贈物。

除開智宗和尚，還有另外一位延壽的弟子，也是高麗佛教史上的著名人物，那就是「寂然國師」英俊(932–1014)。據韓國加壽縣靈巖寺〈寂然國師慈光塔碑〉記載，英俊法師也是延壽的學生。他返回高麗以後，曾主持過福林寺，最後在靈巖寺入寂❼。這一靈巖寺是高麗國開創天台宗的五座寺院之一，英俊也被尊崇為天台宗的人物。

由以上的事實評斷，延壽的三十六位高麗弟子，居然有兩師是「國師」，並且把法眼禪法及天台教義，帶入三韓，開宗立教，足

---

❸　《金石總覽》，上卷，頁255。

❻　T50，887b。

❼　見〈慈光塔碑〉，刊於《文與と知性》，第29輯，頁898。有關延壽門下的高麗學生，參看韓泰植論文：〈延壽門下の高麗修學生について〉，刊於《印仏研》，卷32/1 (1983)，頁134–135。

以使延壽揚眉吐氣。他們在高麗的成就，遠比他們在吳越境內的師兄師弟要大得多。

七、結論

從以上的討論中，我們可以看到延壽的生平正值中國戰亂，經濟政治陷於分裂，宗教文化歷遭摧殘。所幸吳越偏安，王室信佛，高僧聚集，禪風暢盛。就是在這一背景下，延壽從社會中下層中，奮發自強，以他的苦行、博學、禪定、著作、傳法、說教而稱著於世，乃至譽揚海東，受世尊崇，成為公元第十世紀中國最有成就的佛教思想大師。至於延壽的日常生活，相貌狀態如何？他的作品及別人所作的傳記，也偶然提到。例如《宋高僧傳》稱讚他「汎愛慈柔」、「顏貌不動」、「自無貯蓄，雅好詩道」[138]。到了宋代以後，傳記作者則一再宣揚延壽「日課一百八事」[139]。這一百零八事的「日課」，完全保留於《智覺禪師自行錄》中。如果說延壽每天都要做那麼多的事，時間絕不可能。宋代僧人惠洪曾對此事及延壽的生活面目，有一段描述：

> 予初讀《自行錄》，錄其行事日百八件。計其貌狀必枯悴尫劣。及見其畫相：凜然豐碩，眉目秀拔，氣和如春。味其平生，如千江之月；研其說法，如禹之治水，孔子之聞韶，羿之射，王良之御，孫子之用兵，左丘明、太史公之文章。[140]

---

[138] T50，887b。

[139] 如《龍舒增廣淨土文》、《樂邦文類》等，見T47，268b，195a，325a。

[140] 《續》，第137冊，頁241a。

惠洪對延壽的讚譽，是否恰當，自有不同的評估；但是有點事實無
可否認，那就是從畫像上看來，延壽絕對不是一位被日常事務拖累
得筋疲力衰的老僧，而是一位「凜然豐碩，眉目秀拔，氣和如春」
的大師。也許延壽的兩首七言絕句，足以顯出他的處事心境：

　　　景於吟處磨鍊空，萬象從來一徑通。
　　　道合古今渾總是，坦然無事卻全功。

　　　門鎖薜蘿無客至，任從苔蘚沒行蹤。
　　　誰人會我高棲意，忙處須閒淡如濃。 ⑭

---

⑭　《淨慈寺志》，卷18，頁1156–1157所錄的〈山居詩〉。

第三章　哲學思想的重點與特色

一、導論

　　延壽是一位詩人，喜歡以韻文和駢體文表達他的思想。他所著的《唯心訣》和《心賦》都足以代表這種特點。甚至長達百卷的《宗鏡錄》，也多以駢體文敘事。詩人情懷是心有所感，賦詩表達。這是一種直覺的表現方法，詩人所想、所思、所感如此，有時連辯解都不必作，延壽的作品和哲學特色，這是重要的方面之一。

　　延壽又是一位高僧，他的哲學思想不是空中樓閣，而是具有宗教目的，是完成宗教目的的具體方法，而這些方法的完成又要以其哲學為依據。因此之故，延壽作品不能不涉及宗教生活的實踐。他的一部分著作，如《觀心玄樞》、《受菩薩戒儀》等都屬於這一方面的代表。

　　延壽也是一位多聞的佛學家，完成第一部中國佛教哲理百科全書巨著《宗鏡錄》，及其同類中篇著作《萬善同歸集》。在這一類著作中，他廣引印度經論，以及中國佛教著作論、注、疏、鈔以至諸子百家，論述佛教的一般哲理及其核心思想。以《宗鏡錄》為例，因為書中包涵了佛教各宗的經籍和教義，又將那些本來有著差異的

學說，以「編聯古製之深義，撮略寶藏之圓詮，同此顯揚」❶，終於「成其圓信」。就是經過他的這一番編聯、撮略、圓詮的程序，形成只見林少見木的總相。

延壽生時還是位宗教活動家，他不但寫下與政治有關的《神棲安養賦》，還極力調和禪與淨土念佛的矛盾，因此寫下如《警世》、《自行鈔》一類的文字。這是延壽思想的另一方面。

以前討論延壽思想的研究有兩種傾向：一種是敘述他的學問，另一種是研究他禪淨合一的主張。因為延壽的博學多聞，在他的長篇編著中如《宗鏡錄》內，廣引佛經、論、律、疏、鈔、記、語錄、偈頌等，因此原因，從書中給人的印象是雜鈔百家之言，難見作者之義。看不出延壽思想的核心和特色。禪淨合一自然是延壽的主張之一，但並非是他唯一的主張。如果想要理解禪與淨土的關係，淨土在禪思想中所佔的位置，及其他佛家修證中所起的作用，還須對延壽的哲學及著作，做更深一層的分析。

現在首先要提出的問題，是延壽的思想是否有其主要的核心？想要回答這一問題，須從延壽自己的著作中找尋答案。延壽最早的作品名為《唯心訣》，《訣》的主題是「唯心」。延壽在《訣》中立論稱：「千途異說，隨順機宜，無不指歸一法而已」❷。這裡所言的「一法」就是一心，如他在《宗鏡錄》中，引用《賢劫定意經》文稱：「以是名號為無所有。有所覩見，見一切本，是曰一心。」❸《宗鏡錄》在〈標宗章〉中說明，這本書是「依佛祖言教之中，約今學人隨見心性發明之處，立心為宗」❹。延壽著作中，還有《心賦》

---

❶ T48，417a。

❷ T48，993c。

❸ T48，587c。

及《觀心玄樞》兩種，都是以心為主。從這些典籍內容觀察，延壽的哲學重點確實是「立心為宗」。但是延壽的心學到底是什麼？其理論架構如何？以現有的出版物而論，仍然沒有系統性的討論。為了填補這一空白，本書將列延壽哲學的重點與特色一章。

　　毫無疑問，延壽只是一位佛教高僧，他的哲學思想完全不像西方哲學思惟辨理那麼純粹。佛教畢竟是一種宗教，佛教哲學的目的在於解脫生死，不在於純粹的推理。佛教的推理是為了明「事」，理事是所言之事，是有關生死的大事。延壽的心學也是如此，它不但指出心在宗教生活中的關鍵作用，更指出如何實踐這種作用。他在《唯心訣》中就曾明白指出：「欲知妙理，唯在觀心」。由此可見其實踐思想。為了理解延壽哲學的實踐理論，本書特別專章，討論他的「觀心」、「念佛」、「懺悔」、「戒律」思想。

　　最引世人重視的延壽著作，自然是他的《宗鏡錄》了。這部長達百卷的巨著，書中引用了三百多部典籍，在戰亂連年民生不安的五代時期，算是一部難得的巨作。全書共分三百四十段，將佛教傳統哲學和禪宗思想結合討論，有系統的詮釋了佛教心、性之學。在討論這些宗教哲學問題時，他引用印度大乘哲學的空、有之論，中國天台、華嚴、禪宗、淨土教義，就使得本書具有佛教哲學百科全書的性質。此書對唯識學說的引用，就有梅光羲輯成《宗鏡錄法相義節要》一書。孔維勤在《永明延壽宗教論》一書中，也以絕大的篇幅，討論書中所羅列的名相概念，如根、境、識、五蘊、唯識、因緣……等等❺。《宗鏡錄》的百科全書特質，由這些近人的研究中已經充分表現出來。但是，其中最重要的問題，反而沒有被提出，

---

❹　T48, 417b。

❺　見孔著第七、八、九、十、十一等章。

更無有人作專題討論。這一重要問題就是《宗鏡錄》中所引用的觀點，哪些是延壽自己的？哪些是引用前人的。換句話說，哪些是他的思想，哪些是他的學識？思想是作者的主張，見解及理論；學識是學到的知識，可能也不完全是一個思想家所主張的理論。在這樣的狀況下，本書將列〈中國佛教百科全書思想的完成〉一章，作為分析延壽哲學的另一重點，加以討論。

總體而言，在本書作者看來，延壽的哲學是以心學的建立：「立心為本」為主題。又以此主題出發學以致用，建立了他的實踐哲學。最後將他的主張以經院哲學的形式，完成其歷史性的任務，編成一部特別的佛教思想百科全書。三種突出的貢獻：心學、實踐、百科是延壽哲學的全部內容。這種分析和立論，尚未見前人提出，或可視作一得之見。

二、 早期心學：《唯心訣》

本書在前面討論延壽的著作時就曾指出，《唯心訣》一書是現在已知的早期延壽作品。此書寫成日期雖無具體紀年，但我頗懷疑是他拜會其師德韶以後的著作。這一推測，根據有二：一，《訣》文中指出「欲知妙理，唯在觀心」❻，「觀心」之說是天台大師智者重要教旨，而德韶本人又以智者的「後身」而名聞當時。二，《訣》文中採用華嚴佛學的名相，而禪宗各派中只有法眼一支對華嚴思想特別重視。延壽的第一位師父令參，未聞他有華嚴教學的記載。《訣》文的內容顯示延壽在一段苦行生活之後，遇到了德韶這位學行兼重的老師，於是在禪行之外又拿起筆桿開始佛學著作。

---

❻ T48, 996c。

《唯心訣》從開頭起就道出了主題；「心」：

詳夫心者，非真妄有無之所辨，豈文字句義之能述乎！❼這幾句話
是說明，「心」是一個絕對的超越本體，不能用哲學範疇如真與妄、
有與無，加以辨別，更無法以文字句義去詮釋。這種說法是本體論
哲學家常用的理論，《老子》早有名言：「道可道，非常道」。《訣》文
此處亦是如此。既然「心」是不可以有與無，真與妄等文字表示，
哲學並不是無言的沈默，在歷史上總是哲人相繼，各有著述，討論
此一不可說的道理，其理何由？延壽承認這一事實，寫出了他所認
為的理由。他說：

> 然眾聖歌詠，往哲詮量。非不洞明，為物故耳。是以千途異
> 說，隨順機宜，無不指歸，一法而已。❽

《訣》文在此表達出三層意思：第一，承認往哲的詮量，確是「千
途異說」。第二，造成這一現象的主要原因，是「為物故耳」。第三，
這種「千途異說」，　只不過是順應現象世界的須要而作出的詮量，
到了最終都歸於「一法而已」。
　　對於「眾聖歌詠」一點，《訣》下面還有更具體的說明，並且
更指出它們所唱的「詮量」，「異說」的差別及重點：

> 故《般若》唯言無二，《法華》但說一乘，《思益》平等如如，

---

❼　T48, 993c。

❽　同上。

《華嚴》純真法界，《圓覺》建立一切，《楞嚴》含裹十方，
《大集》染淨融通，《寶積》根塵泯合，《涅槃》咸安祕藏，
《淨名》無非道場。統攝包含，事無不盡；籠羅該括，理無
不歸。❾

這段文字所羅列的佛典有十大部，都是大乘佛教的重要經籍，對中
國佛教各個方面，都曾產生過廣泛而深入的影響。《訣》列出這十
部大經及其中心教義，充分顯示作者撰寫此文時的經典知識及佛學
造詣，已是相當深入而全面。

　　如果將這些教義加以分析，我們就不難看出有些概念，如「無
二」、「平等」、「融通」、「泯合」等，都可以「理無不歸」概括。另
有一些思想如「根塵」、「染淨」之類的「事」，自然性質相拗，分
別對立。延壽在這裡引用了華嚴哲學中的事、理範疇，確認這些概
念有矛盾的方面，又有統一的方面。由此可見華嚴思想對延壽的哲
學，確有重要的影響。

　　《訣》文接著指出為何此一「一法」會產生「千途異說」？延壽
回答說，那些往聖先哲的教旨，「非不洞明」，而是「文言句義」無
法全面述說「一心」，但是又不能不詮量這一重要問題，只好強為
之言。所有這些都是「為物故耳」。延壽在這裡提出了「物」的概
念，並且認為不同的哲學詮釋，都為物而設。

　　按「物」的概念最早見於先秦道家典籍。《老子》一書首先提
出「常道」一詞與「非常」相對。《韓非子・解老篇》在詮釋這兩
個詞語時，初次用「物」代表「不常」。文云：「夫物一存一亡，乍
死乍生，初盛而衰者不可謂常」❿。《莊子・齊物論》中，對「物」

---

❾　同上。

有更豐富的討論；但是將「物」與「心」合在一起討論的，還要等待到中古時代：郭象(252–312)在注《莊子・德充符》中，「生死亦大矣，而不得與之變」一句時說：「體乎極數之妙心，故能無物而不同」❶。接著是僧肇(384–414)將此一概念，援引進入佛教哲學。他在《物不遷論》中，提出了「昔物不至今」，「物各有性，性各有極」等論題，以「果不俱因，因不來今」說明「物不遷」、「果不滅」的關係❷。梵文佛典中「物」字原義至少有三種，指「生命」(pāṇa)，「眾生」(Jagat)，「物體」(vastu)等。延壽在《訣》文中所用的「物」字，應為「眾生」之義。「眾生」是有為法，亦含無常、變化等義。這是延壽用詞遣字的思想背景。

宗教哲學的困難是超越性的真理，無法用言語文字表達全部；另一方面又是「為物之故」， 真理不得不用言語文字表達。用言語文字的表達能力，每次只能表達出真理的一個方面，不可分割的真理因為言語名相的限制，一旦表達出來就有被分割歪曲的危險。《訣》文對此一困難和危險性，提出警告：

> 是以一法千名，應緣立號。不可滯方便之說，迷隨事之名。❸

這裡的「一法」即是「心」法，即是不可分割真理的全體。「千名」

---

❶ 參閱馮友蘭：《中國哲學史》(北京：中華書局，1961新一版)，頁223。

❶ 心在《莊子》中的意義，徐復觀曾有重要討論，見《中國人性論史・先秦篇》(臺灣商務，民58年版)，頁379–389。

❷ 玄學中的「物」論及其對僧肇的影響，見任繼愈主編：《中國佛教史》第二卷 (北京：社會科學出版社，1985)，頁474–482。

❸ T48，993c。

就是眾聖往哲所作的「詮量」,「應緣」就是「為物」,「方便之說」,就是「隨事之名」。 真理一旦陷於名號分別,滯於方便之說,矛盾就會發生,例如「眾生非真,諸佛是實」之類說法等等。矛盾既然存在,衝突可能發生,其解決之道在於智慧的觀察。觀察的結果就會發現,每種事物的發生,經過,變化,與終結雖然有著差別;但是在差別現象的後面,卻有相通的「理」。《訣》文描繪這種有別相通的辯證關係為「事無不盡」、「理無不歸」。 不盡之事指「一法千名,應緣立號」;無不歸之理就是「一法」。一旦理解這一道理,事物的矛盾現象就不會造成隔離及衝突。這種超越矛盾事物的辦法及過程,就是《訣》文所講的「歸一」之法,即「若悟一法,萬法圓通」。

《唯心訣》是一篇宗教韻文,自然不會停止在事理圓通的論題上,而是更深入一層對通理之後的境界,作全面的描繪。《訣》文稱:

> 塵劫凝滯,當下冰消。無邊妙義,一時通盡。深徹法源之底,洞探諸佛之機。不動微毫之功,匪移絲髮之步,優游沙界,遍歷道場……無一相而非實相,無一因而非圓因……談玄顯妙,而不壞凡倫;千變萬化,而未離真際……❶

塵劫凝滯就是佛教哲理中所講的「無明」, 無邊妙義就是智慧,深徹源底指理智的深度,不動之功指由「無明」化「智慧」的超越過程,是質的變化不是量的轉移。此句與下句的「不壞凡倫」、「未離真際」相對照。實相、圓因遍一切相,由一切因描寫此一通達的境

---

❶ T48, 993c-994a。

界。

　《訣》稱此一境界是這樣的：

> 履逆而自順，處剛而自柔，臨高而不危，在滿而不溢。可謂
> 端居絕學之地，深履無為之源。入眾妙之玄門，游一實之境
> 界。❶

前面曾經指出延壽具有詩人情懷的一面，上面的這一段《訣》文充
分表現這一特徵。文中以剛柔、順逆、高危、滿溢、絕學、無為、
眾妙、一實等詞彙，其源於道家典籍者佔絕大多數。只有「一實」
一詞是佛家用語。上述的這些詞性，是以超越矛盾現象為終極。這
種哲學詩句，既能包容矛盾的現象，又可指出超越的境界，這是漢
字文學特有的具體特點與鮮明色彩。印度佛教哲理論文，著重於邏
輯性的推理，善於以連續的否定詞表達不可說的超越境界，與延壽
文學用語多具體而肯定的特點相比照。此點亦表現出印度佛教與中
國佛教哲學語言的差別。

　　一旦到達這一境界，修習佛道者並不停止於此種「恆聞慧
光」、「今古咸然」的安適狀態；而是要用此一新的境界和智慧，對
現象世界的存在及變化，作一番「前後印同，萬境齊觀」的照察。
照察的結果就可能發現：

> 聖凡齊等：如一滴之水與渤澥之潤無差，若芥孔之空等太虛
> 之容納。非別信之者功超遠劫，明之者祇在剎那。此一際之
> 法門，真無方之大道。聚一塵而非合，散眾剎而非分。和光

---

❶　T48，994a。

而不群，同塵而不染，超出而不離，冥合而無歸。 **⓰**

滴水與渤澥之間，差別之量甚巨，但潤性全同；芥孔與太虛之關係
也是如此。這種現象差異，本質相同的狀況就是聚分相異而又不異
的辯證關係。這就是延壽所指點的「一際法門」和「無方大道」。

　　這一大道可以「依蔭草木，籠罩古今」， 與現象世界的關係是
這樣的：

> 相入而物境千差，相即而森羅一味。不從事而失體，非共非
> 分。不守性而任緣，亦同亦別。是以即性之相，故無妨建立；
> 即理之事，故不翳真常。以空之有故，豈礙繁興；以靜之動
> 故，何虧湛寂。 **⓱**

這一段話以相入相即，現象與本體，性與緣，性與相，事與理，空
與常，靜與動等關係，反復說明現象世界與本體之間的複雜關係，
也表現出此種關係的不同層面。這裡所用的哲學名相及架構，是以
華嚴哲學為主軸：一切存在都以「性」為根據。然此本性並非寂靜
不動，而是「任緣」而起，從而產生千重相續的現象變化。現象世
界的無常起滅，都是「即性之相」，「即理之事」，「以靜之動」。因此
之故，現象世界建立和變化，造成生生不息的繁盛起滅；但如從本
體而言，皆由湛寂之體而起。這是華嚴哲學的「性起」論。

　　《唯心訣》接著從不同的角度，說明本體和現象之間的關係。
一再說明哲學討論中所常用的範疇，每種名相只能表達一個方面，

⓰　同上。

⓱　同上。

無法表達真實的全部內容，也無法一次說明事物的各種關係。《訣》
文稱：

> 言一則大小相入，言異則高下俱平，言有則理體寂然，言無
> 則事用不廢。雖起而常滅，世相含虛；雖寂而恆生，法界出
> 現。任動而常住，萬化不移；任隱而恆興，一體相應。無假
> 而幻相和合，無實而真性湛然，無成而異質交輝，無壞而諸
> 緣互絕，境雖現而無現性，智雖照而無照功。❸

《訣》表示像「一」與「異」，「有」與「無」，「常滅」與「恆生」
等一連串的矛盾概念，都是前句提起一種狀況，後句以相反的狀況
補足，從而造成雙存互補的整體，這又是華嚴哲學中「六相」「十
玄」法界無礙的理論架構，與印度大乘佛學的「空」「有」理論，
或「緣起」論的說法不同。印度佛學中說空者的理論模式，是以邏
輯推理表示「有」（存在）的理論缺點，從而使其失敗；印度大乘
佛學中的「有宗」，以同樣的邏輯推理方法，證明法（現象事物）
無識有。華嚴哲學雖然承繼了唯識哲學中的「唯心」概念，但是其
理論重點和論理方法與印度的唯識哲學完全不同。印度的唯識思想
在分析境、心、識、智等概念之後，達成識的存在及其作用作為結
論；再以轉識成智完成其宗教哲學的使命。華嚴哲學的主點雖然也
是以心為主，而是境、識、心、智合在一起，指出異同、空有、起
滅、動靜之間的相互關係，承認每一狀況只是真實顯現的一個方面，
而此一個方面與其他方面互存互補。這樣以來，現象世界與本體世
界是一非二，這是一種綜合肯定式的超越，不像印度佛教哲學以否

---

❸　T49, 994a–b。

定現象自性而達到「不可說」之境界。延壽在這一問題上，也是如此。通過這種圓融會通的智慧經驗，宗教修習就可以達到動靜相合的「不動真如」境地。延壽以淨鏡作譬說明這種境界：

> 狀同淨鏡，萬象不能逃形。性若澄空，眾相不能離體。為常住藏作變通門，湛爾堅凝恆隨物化。紛然起作不動真如……。**⑲**

作為一面淨鏡，它具有映形照影的功能，鏡前的事物及狀態，全可以在鏡中映照出現。但是鏡子的功能只在映照事物，但並不捲入所映事物，亦無本身主觀的情感。鏡中可以映出紅白青藍，喜怒哀樂等表情，但是那些色彩及表情並未對鏡子本身及功能產生任何變化。這種具有顯現客觀事物的功能，卻無主觀的反應（如喜、嗔），正是哲人胸懷。以鏡喻智是佛門尤其是禪宗人士常用的譬喻。同屬青原一脈的洞山和尚（良价，807–869），就曾在其《寶鏡三昧歌》中說：「如臨寶鏡，形影相覩」。**⑳** 在宗教悟解的過程中，一旦悟此境界，就可以進退自如：「即淨隨染」，常處現象世界之內；與此同時，卻又能夠「處濁恆清」，不受現象世界的束縛及影響。

這種與智慧結合為一的心靈是無所不及，無時不在，但卻無法以言語道出，作全體性的表達。但又因其在宗教修習，生死解脫中有著關鍵性的重要，是故非說不可。在此困局中，延壽用一連串歌頌詞語，如「妙體」、「靈光」、「至德」、「神性」等，說明心的重要性。延壽在這一點上抓緊主題，以鏡作譬進一步說：

---

⑲ 同上，994b。

⑳ T47，526a。

外望無盈餘，內窺無積聚，觸目而不見，滿耳而不聞，盈懷
而無知，遍量而非覺，本成而非故，今現而非新，不磨而自
明，弗瑩而自淨。可謂妙體常住，靈光靡沈，至德遐周，神
性獨立。❷

延壽在這一段文字中，仍集中於描述心的超越性。例如心是不能用
外望內窺、見聞擁量、新舊磨拭等方法去衡量，因為它無處不在卻
又不可以見聞捉摸，是神性獨立卻又具有一切至德。正因如此，《訣》
文稱此一超越的實體為「萬法之王」、「千聖之母」、與「大道之
源」。「萬法之王」當源於佛經中常言的「萬法一心」及「心王」之
說，但《訣》文進一步解釋此因「眾妙群靈普會」於茲之故，其遣
詞用字兼具佛、道兩家色彩。「千聖之母」自然使人想起《大般若
經》系統中所強調的智慧為成佛之母等說法；但延壽解釋此語的原
因時稱：因為「三乘五性」冥歸而成。「三乘五性」之說，出於慧
沼(651-714)所著《能顯中邊慧日論第一》，原文稱：「寧以三乘五性，
先說為權；佛性一乘，後說為實」❷。《訣》文此處，當以此為據。
「大道之源」一語原義出於道家思想，「大道是天地之本」。宗密在
《原人論》中，譏此論為「不備明順逆起滅染淨因緣」❷，加以抨
擊。後來又在同書〈會通本末〉章中，以「唯一真靈性」，統攝儒
道兩家之本體論，延壽此處所言之「大道之本」，即指「靈性」。宗
密說明：「唯一真靈性……即真一之靈心也。究實言之，心外的無

---

❷　T48，994b。

❷　T45，420b。

❷　T45，708b。

別法」❷。延壽對此作了進一步的稱讚,認為「大道之源」是「獨尊獨貴,無比無儔。」❷這兩句話,正可作《訣》題中「唯」字的詮釋。

前面曾經一再指出,《唯心訣》非常重視現象世界與本體一法之間的關係,因為如果現象世界是妄而不真,空妄的事物怎能存在,宗教解脫更無必要。佛教哲學對此一事實,以因緣生法,法無自性作解釋,認為無自性所以是空,由因緣而存在,存在因無明而生貪、嗔、癡,由此產生一切煩惱和痛苦,因此要以智慧破無明,達到解脫。無明煩惱指現象世界,解脫指絕對境界,這是印度佛教的哲理,也是佛教的根本。華嚴哲學在中國的發展,是以事理作範疇,著重於事法界與理法界之間的關係,說明超越解脫的複雜內容及其過程。《唯心訣》在前面曾對現象與超越之間的關係,用性、相,空、常,事、理,動、靜,異、同,有、無,生、滅,作過詮釋,描繪「心」法是「獨立」及「至德」。 接著又回到這一論題,討論此一「獨尊獨貴,無比無儔」之真心,和現象世界之間存在著決定性的關係:

> 玄蹤不定,任物性以方圓。妙應無從,逐機情而隱顯。是以
> 本生末而末表本,體用互興。真成俗而俗立真,凡聖交映。
> 此顯彼而彼分此,主伴齊參。生成佛而佛度生,因果相徹。❷

一旦理解森羅萬相起滅的世界,事實上只是「妙應機緣」而顯露的一個方面而已,其「玄蹤不定」本體正是現象發生的原因。明白此

---

❷ 同上,710b–c。

❷ T48,994b。

❷ 同上。

一層關係以後，就可以對起滅無常的世間現象及其本質有更全面的
理解。《訣》文形容此一種理解超越為「智海滔滔，包納而無遺纖
芥。靈珠璨璨，照臨而不顯微毫」。

　　用這種超越的圓融智慧之心，再對世間的分別諸相及與之相關
的治理方法，修道者就會發現不但現象差別，具有隱顯兩個方面，
就是在理論上也可能產生類似的錯誤。《訣》文對此特別指出：

> 三毒四倒而非凡，八解六通而非聖。悉住真如寂滅之地，盡
> 入無生不二之門。❷⁷

從初步佛教修習來講，三毒（貪、嗔、癡）四倒（在常、樂、我、
淨問題上的顛倒謬見），皆是世俗性毛病，所以是「凡」；「八解」
指「八解脫」（aṭṭha vimokka，以八種定力對治八種貪欲），「六通」
（ṣaḍ abhijnàḥ，六種神通）在早期佛教中是屬於聖者之能。《訣》
文反對這種「凡」「聖」分別，認為兩者同住「寂滅之地」，皆可導
入「不二之門」。 一旦超越分別現象與分別對治方法，就可以達到
「語默常合，終始冥通」的超越圓融。

　　在上述種種層次中，「心」是關鍵，無論有無、隱顯、本末、
體用、凡聖、主伴、分別、不二等概念及理解，一切皆由心去理解，
決定，完成。《訣》對此特別重視，並且指出理由：

> 是以心空則天地虛寂，心有則國土崢嶸。念起則山岳動搖，
> 念默則江河寧謐。機峻而言言了義，志徹而念念虛玄。器廣
> 而法法周圓，量大而塵塵無際。意地清而世界淨，心水濁而

---

❷⁷ 同上，994c。

境像昏。舉一全該，坦然平等。宛爾具足，唯在正觀。❷

《訣》在這一中心問題上，以文學的語言對心的關鍵作用，作形象豐富的敘述，有不同的層次，非常具體：以有無論心，以國土崢嶸及天地虛寂形容有無。這裡表現出的是氣象閎闊的形象，充滿詩情。又以山岳動搖及江河寧謐描繪念念起滅，給心的動力作充分的評估──這不止是念起心動，而是山岳動搖惶如地震。但是《訣》的目的不在歌頌自然而是讚揚心念。所以下面六句馬上又回到人心，機峻、志徹、器廣、量大、意地、心水都在說明人心有不同的量，不能機械的一概而論，這就是《訣》文前面所說「為物故耳」一語中的「物」字。雖然每個人的心地器量有差，但是心地的原有能力，都是「舉一全該，坦然平等」。坦然平等並不表示宗教問題一筆勾銷，已不須要；問題是在正確的自我認識──悟。這種宗教上的悟，就是「正觀」。只有通過正觀，修道者就可理解：

> 萬法本只由人，真如自含眾德，無念而殊功悉備，無作而妙行皆圓，不運而成靈智，法爾無求自得，妙性天真方知。❷

萬法由人之說表示中國佛教對人的能動性非常重視。這是中國佛教的特色之一，延壽的《訣》文再次說明此一特色。由於人人宛爾具足此一真心，真心一悟即可舉一全該，因此正觀之道唯在無念、無作、不運、無求。延壽在正觀方法上，承襲了唐代禪宗的教旨。悟的結果，是「理智圓融，大道無外」。由悟大道無外，故可「絕塵

---

❷ 同上。

❷ 同上。

獨立」。因知「見外無法」，故能「玄黃無惑」。

《訣》文接著此種真心頓悟的困難，及偏執的失誤方法，提出警告，更對悟的境界加以誘進頌揚：

> 蓋以妙理玄邈，大旨希夷，狂慧而徒自勞神，癡禪而但能守縛。實謂言思路絕，分別意窮。識智儵然，神清可鑑。空有雙譴，根塵洞開。如窺淨天，似臨皎日：無一法門而不顯，無一至理而不明。❸

「妙理玄邈，大旨希夷」裡面的兩個形容詞，「玄邈」原見於《文選・薦禰元表》，義為高上清遠；「希夷」典出道家經典《老子》，它在描繪道的超越性時，有「視之不見，名曰夷；聽之不聞，名曰希」之句。延壽借此以喻妙理大旨，是禪道交流中常見的文學現象。狂慧癡禪是佛教傳統對教條主義和經驗主義兩種偏向的批評。「言思路絕、分別意窮」指智慧心的超越性；但不是絕對虛無，而是言絕意窮之時識智自然顯示。一旦如此，空有之見，六根之累，全部銷融，似晴空無雲，皎日全暉。這就是聖者境界。這種境界就可以超越現象分別，又可以在現象世界中「權實雙游，悲智齊運」。《訣》文對此加以描繪稱：

> 涉有而不乖無，履真而礙俗。若乾坤之覆載，猶日月之相須。示聖現凡，出生入死。持實相印，建大法幢。❸

---

❸ 同上，995a。

❸ 同上。

雖然真理智心是超越有無、真俗，無處不在，又有往聖今哲歌讚宏揚，但是眾生仍在苦海，人間仍是充滿哀傷，原因何在？《訣》文認為此因心之限量分別所致：

> 何得以限量心起分齊見，局太虛之闊狹，定法界之邊疆。遂令分別之情不越眾塵之境。向真如境上鼓動心機，於寂滅海上奔騰浪識。於管中存見，向壁罅偷光。立能所之知，起勝劣之解，齊文定旨，逐語分宗……。❸

《訣》文在開首曾經指出，眾聖往哲詮量真心是「為物故耳」，這裡所言之「物」即指眾生。眾生因身、心生活及已往之業所限制，無法觀察及理解整體的真理及其有分別的現象，更難理解此兩者之間的玄妙關係。因而用分別心，局限整體，從而受自己分別之情所限制，無法超越眾塵之境。「塵情」（梵語artha）指事物世界的現象如色、聲、香、味、觸、法等；「分別之情」指主觀對事物世界的感受和反應。客觀事物的存在與主觀情感交織的結果，使眾生縛於塵勞之境，受種種苦。在宗教生活上這種心的限量分別，也會使修道者妄費心機，奔騰浪識。延壽認為這類分別見識只是管窺罅光，未見全局。這種受局限的知識，引起三重連鎖反應後果：起勝劣之解，齊文定旨，逐語分宗。勝劣之解是以主觀評論勝劣；齊文定旨指以己之所喜為標準並且要求別人與此標準看齊；逐語分宗指以此分別的教言為準，形成宗派。

與此分別局限的見識相比較，佛教所弘的教旨自是另外一番氣象，《訣》以「蠕蜎豈繼於鵬程，螢光那齊於日曜」作譬喻。並對

---

❸　同上，995b。

佛法勝義神通慧力聖境，加以讚揚頌稱，然後大筆一轉又回到眾生：

> 此乃群生之常分，與眾聖而同儔。無一法而不然，但有心而
> 皆爾。非假變通之力，不從修證之因。德量如然，塵毛悉具。
> 一香一味，同棲滅盡定門；蠢動蜎飛，不昧靈知寂照。 **❸**

「群生常分」人人皆有，與佛無異，即大乘佛教性宗常言之「佛性」
或「自性」。一切事物都無例外，「但有心而皆爾」。晚唐禪宗認為，
「禪……是一切眾生本覺真性，亦名佛性，亦名心地」**❸**。「不假變
通」、「不從修證」是佛性思想中的「本覺」理論。「滅盡定」（梵語
nirodha-samāpatti）指滅盡三昧，是「心不相應行法之一」。延壽在
《宗鏡錄》中引述《大乘千鉢大教王經》文稱：「菩薩先須當心觀
照本性靜寂，悟入滅盡定得心識性，證見清淨。」**❸**「靈知不昧」是
荷澤禪宗的說法，宗密言「空寂之心，靈知不昧。即此空寂之知，
是汝真性」**❸**。此應為《訣》文所本。

　　雖然人人自性具足，與聖無異，本覺圓滿，德量如然。可是按
照《大乘起信論》的分析，眾生心可分為真、妄二門，妄心有成事、
體空二種功能。成事的功能，基於「不達一法界故，忽然念起，名
為無明。無明所染，有其染心」**❸**。由於染心的限制，就無法悟察
圓滿具足的本覺，產生重重的錯誤認識。《訣》文譬喻這些錯覺是

---

❸　同上。

❸　見《禪源諸詮集都序》，T48，399a。

❸　T48，474a。

❸　同**❸**，頁402c。

❸　同上，頁411a。

「遺山存培，棄海存漚」，意為捨大取小。又喻為「持珠乞食，守金傷貧」，不知自身有寶。由此無明染心而起，人們對宗教的認識、選擇、修習、證悟，就產生一連串及各種不同的錯誤。《訣》文對此種宗教錯誤加以指出：

> 或捨離而保偏正，或絕分而甘處塵勞，或認妄而謬附邪宗，或執權而勞修漸行，或認位高推於極聖，或積德望滿於三祇。❸

「捨離保正」所保只是「偏正」。樂處煩惱而不願分開。認妄附邪，執權行漸是宗教選擇的錯誤。「極位」指成佛正覺，「三祇」是梵語 tri kalpa asaṃkhyeya，漢音「三阿僧祇劫」的簡寫，義指菩薩成佛過程所須要的三段時間。阿僧祇義為「無數量」，「劫」義極長的時間。為什麼宗教生活屬於聖道，還有如此差錯呢？《訣》文認為這是由於：

> 不知全體現前，猶希妙悟。豈覺從來具足，仍待功成？不入圓常，終成輪轉。

「全體現前」指自性就在眼前，日日是好日，妙悟即此，不必外求，禪宗的「頓悟」或「見性」就是如此。從來具足就是「本覺」，「本覺」是無功自成的智慧。離開這兩項覺智，無論怎樣努力修習，都無法入圓常妙覺，最後難免輪迴之苦。

如果說佛教修習中，尚有如此嚴重的失誤，在延壽的認知中其

---

❸ T48, 995b。

他宗教的「謬興知解，錯倒修行」更為嚴重。《訣》文中「略標一百二十種邪宗見解」，並且加以抨擊。後來在《宗鏡錄》卷四十六中，又將此段《訣》文抄出，由此可見延壽對此一段文字的內容非常重視❸。按照傳統的說法，印度佛典中常見者有「九十六種外道」及「九十六種邪道」的說法。延壽在《宗鏡錄》和《萬善同歸集》中也曾數次使用這一詞語；唯在《訣》文中使用「一百二十種邪宗見解」的說法❹。又將此文鈔入《宗鏡錄》，稱之為「《唯心訣》破一百二十種見解」❹。《訣》文論此一百二十種邪見，每種以「或」開始，標出一種邪見，例如：

> 或和氣養神而保自然，或苦質摧形而為至道，或執無著而椿立前境，或求靜慮而伏捺妄心。或刳情滅法以凝空，或附影緣塵而抱相。或喪靈源之真照，或殞佛法之正因。❹

《訣》文此處，每句以「或」起句，次四字（如「和氣養神」）或三字（如「喪靈源」、「殞佛法」）說明他認為不正確的方法；後面的三個字（如「保自然」）或兩個字標明宗教修習的目的。

　　《訣》文表達某些「邪見」時，並非一無變化，而是採用較多的字句，表達其邪法及後果。例如：「或絕識凝神，受報於無情之地。或澄心泯色，住果於八難之天。」❹《訣》文的這些地方表現出

---

❸　同上，488b–489b。

❹　參看T48, 419a, 660c, 968a, 988c。

❹　同上，688b。

❹　T48, 995c。

❹　同上。

延壽的才華。另一方面，如果嚴格的從《訣》文的主題觀察，文中有些「邪見」並非全講「唯心」。例如上面引文裡面的「和氣養神」、「苦質摧形」就是證明❹。自然從講「唯心」的人士觀點而言，「萬行由心」，「萬行唯心」是其宗旨，因此一切與心有關，倒也可以自圓其說。

延壽在《訣》中批判上述的「邪宗見解」如下：

> 迷宗背旨，失湛乖真，捏目生花，迷頭認影。若敲冰而索火，類緣木以求魚……皆不能以法性融通一旨和會。❺

《訣》文的這些評語，充滿文學形象，表顯出延壽的文采。其所引用的比喻有的是來自佛經，有的是禪門用語，有的如敲冰索火、緣木求魚則是漢語文學中的名句。延壽融此三種文學來源於一爐，天衣無縫，顯示了他的文字技巧及思想融通。從佛教理論上著眼，延壽總結造成邪宗見解的總因，「皆不能以法性融通一旨和會」。「和會」是宗密思想中的主要題目之一，延壽也支持這一教旨，而且標明和會的方法，是應以「法性融通一旨」而完成。延壽的和會思想，本書將在後面再作詳論。

因為未能和會，導致更進一步的錯誤，帶來無限的痛苦。《訣》文說：

> 盡迷方便悉溺見河，障於本心不入中道．匍匐昇沈之路，纏取捨之懷。於無心中強欲斷除，於無事內剛求捨離。將法空

---

❹ 參看T48，603a，508a。

❺ T48，696b。

為恚愛之境，返真智作想礙之情。長隨八倒之風，難四邊之
網。❹

溺於見河由於未能一旨和會，不入中道又因見障本心，昇沈取捨。
強欲斷除指見河中的錯誤行動。這些理解與行動，只能導致妄誤的
結果——「八倒之風」、「四邊之網」。「八倒」指凡夫誤執有為生滅
現象為常、樂、我、淨及二乘人士誤執無為涅槃為無常、無樂、無
我、無淨。「四網」指古代印度「外道」所執，依過去而起認為定
中所觀的世界的四邊見網，即定中所見世界是：有邊際，無邊際，
亦有亦無，非有非無等四種主張❹。

　　與上述的謬見誤行相反，《訣》文指出禪宗的見解：

　　　　理即生死，恆與道冥。妄本菩提，從來合覺。明常住暗，水
　　　　不離冰。靈智常存，妙用無盡。❹

這一段文字是晚唐佛教，特別是華嚴思想與禪學合流的菁華。生死
與道冥合，妄念就是菩提未覺，明暗是同一事物的兩種不同的層面。
現象雖異（冰與水）而本質（溼性）相同，是宗密討論過的哲學題
目；靈智妙用更是荷澤禪法中的中心思想和著名的用語。延壽思想
的「教」之來源，正在此處；「宗」的來源，要向青原石頭一系探
索。

---

❹　同上。

❹　《宗鏡錄》中對「八倒」、「四執」及其出處皆有討論，參閱T48, 433b,
　　630b, 688b。

❹　T48, 996b。

儘管「靈覺之性，本非祕密。如來之藏，實不覆藏」；但因「圓
之理不虧，信解之機難具」。「機」在此處，當「機根」及「機緣」
解。《宗鏡錄》云：「若論外化，皆因眾生感出。若無機緣既無所化，
亦不成佛。」❹由於信解之機未具，眾生因之喪根尋枝，遺金拾礫。
凡此種種皆因：「未達本心，妄識浮沈，緣心巧偽，遍計所執，現
似外塵。」這四句話說明「喪根尋枝」的原故及過程：本心是根，
妄識是枝。眾生心有兩個方面：真、妄。這裡的真妄心是由《起信
論》所發展，《論》的原文如是：

> 以不達一法界故，心不相應，忽然念起，名為無明。

又說：

> 是心從本以來，自性清淨，而有無明。為無明所染，有其染
> 心。❺

《唯心訣》循此思想脈絡，對由染心而起的「巧偽」和「外塵」，作
進一步的詮釋，原文如下：

> 不知萬法無體，一切無名。從意現形，因言立號。意隨想起，
> 言逐念興。想念俱虛，本末非有。是以三界無物，萬有俱
> 空。❺

---

❹ T48，517b。

❺ 參閱宗密對《起信論》文字的引用和詮釋，見T48，411a–412a。延壽
受宗密的影響甚大。

《訣》文接下去再次重複討論因妄念而起的錯誤分別，及其有害的
方法與結果。接著提出了對治妄念的法門是應知「妙理」，　知「妙
理」的法門，是「唯在觀心」：

> 欲知妙理，唯在觀心。恆沙之業，一念而能消；千年之暗，
> 一燈而能破。自然不立名相，解惑寂然。豈有一物當情，萬
> 境作對！ ❷

前面曾經指出，在「觀心」問題上，延壽受到天台大師智顗的啟發。
延壽不但在此處指出觀心在宗教解脫中的關鍵作用，並且在《宗鏡
錄》中一再引用智顗著作中有關觀心的文句。其中有《摩訶止觀》、
《法華玄義》、《淨名疏》等；對智者的《觀心論》更是推崇，並將
智者偈文中的三十六門全數鈔出❸。由此可見延壽對天台大師的「觀
心」理論，確是非常重視。其重視觀心的原因，《訣》文指出是因
為由觀心所得的妙理，能破千年之暗，能消無數業障。可以導致不
立名相，寂然解惑。解惑的結果，就不會「一物當情，萬境作對」。
情指主觀作用，境指客觀現象。客觀與主觀的衝突，正是墮於世間
煩惱巨網的原因。如能觀心知理，就可得到解脫。《訣》文對此解
脫境界，讚頌如下：

---

❺ T48, 996c。

❷ 同上。

❸ 參閱T48, 581b, 600a, 589c–591a, 919c。日本學者對延壽引用天台
典籍，已有專題研究，見池田魯參：〈趙宋天台學の背境——延壽教
學の再評価〉，刊於《駒沢大學佛教學部論集》，第十四號（昭58年），
頁62–81。

取捨俱喪，是非頓融。眾翳咸消，豁然清淨。無非不思議解
脫，盡是大寂滅道場。視聽俱忘，身心無寄。隨緣養性，逐
處消時。猶縱浪之虛舟，若凌空之逸翮。縱橫放曠，任跡郊
廓。❺❹

《訣》在結尾聲明，「此乃群經具載，諸佛同宣。非率爾以致辭，
請收凝而玄鑒。」❺❺這就表明《訣》所言，並非延壽自己的輕率之辭，
而是佛言經語，絕對不能輕視。至於何經所載？佛所何言？《訣》
文未提。這種文字表達方法，是詩人情懷，直覺直述直書。雖然如
此，《訣》文的原文，並非真的只是作者的主觀臆語；而是他精研
經典，親身證悟之言。延壽的學問及證悟，可以從他的巨部撰述中，
得到證明。茲以他的心學為經，再進一步檢討他的心學詳細內容及
淵源。

三、唯心理論的建立

從上面的討論中我們可以看到《唯心訣》中的哲理思想，但是
《訣》文因韻文對仗的體裁限制，對其中所涉及的論題，多是直述
所見未加理論。而讀者所得到的印象，只是延壽的主張，但卻看不
到那些主張的理論體系。又因《訣》文的文字，是揉合佛家與中國
傳統思想，特別是道家的哲學用語，這就使得讀者很難看出延壽哲

---

❺❹ T48, 996c。

❺❺ 同上。

學的根據，哪些屬於佛家思想，哪些屬於中國傳統。如果說延壽是
一位僧人，他的思想自然應當屬於佛家，但是此一說法雖是持之有
故，尚須作進一步的證實。為此原因，本書將從延壽的其他著作，
觀察延壽思想的理論體系。

延壽的思想是由「唯心」開始，但是《唯心訣》中並沒有對唯
心理論作全面而深入的討論。《訣》文提到數種佛教經典，如《般
若》、《法華》等，又說這些經典的主要哲學概念如「無二」、「一乘」
等，都是「理無不歸」。又說那些「千途異說……無不指歸一法」。
但是上述的那些概念，是如何歸於「一法」？《訣》對此一關係問題，
卻一筆帶過，未加論證。又如《訣》文著重指出：「欲知妙理，唯
在觀心」；但是如何觀心，《訣》文未談。

按《唯心訣》是以「唯心」為主題，這一主題在其他的延壽著
作中，還有詳細的討論。特別是《宗鏡錄》，更以「立心為宗」，討
論唯心的地方甚多，有時更與其他名詞，如「一心」、「心源」、「真
心」、「心宗」等，互相交換使用。本章將對這些名相作進一步的考
察，以窺延壽思想核心概念的建立。

《唯心訣》雖以唯心為題，但是對唯心一詞的涵義，並未作正
面的解釋。到了《宗鏡錄》卷七十三才對此詞有明確的界定。《宗
鏡錄》的討論唯心是在回答八識的真妄問題時出現。書中提出的第
一個問題是：「八識之中覆真習妄，何識造業，何識為因，何識為
依，成其妄種？」其答案是：「前五識取塵，第六識為因，第七識計
我造業，第八識為依。以此生死苦果不斷。」❺❻第二個問題是：「一
切世間因果相酬，生死不絕，於諸識中，何識為主？」此一問題的
答案如下：「生滅因緣最初依阿賴耶識為體，以意識為用。」《錄》

---

❺❻ T48，822c。

文引用《起信論》的文字，作為此一答案的經典根據，然後進一步說明「此意復有五種異名」：一名業識，二名轉識，三名現識，四名智識，五名相續識。《錄》文對此五種異名的來源及功能，各有詮釋，然後作出結論如下：

> 是故三界一切皆以心為自性。離心則無六塵境界。何以故？
> 一切諸法，以心為主。從妄念起凡所分別皆分別自心。心不
> 見心，無相可得。是故當知，一切世界境界之相，皆依眾生
> 無明妄念而得建立。如鏡中像，無體可得；唯從虛妄，分別
> 心轉。心生則種種法生，心滅則種種法滅。……
> 又一心隨無明動，作五種識，故說三界唯心轉也。此心隨熏
> 似現，雖有種種，然窮其因緣唯心作也。離現識則無六塵境，
> 反驗六塵，唯是一心。❺

《錄》中此處的第三個問題是：「問：現有六塵境，云何唯心？」「答：以一切法皆是此心，隨熏所起，更無異體，故說唯心。」❺

　　上述的三項問題，第一項討論識與真妄的關係，第二項討論意識的作用，解釋客觀「境界之相」的出現，指出這類現相的生滅，皆隨意識的起滅而動。這些問題的中心一直圍繞著主觀意識與客觀境界之相的相互作用。例如意識的「五種異名」，都在說明境界之相出現的根基，原因及過程。而不像西洋哲學中的唯心或唯物主義所討論的純粹及絕對思想。唯識哲學的著重點是「三界一切皆以心為自性。離心則無六塵境界。」以心為自性並非是說一切在客觀上真

---

❺　同上，823a。

❺　同上，823b。

的不存在，而是六塵境界的認識必須要經過意識的作用。意識是主觀範疇。對客觀境界的認識及感受也屬於主觀的作用。唯識哲學著重點是「離心則無六塵境界」。六塵境界的著重點是「境界之相」。這些名詞都是佛教哲學中的特有名相。「六塵」指六種認識事物的對象：色、聲、香、味、觸等五種物質現象，再加上「法」塵具有物質及非物質（如思想）的現象。此六種境界具有能污染人心的作用，所以稱作六塵。「境界相」源自《起信論》。此《論》在論述真如因無明而起動，現為生滅流轉的世間現象。這種現象有三細六粗的分別。三細是無明業相，能見相，境界相。境界相指此心隨熏似現之後，似現之現象又成為認識之對象。《宗鏡錄》卷五十六在討論各種經論對識的不同分類時，曾引用《起信論》所記「三細識六麁相」的原文，可作參考❸。總體而言，唯識哲學在印度的建立，說明客體事物的存在是經由主觀的認識才能察知。離開主觀意識的事物，存在與否對人的宗教解脫沒有關係。唯識哲學的唯心之說，著重指出事物出現的心理層次，對人的影響，及如何超越這些影響的智慧。這些問題全屬於宗教心理學，討論的主題不是物理學。問題焦點在於主體對客觀事物的認識及態度，不是純粹的客觀觀察。《宗鏡錄》的唯心論說特點，可以從卷八討論法性、法相二宗在空有概念異同時看出，該卷在引用數種經論著述及龐居士偈之後，總結評論說：

> 故知有無諸法，欲求究竟，唯心方證。若未歸心，盡成障礙：
> 為常為斷，成是成非。纔入此宗，自然融即。謂先明其起處
> 知自心生。既從心生，則萬法從緣皆無體性。必無心外法能

---

❸　同上，739b–c。

與心為緣。悉是自心生，還與心為相。 **❻**

「欲知究竟，唯心方證」顯示心的重要性。下面指出宗教哲學中各種極端立場如斷與常、是與非都是宗教解脫的「障礙」。 要解除這些思想障礙，必須歸心宗鏡。歸心是理解萬法從心而生，本無自性，因為無心外法能與心為緣。另一方面而言，萬法雖從心生，但是這類有無現象一旦現顯，又可以成為心的對象。這類無有自性的現象雖屬妄有，仍然會造成心理問題，而成為解脫障礙。

《宗鏡錄》反覆說明，唯心之說的主要原因是心的作用，特別是對客觀事物的認識。例如在討論眾生世間之事如何察證時，延壽依據印度佛教邏輯方法，將認識之道分為三種，皆以唯心為結論。這三種認識方法如下：

> 第一比知者……夜皆有夢，夢中所見好惡境界憂喜宛然。覺來床上安眠何曾是實，並是夢中意識思想所為。則可比知，覺時所見之事，皆如夢中無實……元是第八阿賴耶識親相分，唯本識所變。……夢覺之境雖殊，俱不出於意識，則唯心之旨，比況照然。
>
> 第二現知者，即是對事分明不待立。況且如現見青白物時，物本自虛，不言我青我白；皆是眼見分自性任運分別，與同時明了意識，計度分別，為青為白。以意辯為色，以言說為青。皆是意言自妄安置。……是以若有心起時萬境皆有，若空心起處萬境皆空。則空不自空，因心故空；有不自有，因心故有。既非空非有，則唯識唯心。……

---

❻ 同上，458c。

第三約教而知者，經云三界唯心，萬法唯識。❻

上述的三種認識方法，是由印度佛教的因明邏輯化出。按照因明論原來的梵文用語，這三種方法分為現量(pratyaksa)、比量(anumāna)、聖教量(āgama)。「量」為梵字pramāṇa的義譯。這一套印度佛教邏輯學由玄奘所譯《因明入正理論》一書傳入中國，再經過窺基等人的弘揚，成為佛教邏輯的經典讀物。中國佛教的重要思想家，即使不屬唯識學派，但在認識論的課題中，不得不以唯識宗的論疏著作為標準。延壽就是一個例子。

　　延壽在《宗鏡錄》卷五十一中，曾對唯識中的因明系統作了介紹；但是在同書解釋「集此宗鏡證驗無邊」時❻，同樣的運用這套因明學說，作為論理的根據。大概是引用因明方法的用途和目標不同，卷二的引文是用其大意，另舉證據，和卷五十一介紹唯識學派的因明論不同。這些相異之點如下：第一，此處不用「三支比量」之名，而以「知」字取代「量」字。雖然「量」「知」兩字的梵語涵義相通，但在中國佛學思想系統中，具有不同的重點與習慣。第二，三知的次序是比、現、約教而知；「三支」系統的先後排列為現、比、聖教三量❻。第三，所引經典根據不同。例如「約教而知」條下，所引之經云「三界唯心」，次引《成實論》，皆非唯識宗所依的佛典。

❻　同上，423c。

❻　T48，719a–720b。關於因明(Hetuvidya)學的淵源和它在中土的傳流及限制性，參考王森撰〈因明〉，見《中國大百科全書・宗教》（上海：大百科全書出版社，1988年），頁472–475。

❻　參閱本書第二章對延壽著作的分析，其中第十二種即屬因明學作品。

「三界唯心」一語原出《十地經》;「萬法唯識」的說法是法藏在《華嚴經探玄記》卷十一首先提出❻，因此這兩句話的經典根據，皆是來自華嚴思想，而非直接引自唯識宗的經籍。這是延壽思想的特色之一，值得注意。將「三界唯心，萬法唯識」合併使用，在延壽之前已見於《金陵清涼院文益禪師語錄》❻。文益是延壽的祖師，《宗鏡錄》此處引經文字，或受文益的影響。無論延壽的唯心思想淵源何在，但其唯心理論是很清楚的：他主張唯心的根據之一，是境由心知，所知之境是妄。他用邏輯方法首先證明夢中所見非真；次則證明眼前所現的景象皆是由心而知——心起境有，心空境滅；最後依華嚴教義作出「萬法唯心」的結論。

討論三界唯心之論，《宗鏡錄》還有數處，足以充實延壽的唯心思想。例如在卷七十八中，有人提出問題——問：凡所施為皆自心者，為何殺生而犯殺罪？

> 答：皆是依於自心分別，強執善惡之因，妄受苦樂之果。若究三輪之體，能殺所殺本空……三界唯心，無身口業。何以故？如世人言賊燒山林聚落城邑，不言火燒。此義亦爾，唯依心其善惡業得成。故偈云：諸法心為本，諸法心為勝。離心無諸法，唯心身口名。❻

又有人對此問題作進一步論難——「問：經中所云：一切法如夢以證唯心者，云何夢中事虛，悟中事實？果報不等，法喻不齊？云何

---

❻ 參閱鎌田茂雄著：《中國華嚴思想史の研究》，頁504–510。

❻ T47，588b。

❻ T48，948b–c。

引證?」❻❼延壽對這一連串的問題，回答如下：第一，他說上述的比喻，「皆為不信之人，假此發明，所以智不難喻。但求見道證會自心，何用檢方便之詮，執圓常之理?」這一段話表示，夢悟之喻是為不信佛理之人而設，不必咬定此喻究根索底。應當著重於此喻的宗教企圖是在「見道證會自心」。

第二，延壽不同意「夢中事虛，悟中事實」的說法。他引用佛典頌文說明此種狀況：如夢中無女，動身失不淨。如夢交會漏失不淨。由這些身心反應而看，可見夢中事虛之論無法成立。至於悟中事實的說法，延壽認為是由於「無始以來虛妄受用色香味等外諸境界，皆亦如是，實無而成。延壽的這一解釋，並不能說服他的對手。馬上又有問題被提出；詳情如下。

第三，如果夢中無境，窹時也是如此，為何夢中所行善惡之事，愛或不愛，與窹時所行之事果報不同?延壽的回答如下：「唯有內心，無外境界。以夢窹心差別不同，是故不依外境成就善不善業。是以在夢位心由睡眠壞勢力羸劣，心弱不能成善惡業。覺心不爾，故所造行當受異熟。勝劣不同，非由外境。設覺中所受苦樂實果報，亦無作者受者，悉如幻夢。」❻❽由此可見，延壽認為夢窹之事業報不同是由心力強弱之故。究竟而言夢醒時所經驗之苦報樂果，也皆幻夢非實。

因為唯心理論的建立，與日常所見所思不同，否定目前現象差別，認其為虛幻不實，仍然引起爭論，在佛教思想史上，真妄辨釋是一個曾經多次出現的問題。《宗鏡錄》卷七十九，就有人問：「既但唯心，無有萬法，目前差別，從何建立?」

---

❻❼　同上，949a。

❻❽　同上，849a。

> 答：萬法但名，實無體相。因名立相，相狀元空。因相施名，
> 名字本寂。唯想建立，名相俱虛。反窮想原，亦但名字。既
> 無想體，分別則空。故知萬法出自無名，萬名生於無相。名
> 不當相，相不當名。彼此無依，萬法何在？相待之名既寂，
> 分別之想俄空。如幻之境冥真，所執之情合覺。❻⑨

這一段話反復闡述名與相的關係，說明兩者來自無名無相。名與相
的存在既無法證實，所以兩者皆空。名相執情雖空，但是卻能夠冥
真合覺。這一套理論是揉合唯識與法性宗的理論，這也是延壽唯心
思想的主軸與特點。

上文在討論唯心與萬法時，曾數次談到幻境冥真這一關係，這
就是佛教思想中的真妄之爭。這一爭論關係到佛教哲學中的許多問
題，包括唯心與境界，名相與真實等。《宗鏡錄》卷八十四也談到
這一問題：「問：世出世間唯是一心者，云何復分真妄及內外？」

> 答：真妄內外但約世間文字分別，所以心非內外，內外是心。
> 體非真妄，真妄是體。因內立外，而成對治。假妄顯真，非
> 無所以。❼⓪

這一回答清楚表示，佛家真妄之分只是世界文字的表達方法，利用
這一方法治療宗教修習中所遇到的病症。嚴格而論，世俗分別思想
所討論的內與外、真與妄等等，皆非心非體，因為心體本身並無分

---

❻⑨ 同上，851b–c。

❼⓪ 同上，881a。

別，真妄內外皆是本體——唯心。延壽引用經文兩種心相及其與真
妄的關係：

> 《進趣大乘方便經》云：心義者有兩種相——一者內心相，
> 二者外心相。內相者復二，一真二妄。所言真者，謂心體本
> 相如如不動，清淨圓滿無障無礙。微密難見以遍一切處，常
> 恆不壞建立生長一切法故。所言妄者，謂起念分別、覺知、
> 緣慮、憶想等事。雖復相續能生一切種種境界，而內虛偽，
> 無有真實不可見故。
>
> 所言心外相者，謂一切諸法種種境界等。隨有所念境界現前，
> 故知有內心及內心差別。如是當知：內妄相者為因為體，外
> 妄相者為果為用……又復當知心外相者，如夢所見種種境
> 界，唯心想作實無外事。一切境界悉亦如是，以皆依無明識
> 夢所見妄想作故。❼

此段經文將心相分為內外兩種，指出外心相是妄，因為外相全因隨
心念而出現，只是並無自體的現象而已。內心相有真妄之分，真者
如如不動、清淨圓明，無障無礙是絕對性的本體。妄心相是有分別
知覺等功能，外心相是因內妄相而產生，兩者之間的關係是內因外
果，內體外用。

　　由於禪宗倡導以心為宗，教外別傳，因此禪宗人士一直面臨著
一個重大的矛盾問題——如何詮釋禪思想與傳統佛教之間的衝突。
一般而言，禪宗人士對傳統佛教有三種不同的態度：一種是徹底反
對，保唐寺無住禪師(714-774)的思想最有代表性；一種是對此一問

---

❼ 同上。

題置之不理；一種是通過融合會通，說明禪與傳統佛法是相通相合的。這一派禪思想家由宗密首倡禪教一致，再由延壽繼續其功**㉒**。《宗鏡錄》中有許多地方討論禪宗心學與佛教傳統的關係，但是這些問題大多不是哲學爭論，可以略而不談；其中有一部份，仍然與心學有關，可以視作延壽唯心理論的一部分。現在擇出數條作為例證，以見其思想特色。

問題之一：如諸佛法身普遍眾生心，既同是一心，云何有現有不現？答：常現無不現時，或於一塵頓現，無不具足。或於諸塵普現，無不周遍。延壽舉出數種佛經文字，作為他的解釋根據**㉓**。

問題之二：如曰「有心皆得成佛」，如今現見眾生何不成佛？答：若以眾生眼觀，只見眾生界有餘；若以佛眼觀，乃知諸佛界無外。故知無明妄風，故心海而易動；本覺真性，睡長夢而難惺。延壽從《首楞嚴經》、《法華經》、《圓覺經》、《華嚴經》等經文片段，證明他的說法。由《涅槃經》裡的「二十五有」論，「一切眾生有如來藏，能為佛因，名有佛性」，作為《宗鏡》佛性論的主幹**㉔**。

問題之三：眾生即佛，佛即眾生。此俱成佛得菩提義，為是理成？為是事成？答：三乘多約理成。或云法身即等，報化未圓。亦云一念成佛皆從理說。今一乘宗理事齊等**㉕**。

問題之四：歸命三寶是仗他勝緣。四諦法門依真俗二境。乃至三乘、三藏，六度六通，三十七品助道之門，十八不共果位之法，云何總歸一心正義，而悉圓通？

㉒ 參閱拙著《宗密》，頁124–126。

㉓ T48，510a–517b。

㉔ 同上，518a。

㉕ 同上，520c。

這一問題中的項目，包括三寶、四諦、二境、三乘、三藏、六度、六通、三十七品、十八不共果位，幾乎包括了印度佛教所有的綱要；現在禪宗要以「一心」總括一切，於是形成禪宗思想與傳統佛教一大矛盾。延壽對此一問題回答如下：

> 諸聖以無為而得名，圓修以無作而成行，……是真調伏心了一切法空，則常在三昧。《超日三昧經》云：「知色心空，得佛何難！」斯之謂矣！故知一切諸法頗有不由心者。心攝一切，如如意珠，無不具足。[76]

無為、無作、三昧都是傳統佛法原有的說法，所引經文「知色心空，得佛何難」一語，原意也是空宗法義，義為如知「色心空」就不難成佛，此與禪宗的一心概念全不相同。延壽引經闡禪常與原來的文義不合，此是一個例證。經文原義有兩個重點：知色心空，得佛何難。延壽的闡釋要點變成「心攝一切，無不具足」。這與經文所言的教義，重點相異。

延壽選擇「三寶」為例，進一步說明「一心」與「三寶」的關係：

> 且論三寶義廣恆沙。今依古德，約五教門，略論同別。二種三寶：一，約觀別論三寶者，一，小乘：以妄心即空為佛寶，寂滅為法寶，無諍為僧寶。二，大乘初教：妄心不可得為佛寶，離思惟為法寶，無我為僧寶。三，終教：妄心無自性無礙自在為佛寶，以寥廓名法寶，以無求為僧寶。四，頓教：

---

[76]　同上，565b。

以妄心本無生為佛寶，絕念為法寶，無分別為僧寶。五，一乘圓教：以妄心起無初相不動為佛寶，以無非是為法寶，以無非是為僧寶。

二，同體三寶者，一，小乘：約立事就義門，以末歸本故。佛體上覺照義邊為佛寶，軌則義邊為法寶，違諍過盡為僧寶。二，初教：約會事從理門，以能見三寶差別相即平等故。以真空為佛寶，以空離自他為法寶，此離無二為僧寶。三，終教：約理事融顯門，以即事中有理理中有事故。以本覺為佛寶，恆沙性德為法寶，性德不二為僧寶。四，頓教：約絕相理實門，以三寶無為相與虛空等故為佛，佛即是法，法即是僧。五，圓教：約融通無礙門，以法界諸法無不是寶故。以覺故約義而論皆佛寶，軌則而言無非是法，和合而言無不是僧。是以不動真心成一體三寶。❼

中國佛教史上對「三寶」的詮釋，早從判教的形成就已開始，但以「約五教門」作為詮釋三寶的架構根據，則是法藏法師所完成的理論❽。將五教三寶的分類與心念結合在一起作為詮釋，應是延壽的創造。《宗鏡錄》以心理詮釋三寶總結如下：

> 夫歸者，是還原義。眾生六根從一心起，既背自原馳散六塵。今舉命根總攝六情，還歸其本一心之原。故曰歸命一心，即具三寶。❾

---

❼ 同上，565b–c。

❽ 見法藏：《華嚴經內章門等雜孔目章》，T45，553a–b。

❾ T48，565c。

一心是原，六情自心馳散，歸命一心，即可返本。這是延壽的一心
具三寶論。因為這一套三寶論是被安排在五時判教的架構裡面，因
此五種三寶的排列和詮釋，都有深淺的區分。其中最為延壽所重視
的，無疑即是屬於「圓教」的「一體三寶」論，因為此種理論以「不
動真心」為基礎。《宗鏡錄》對此一三寶論，還有進一步的詮釋：

> 一體三寶者，只是一心。心性自能覺照，即佛寶。心體本自
> 性離名法寶。心體無二即僧寶。**⑧⓪**

「心性自能覺照」一語，可能溯源於荷澤神會的話：「本體空寂。
從空寂體上起知」**⑧①**。心體、自性、無二更是禪宗通用的概念。

問題之五：主題是在討論外境是否實有？但因問題中所談的外
境如天堂、地獄等，都是傳統佛教所常說的題目或教義，故亦可視
作禪與佛教傳統的異同之一。問題的要點如次：如說唯有內心，實
無外境，如修十善業可受天堂之樂，犯五逆罪受地獄之苦等，豈非
證明非止內心，實有外境？

> 答：天堂地獄苦樂之相，皆是自心果報業影。既以自心所作
> 為因，還以自心所受為果。**⑧②**
> 問：凡所施為皆是自心者，云何殺生而得殺罪？
> 答：皆是依於自心分別，強執善惡之因，妄受苦樂之果。若
> 究三輪之體，能殺所殺本空。是以文殊執劍於瞿曇，鴦崛執

---

⑧⓪ 同上。

⑧① 參閱胡適著：《神會和尚遺集》，頁239。

⑧② T48，847a。

刀於釋氏，終不見生見殺。執自執他，妄受輪迴。 **❸**

延壽接著引用《識論》、《成實論》中數段經文，支持他的論點。尤其是《華嚴會意》中的一段話，最足以說明延壽對殺生及果報思想。原文如下：

> 凡有見自見他，皆是迷心自現。何者？如見他持刀殺自，當知他自皆從自生，以離自見心無自他故。非但自他是心妄現，即所持刀杖，故亦是自心。何以故？心外無彼實刀杖故，見所執者為六塵故。由不知自心現見殺，即恐懼不安；若了唯是自心，縱殺誰憂誰懼。皆由妄心生，故種種有。妄心滅，故種種無。既知唯心妄現，心不見心，即物我俱亡，憂喜咸寂。 **❹**

心生種種有，心滅種種無，是延壽唯心理論的基本觀點。從早期佛教的「業」概念起，佛家特別指出心在造業中有關鍵性的作用，大乘佛教對心識理論有更細緻的發展。到了唐代中華佛學中，印度的佛教唯識思想，又被網羅融會於華嚴哲學體系之中。《會意》一書，其名未見他處。今所存者僅有《宗鏡錄》中引文三條，詳情不悉 **❺**。但是它為華嚴典籍一事，無可置疑。

---

❸ 同上，848b。

❹ 同上，848c。

❺ 延壽引用《會意》中的文字，見T48，636c，787c，848c。

四、從「唯心」到「一心」

本章上一節討論延壽「唯心理論的建立」時，曾引用《宗鏡錄》數段文字。那些文字中常常將「唯心」與「一心」兩詞，混合使用或交換使用。其實這種現象並不限於前引的文字，《宗鏡錄》中還有更多的篇章，討論「一心」概念，而「一心」概念的展開，正是唐代中國佛教的重要論題之一。多位唯識宗、華嚴宗和禪宗的大師級人物，都對這個論題有過貢獻，延壽就是其中的一位代表人物。

「唯心」一詞的經典根據，見《十地經》，梵文本的經文有一段話：cittamātram idaṃ yad idaṃ traidhātukaṃ。這一段話的漢文翻譯各家所譯如下：

> 竺法護：其三界者，心之所為。
> 佛陀跋陀羅及鳩摩羅什：三界虛妄，但是心作。
> 菩提流支：三界虛妄但是一心作。
> 實叉難陀：三界所有唯是一心。
> 尸羅達摩：所言三界此唯是心。 **⑧⑥**

這段經文受到唯識學派與華嚴大師共同重視。唯識學派著重於唯心與唯識相通，正如心、識是一回事。華嚴學者則對「一心」譯語特別重視。到了澄觀、宗密的著作中，因為唯識宗當時已經衰落，華嚴宗在澄觀的努力下，成熟的將唯識宗的心識理論，化入華嚴思想體系**⑧⑦**。唐代禪宗建宗立祖，以《楞伽經》為經典根據，而魏譯《入

---

⑧⑥ 見本章 **⑥④** 所引鎌田茂雄書，頁505。

楞伽經》卷一有言:「寂滅者,名為一心;一心者,名為如來藏。」❽
此書及魏本《十地經論》皆為菩提流支所譯,再加上《大乘起信論》
中,也有「依一心法,有二種門」❾的理論架構。《起信論》同時受
到華嚴學者及禪宗思想家的重視,所以到了晚唐五代時期,「一心」
理論成為中國佛教中的顯學課題之一❿。就是在這種背景下,延壽
不但混合使用「唯心」及「一心」兩詞,而且在解釋心學時,對「一
心」用語,用力更深。根據一項粗略的統計,《宗鏡錄》中使用「唯
心」一詞的地方,約有一百零二處;使用「一心」的地方,約有一
百二十六次❶。更重要的是,《宗鏡錄》中所立之「宗」,正是「一
心為宗」。由此可見,延壽在編纂《宗鏡錄》時,思想有所轉變——
由標榜「唯心」,漸次移向「一心」。《十地經》「三界虛妄,但是一
心作」的原義是肯定三界不實,可是「一心作」並無明顯的形而上
學的意味。到了延壽的筆下,「一心」不但包含著印度佛教的心識
理論體系,並且是按照華嚴哲學的詮釋,再加上禪宗祖師的心學偈
語及天台宗的一心三觀及觀心理論,於是形成一個中國佛教心學的
新系統。

　　當延壽倡言「立一心為宗」時,自然有人懷疑此種說法。《宗鏡
錄》卷二就保存著這一方面的許多問題,及延壽的解答。從這些問
答中,可以看出延壽的一心思想。現在錄出數條,以觀其要點:

---

❽　同上,頁506-525;並拙書《宗密》,頁142-143。

❽　T16,519a。

❾　T32,576a。

❿　參閱鎌田茂雄著:《宗密教學の思想史的研究》,頁433-497。

❶　見《大藏經索引》,第27冊,頁442-443,460-462。

問：諸佛方便教門皆依眾生根起。根性不等，法乃塵沙。三
十七品助道之門，五十二位修行之路；云何立一心以為宗
鏡？ ❷

三十七品助道之門即「三十七道品」(梵語Bodhipāksika) 是早期印
度佛教尋求智慧的法門，包括印度佛法的基本修行方法，如四念處，
五根，七覺分，八正道等，皆全部羅列。《宗鏡錄》曾在卷六十三，
六十六中談到這些道品，代表傳統佛教教義 ❸。五十二位指大乘菩
薩修行的階位，《宗鏡錄》卷八十八中也涉及此一大乘佛教名相 ❹。
《宗鏡錄》處理此一問題的基本方法，是以「一心」代替傳統小乘
及大乘佛法。其原因何在？延壽回答如下：

此一心法理事圓備，是大悲父、般若母、法寶藏、萬行原。
以一切法界十方諸佛諸大菩薩、緣覺、聲聞、一切眾生皆同
此心。諸佛已覺，眾生不知。今為未知者，方便直指。以本
具故不虛，以應得故非繆。故《華嚴經》頌云：「譬如世間人，
聞有寶藏處，以其可得故，心生大歡喜。」寶藏處者，即眾生
心。纔入信門自然顯現，方悟從來具足，豈假功成。始知本
性無差，非因行得，可謂最靈之物，至道之原，絕妙之門，
精實之義，為凡聖根本，作迷悟元由。如萬物得地而發生，
萬行證理而成就。諸門競入，眾德攸歸，作千趣道之基，為
諸佛出世之眼。是以若了自心頓成佛慧。可謂慧百川為一濕，

---

❷　T48, 424c。

❸　同上，774a, 791a。

❹　同上，897a。

搏眾塵為一丸，融鐶釧為一金，變酥酪為一味。❾❺

這一段話中說明心的重要性，因為它具有理事圓備，眾生、菩薩、諸佛皆同具一心，分別只在覺或不覺而已。但是在描述心的重要性時，用了許多新的名相，如「最靈之物」、「至道之原」、「最妙之門」、「精實之義」等，都不是印度佛典原有的用語。另一方面，有些詞句如「凡聖根本，迷悟元由」自然源於梵文佛經。「至道之原」、「萬物得地而發生」等語，具有中國老莊道家萬物生成論的色彩。這種道家自然哲學色彩是延壽「一心」思想的特點之一，《宗鏡錄》有許多地方，都還可看到。例如書中對「一心」作進一步闡釋時，即作如是說：

故先德云：元亨利貞，乾之德也，始於一氣。常樂我淨，佛之德也，本乎一心。專一氣而致柔，修一心而成道。心也者，沖虛粹妙，炳煥靈明，無去無來，冥通三際，非中非外，朗徹十方。不滅不生，豈四山之可害；離性離相，奚五色之能盲。處生死流，驪珠獨耀於滄海；踞涅槃岸，桂輪孤朗於碧天。大矣哉，萬法資始也！萬法虛偽，緣會而生。生法本無，一切唯識。識如幻夢，但是一心。❾❻

此段文字中所引「大德」之語，見於宗密著《圓覺經大疏本序》。由此可見佛教思想家早在延壽之前，就已借用道家哲學名相。其實在宗密之前，如《肇論・不真空論》就曾說過「物我同根，是

❾❺　同上，424c。

❾❻　同上，425b。

非一氣」之類的話❼。但是《宗鏡錄》引宗密的文字排出道家和三玄用語的概念層次，比以前佛家討論這一問題大有進步。上引文字首先將「一氣」和「一心」，作為自然之德與佛德之始。這是第一層次的概念。其次以「專氣致柔，修心成道」，使道家與佛家的修道論，並列敘述。第三層則完全集中於「一心」的描繪，「沖虛」、「靈明」原於道典；無來去，非內外，三際，十方則是佛教名相。佛道二家的精萃，至此融入「一心」。中國文學中的「驪珠」「桂輪」等譬喻，也為「一心」發出光輝。但是此段文字的要點，並不到此為止，而進一步以「萬法虛偽」，因其是緣生本無自性，從此達到「一切唯識」的結論。然後更深一層推究，指出：「識如幻夢」，亦非真實，只有「一心」才是根本。這一「一心」論的建立過程和結構如下：

一氣（道家自然論）→專氣致柔
一心（佛教修道論）→修心成道 }心→萬法資始→萬法虛偽
　　　　　　　　　　　　　　　緣生本無→一切唯識→
　　　　　　　　　　　　　　　識如幻夢，但是一心。

由於延壽在建立心學的過程中，大量引用唯識哲學體系的架構，理論方法和經文章句，這就很容易使讀者認為，延壽的唯心論與唯識學派的理論相通，甚至相同。這種看法是一種誤解，因為延壽的哲學重心，在「一切唯識」之後，馬上指出「識如幻夢」，而以「但是一心」作為結論及最高的範疇。從佛教思想體系而論，唯識哲學是「大乘相宗」，延壽自認他的哲學是屬於「大乘性宗」。這一點將於討論「百科思想」一章中，作進一步的討論。

　　現在要探討的是延壽自己如何界定「一心」。《宗鏡錄》在這一

---

❼　參閱《續》，第10冊，頁323c。僧肇之文見T45，152a。

點上，引用宗密之言作如下的詮釋：

> 心寂而知，目之圓覺。彌滿清淨，中不容他。故德用無邊，
> 皆同一性。性起為相，境智歷然。相得性融，身心廓爾。方
> 之海印，越彼太虛。恢恢焉，晃晃焉，迥出思識之表也。❾❽

「心寂而知」是宗密所傳的荷澤禪教義，以「知之一字，眾妙之門」
而為人注目，圓覺思想更是宗密最重視的教義。延壽在這一點上，
受到圭峰的影響。「性起為相」再次說明延壽的哲學基礎建立於法
性概念。而「性起」之說正是華嚴哲學特有的教義。「海印」是華
嚴宗的專門用語，「越彼太虛」一語之「彼」應指道家的「太虛」
觀念。

　　心即是性一點，延壽在《宗鏡錄》中自有說明：

> 又先德云：如來藏者，即一心之異名。何謂一心？謂真妄染
> 淨一切諸法無二之性，故名為一。此無二處諸法中實，不同
> 空虛，性自神解，故名為心。❾❾

按菩提流支所譯《入楞伽經》中，〈請佛品〉末尾稱：「寂滅者名為
一心，一心者名如來藏。」宗密在《都序》中曾引用這一段經文，
證實他所主張的絕對「真心」❿。所不同的是，延壽對一心的解釋
比經文原義及宗密的解釋更進一步：以「無二」釋「一」；以「實」

---

❾❽　T48, 425b，參《續》，第10冊，頁323c–324a。

❾❾　T48, 425b。

❿　同上，405。

與「神解」釋「心」。《宗鏡錄》中還有許多地方，一再說明「一心」
的重要性，例如卷九開頭，就有人提出了一個問題：

> 夫修行契悟法乃塵沙，云何獨立一心為宗，而稱絕妙？答：
> 若不了心宗皆成迷倒，觸途成壅，證入無門。……今教乘稱
> 祕密之法，禪宗標不傳之文，則向何路而進修，從何門而趣
> 入？若不得唯心之訣，正信無由得成；纔得斯宗千門自闢：
> 道不待求而頓現，行弗假修而自圓。如地遇陽春，萌芽沸
> 發。⑩

在延壽的思想中，「心宗」是關鍵。只有通過此門，一切修行悟解
都可以「千門頓開」。　不幸的是，當說講教裡的人士稱讚祕密，禪
宗標榜不傳之文。尋求佛教解脫之士被冷在一旁，無門可入，無路
可進。儘管如此，一心的重要何在，尚待闡明。《宗鏡錄》稱：

> 此心，能成一切，能壞一切。成則頓成天真之佛；……壞則
> 漸壞有為無為功德之門。所以歌云：損法財滅功德，莫不由
> 乎心意識。故知此心，無幽不燭，有法皆知，察密防微，窮
> 今洞古，故謂之靈臺。⑩

引文中的《歌》指《真覺大師歌》。「靈臺」一詞本於《莊子》，司馬
彪(約306卒)釋曰：「心為神靈之臺」⑩。《宗鏡錄》引此二書，用道

⑩　同上，460b。

⑩　同上。

⑩　《真覺大師歌》即《永嘉證道歌》。《宗鏡錄》中的引文，見T48, 396b,

家典故論證心的重要性，顯示出延壽的宗教思想，具有普遍性 (ecumenical)的傾向。

延壽在這一討論中，還引用佛教經籍：《淨名疏》、《正法念處經》、《寶雨經》、《弘道廣顯定意經》、《金剛三昧經》、《華嚴經·夜摩天宮偈讚品》等經文，支持他的論點。其中有兩段話，對理解「一心」概念特別重要：第一段話是在詮釋《寶雨經》：

> 謂諸菩薩觀一切法皆依於心。心為自性，心為上首。能攝受心，善調伏心，善了知心，故能攝此一切諸法。❿

第二段話是對《弘道廣顯定意經》內的一段話而發。經文云：「彼德本者，了識心本。以此心行慈及眾生，識了知彼空無我人。」延壽依此義加以發揮云：

> 其心德本，助勤於道。故知心為德本，即是總相。心、佛、眾生，三之別相。心是總相者，法界染淨萬類萬法不出一心，是心即攝一切世間、出世間法，故名總相。餘染淨二緣，各屬二類。然總相說十法界中，六道為染，四聖為淨。則十法界中染淨二緣、凡聖兩道，俱不出一心矣。❺

上面的引文顯示在延壽的思想中，「心為自性」，「心為上首」，「一切皆依於心」。因為心能攝受、調伏、了知，所以「能攝一切諸法」。

字句稍有出入。有關「靈臺」的哲學意味，參❶引徐復觀書，頁382–387。

❿ T48，460c。

❺ 同上。

心是總相；心、佛、眾生是別相。總相與別相的連結紐帶就是一心。這種總相與別相之間的關係，及其在認識論中的地位是相當複雜的。延壽在這兩點上，都受到華嚴哲學的影響。例如他在詮釋心的兩個方面時，就是先說他自己的宗旨，後引法藏法師的著作以為證明。他說：

> 故知此宗鏡一心之旨，名具足道，是圓頓門。就緣起則無邊，約真性則無二。一多交徹，存泯同時。如法藏法師云：明不二者，若執塵與心為一，遮言不一，以心所現，非無緣故。若執塵為二，遮言不二，以離心外，無別塵故。一二無礙現前方入不二。……所以一心總含萬有，萬有不異一心。如《起信論疏》云：所謂法者即眾生心者。出其法體，謂如來藏心含和合二門，以其在眾生位故。若在佛地即無和合義，以始覺同本唯是真如；即當所顯義也。❿

上述引文說明心與性可以通過無二無一的辯證模式，加以理解。一心含攝萬有，萬有不出一心，也說明心是世間現象的總體。這些林林總總差別萬千的現象在佛教哲學中被稱為「法」。「法」又是什麼？這一問題的答案是：「法者即眾生心者」。將法落實到「眾生心」在宗教哲學上是有很積極的含意。

延壽在一與多，同與異，顯與隱等方面，借用華嚴思想的架構，闡明本體與現象的關係。按照傳統佛教哲學的說法，宗教的修習過程是從污染到清淨；華嚴哲學則強調眾生和佛實無差別，因其同具一心。雖同一心，但有覺與不覺之分；此一區分，同屬一心，所以

---

❿　同上，570a–b，參閱T44，250b原文。

從總相而論又是「不二」。 延壽理解他的「一心」概念，與華嚴宗以外的其他佛學理論不同；但認為在各宗教理論上，仍以華嚴圓教為勝：

> 然諸教中皆說萬法一心，而淺深有異。今約五教略而辯之：一，愚人法聲聞教：假設一心，謂世出世間染淨等法，皆由心造業之所感故。若推徵則一心之義不成，以立前境，故云假說。二，大乘權教：明異熟賴耶以為一心，三界萬法唯識變故。三，終教：說如來藏為一心，識境諸法皆如夢故。四，頓教：泯絕染淨以說一心，為破諸數假名故。五，圓教：總該萬有以為一心，事理本末無別異故。❿

此處以五教範疇評論佛教心學的深淺。五教範疇自然是華嚴宗的說法。《宗鏡錄》曾經用此種分類判教方法，區分過「三寶」概念⓲。但是在區別「三寶」時的論點，是以「妄心」為焦點。此處討論五教則以「一心」為標準，以判五教的深淺。兩次雖都在討論「心」，但是主題有別，重點不同。前次討論的結果，是「一乘圓教」的「妄心本無」及「無非是」作為「三寶」的最高詮釋；此處以「一心總該萬有」為最深的教義。華嚴宗的「一心」思想與禪宗的「心為宗」至此圓融結合。這一結合的結果，使禪學獲得教理上的依據，同時又使「一心」理論在宗教體驗上生根。這一新的發展將中國佛教的心學，帶入更高的水平──傳統的佛教名相、教義深淺、真妄事理等，皆以一心為中心作為評斷的標準。

---

❿ T48，584b。

⓲ 同上，565b。

儘管萬法一心，但是為什麼一心又會分為真妄？在解決這個問題上，延壽吸收前人的詮釋，將心分為四個層次：一，肉團心。二、緣慮心。三，集起心。四，堅實心——此是真心。這種心的四分法源自宗密著《禪源諸詮集都序》。宗密在分析四種心之後又總結說：

> 四種心本同一體。……然雖同體，真妄義別，本末亦殊。前
> 三是相，後一是性。依性起相，蓋有因由。會相歸性，非無
> 所以。性相無礙，都是一心。迷之即觸面向牆，悟之即萬法
> 臨鏡。⑩

這幾句言論，除末後一句，全見《宗鏡錄》卷第四⑩。宗密將心分為四種，目的是在說明禪與教相通與相別的十種原因，其中第八項原因題為「心通性相，名同義別」，才以四種心說明同別在於性、相。然以「悟之萬法臨鏡」理解「性相無礙」。《宗鏡錄》則更進一步，「即第四真心以為宗旨」，建立「一心」理論體系。這一體系分三個層次：一，一心含二義。二，一心作三界。三，一心即性相、體用、本末相即相入⑪。

一心含二義的說法源自《起信論》，到了華嚴思想家法藏的注釋中，一心開二門的理論發展得更為豐富。後來的學者如宗密、延壽等都承繼了這種概念。這裡只討論延壽對一心含二義的詮釋：

> 望一如來藏心含於二義：一約體絕相義，即真如門。謂非染

---

⑩　同上，402a。

⑩　同上，434c。

⑪　同上，434c–435a。

非淨、非生非滅、不動不轉、平等一味、性無差別；眾生即
涅槃不待滅也，凡夫彌勒同一際也。二隨緣起滅義，即生滅
門也。謂隨熏轉動成於染淨。染淨雖成，性恆不動。只由不
動，能成染淨。是故不動亦在動門。⑫

上文對「一心」的詮釋源於「望一如來藏心」，用以加強一心概念
的經典根據。文中對真如門的描述也是印度佛典對「絕待真實」常
見的說法。「不動亦在動門」的想法使宗教充滿活力，是中國佛教
思想的著重點之一，此語與引文中「涅槃不待滅」一句，相互輝映。
這些闡釋「不動亦在動門」一類的思想，在某些印度佛經中可以看
到類似的字句，但在論書所載的思想系統中，卻見不到更進一步的
發展。例如在一心二門概念中，延壽曾引《楞伽經》的經文，說明
動與不動的地位。經文稱：「如來藏名阿賴耶識，而與無明七識共
俱，如大海波常不斷繼。」又云：「如來藏者，為無始虛偽惡習所熏，
名為識藏。」⑬《宗鏡錄》則在引用的經文之後，進一步說明生滅門
在解脫中的作用：

若此一心推末歸本者，謂證第一義則得解脫。第一義是緣之
性。若見緣性，則脫緣縛。⑭

「推末歸本」是一心思想的主要目的，延壽以此理解「證第一義」，
證第一義就可以得到解脫，完滿達成宗教目標。「第一義」是指「殊

---

⑫ 同上。

⑬ 同上，435a。

⑭ 同上。

勝的真實」(paramārtha)，印度佛教經籍中常以此語形容其所持之最高真理，如「真如」、「空」等，延壽以此名詞用於一心，可見「一心」實為延壽哲學的最高真理，因為這一悟證能見「緣性」而得解脫。「見緣性」應是屬於華嚴哲學「性起」範疇，與印度固有佛教的「緣起」思想不同。

　　一心作三界的說法，源出《十地經》，各種漢譯的不同譯文，本書前面已有討論；延壽對此一關鍵詞語，亦有詮釋如下：

> 《華嚴經》云：皆一心作。《論》云：但是一心者，一切三界唯心轉故。諸教同引證成唯心。云何一心而作三界？有三：一二乘——謂有前境，不了唯心。縱聞一心，但謂真諦之一。或謂由心轉變非皆是心。二異熟賴耶名為一心——簡無外境故說一心。三如來藏性清淨一心——理無二體，故說一心。❶

《宗鏡錄》以「一心」為標準，評論「五教」深淺，本章前面曾有討論。現在則以三種佛教分類，討論佛家哲學中對一心的不同理解。二乘教統指早期佛教，當時的心學被延壽分為三派：一，謂有前境——指一切諸法皆由心造業之所感而現。這種理論只說明當前境界的成立；未說境界的根源，所以被判為「假說」。二，認心是真諦之一，但非唯一。三，由心轉變，非皆是心。

　　異熟阿賴耶簡稱「異熟識」(vipāka-vijñāṃa)是大乘唯識宗的特有名詞，認阿賴耶識係由善惡業所熏習，業種子受增上緣的招感成異熟果，故成異熟識。為阿賴耶識之果相。唯識派的一心理論，建築於「簡無外境」，但對「一心」的絕對性，並未突出。延壽認為

❶ 同上。

以此原故，不能算是最深的理論。

第三種「一心」論「如來藏性清淨一心」， 就是前述的「堅實心」或「真心」。 延壽認為這種一心的理論，是以「理無二體」為基礎。《宗鏡錄》中對「理」字的用法，主要有二種情形：一為理與事而言，如「理四句」對「事四句」， 這是華嚴哲學中的用詞和思想模式 ❶。另一種情形是「二入四行」模式中所說的「理入」，這是禪宗的說法。延壽著作中使用「理」字的地方，主要的屬於華嚴宗用法。此處討論的主題是「一心」，將「心」與「理」合在一起，在延壽的著作中並不常見。延壽之言如「一心是總，萬法是別」 ❶，已是與「理無二體」的說法相似；但是並不是一起同時出現。延壽所著書中另有「理為道本， 行為道跡」 ❶；又有「心即道」之語，大概是心與理最緊密的關係。由此可見「心與理一」的概念，在晚唐五代佛學中，尚未完成。這一概念還要到朱熹的哲學中才能結出碩果 ❶。另一方面，佛教經典向中國哲學提出了「一心作三界」的命題，點明心才是現象世界的根源。這與老子「道生一」， 莊子的氣聚為生，《易傳》的「一陰一陽之謂道」等中國傳統宇宙概念完全不同。佛教心學的出現和成熟，無疑的對中國哲學產生了刺激作用，也豐富了中國哲學。

延壽「一心」理論的第三個層次，是「又此一心約性相、體用、本末、即入等義」。這些名詞所代表的思想，自然不是延壽的創造，而是中國哲學與佛教交流後所產生的果實。因為這些名詞及內涵，

---

❶　T48，664b。

❶　同上，888b。

❶　見《萬善同歸集》卷下，T48，983a。

❶　見錢穆著：《朱子新學案》，第二冊，〈朱子論心與理〉。

還未受到學者們的充分重視，而延壽又是中國佛教百科哲學思想的完成者，並且將這四個哲學概念用於「一心」，所以值得作進一步的探究。

「性相」一詞指事物的本體及現象，這是哲學範疇史中常見的題目，但「性相」兩字的聯合使用成為一詞，則是佛教傳入中國以後的新名相。性指法性，相指法相。在隋唐以前，將這兩個範疇相配使用，代表兩個對立的思想尚未出現。如「諸法實相」❿一語，是名翻譯家鳩摩羅什所漢譯的經文，此處的「實相」就是「性」的意義。大乘佛教盛行後，其哲學的兩個代表思想，就是「中觀」和「唯識」（又稱「法相」）。這兩派哲學傳入中國以後，被稱為「性相二宗」。華嚴佛教大師澄觀在其《華嚴綱要》中，列出性相二宗十點不同❿。由盛唐起這兩家就代表大乘思想兩個系統。延壽對性相之分的問題上，深受華嚴教義的影響❿。

「體用」這一哲學名詞早期見於王弼(226-249)，但是他的體用概念並不算是十分成熟。中國佛教思想家僧肇(384-414)在《肇論》一書中，有「言用則異，言寂則用」及「寂指體也」等語。這時「體用」概念已經形成，但未將兩個字合成一詞❿。到了吉藏(549-623)所著《二諦義》中，體用概念才進入成熟階段。他在討論「二諦」曾說：「今明體用，彼但有用無體，無體即無用；今則具有體有用

---

❿　見鳩摩羅什譯：《維摩詰所說經》，T14, 556b；《大智度論》，T25, 297c。

❿　此書《大藏經》未收，鈔本倖存於日本金澤文庫，全書三卷是澄觀應齊抗、鄭餘慶等人的要求而鈔出的《華嚴經》提要。參看本章❻所引鎌田茂雄書，頁207。

❿　T48, 616a。

❿　參閱任繼愈主編：《中國哲學發展史・魏晉南北朝》(北京：人民，1988)，頁144；又見其《中國佛教史》，第二卷，頁502-504。

也」❶❷❹。從此以後，許多重要的唐代佛教思想家，都用此一名詞詮釋本體與現象的關係，其中華嚴思想家貢獻更多。

「本末」一詞及哲學含義也是來自中國哲學傳統。王弼在《老子指略》中有言，稱《老子》一書的思想，「可一言而蔽之」——「崇本息末而已矣」❶❷❺。天台宗智者大師在討論「十如是」時，第十即為「如是本末究竟」。後來中國佛教註疏中，「本末」一詞就常常出現。

「相即相入」是華嚴思想中的特有概念。《華嚴五教章》說：「由空有義故，有相即門也；由有力無力故，有相入門也」❶❷❻。其他華嚴註疏中也常以「相即」說明本體與現象之間的關係。

延壽將這四種哲學範疇聯合使用，詮釋「一心」，不但表現出他的博學多聞，同時也顯示他的哲學具有百科全書特色。現在且看延壽如何使用性相、體用、本末、即入這四重範疇。《宗鏡錄》說：

> 一，假說一心，則二乘人謂實有外法，但由心變動，故說一心。下之九門，實唯一心。❶❷❼

這條評論「二乘」假說一心的內容與前述「一心而作三界」時，評論要點一致。「下之九門，實唯一心」一語點出二乘與大乘佛教唯心論的根本不同之點，在「假說」與「實唯」的分歧。又說：

---

❶❷❹　見T45，88a。

❶❷❺　見樓宇烈：《王弼集校釋》（北京：中華，1980），頁198。參閱❶❷❸所引任編《中國哲學發展史》，頁118。

❶❷❻　T45，503a。

❶❷❼　T48，435a。

二，相見俱存，故說一心。此通八識及諸心所並所變相分。
本影具足。由有支等熏習力故，變現三界依正等報。

三，攝相歸見，故說一心。亦通王數，但所變相分無別種生。
能變識生，帶彼影起。

四，攝數歸王，故說一心。唯通八識，以彼心所依王無體，
亦心變故。……⑫

上述第二、三、四諸條，皆釋唯識學派的心識理論。這一種理論較
二乘的一心論已進一步：「攝相歸見」，「攝數歸王」，都有歸本趨體
傾向；但是「相見俱存」一條又有多元主義的涵義。這與延壽的主
張不合。《宗鏡錄》又說：

五，以末歸本說一心。謂七轉識皆是本識，差別功能，無別
體故。經偈云：譬如巨海浪，無有若干相。諸識心如是，異
亦不可得。⑫

六，說相歸性說一心。謂此八識皆無自體，唯如來藏平等顯
現，餘相皆盡。一切眾生即涅槃相。經云：不壞相有八，無
相亦無相。

七，性相俱融說一心。謂如來藏，舉體隨緣，成辦諸事。而
其自性，本不生滅。即此理事，混融無礙。是故一心二諦皆
無障礙。

八，融事相入說一心。謂由心性圓融無礙。以性成成事，事

---

⑫　同上。

⑫　同上，435b。

亦鎔融不相障礙。一入一切，一一塵內各見法界，天人修羅
不離一塵。

九，全事相即說一心。謂依性之事，事無別事。心性既無彼
此之異，事亦一切即一，一即是多，多即一等。

十，帝網無礙說一心。謂一中有一切，彼一切中復有一切。
重重無盡，皆以心識如來藏性，圓融無盡。以真如性畢竟無
盡故，觀一切法即真如故，一切時處皆帝網故。⑬

上面的五至十條，是延壽認為闡釋「一心」最完善和最高深的理論。
這六條討論的主題分兩個部份：第五、六、七三條以「以末歸本」、
「說相歸性」、「性相俱融」三點，說明大乘性宗和大乘唯識思想的
分歧，最後是以「相融」結束。從表面觀察性相俱融好像二者一致，
不分深淺，但如深思其實不然：在延壽看來唯識宗的一心論和性宗
的一心論，一方面是「混融無礙」；另一方面，仍有本末之別。這
種辯證性的批判，正是華嚴思想──即大乘性宗的特點。第八、九、
十三條的一心詮釋，完全是標準的華嚴思想理論，以「一入一切」、
「多即一」、「重重帝網」等理論和譬喻，說明本體與現象、現象與
現象之間的錯綜複雜、有分有合而又統一一致的關係。由此可見，
延壽的哲學理論（「教」），確實是華嚴哲學。

在中國佛教發展史中，華嚴思想體系完成較晚，故能收容其他
佛教思想體系之長，所以華嚴思想體系龐大，內容豐富；再經過多
位大師級思想家的努力，到五代時期已成為中國佛學中的主流和顯
學。延壽尊崇華嚴哲學一方面固然有其時代背景，另一方面也是華

---

⑬ 同上。華嚴教義對「帝網」一詞的詮釋，參看T35, 806b; T45, 513a,
516b–c, 596a.

嚴「教」和禪「宗」一致之說，經宗密之倡導，已為許多知識人士所接受。延壽在討論「一心」之後，馬上引用了《漩澓頌》一段話，說明華嚴思想在宗教生活中的重要性。這也充分說明延壽本人為什麼在教理方面，重視並採納華嚴思想為一心論的最後結論。《頌》曰：

> 若人欲識真空理，身內真如還遍外。情與非情共一體，處處皆同真法界。不離幻色即見空，此即真如含一切。一念照入於多劫，一一念劫收一切。於一境內一切智，於一智中諸境界。只用一念觀諸境，一切諸境同時會。時處帝網現重重，一切智通無罣礙。❸

《漩澓頌》之名，他處未見，只有《宗鏡錄》中的這段引文。按照所引的文字觀察，「身內真如還遍外」、「真如含一切」、「諸境同會」都是華嚴思想系統中所常見的用語及涵義。因為《頌》文有「時處帝網現重重」之語，所以延壽在此用來，解釋「帝網」中所表現的時間與空間（「時、處」）的複雜現象。其實此處所討論的主題，不是「帝網」而是一心。延壽在此引用《漩澓頌》，固然由於《頌》文與「帝網」有關，而「帝網」正是詮釋「一心」與諸境關係最清晰的比喻；但如更深一層探究，延壽對「漩澓」的動態表現，正好與延壽思想的特色一致。換句話說，他的一心理論不是一套僵硬的理論；而是以宗教圓融作解脫法門。既是解脫法門，就須要在生活中實踐，就無可避免的遇到種種問題。從此一點著眼，「漩澓」二字無疑的對延壽更具吸引力。延壽對這一點自有解釋稱：

❸　T48, 435bc。

> 漩澓者，水之漩流洄澓之處：一甚深故，二迴轉故，三難渡
> 故。法海漩澓亦然：一唯佛能究故，二真妄相循難窮初後，
> 三聞空謂空聞有謂有，則沈於漩澓。若不了斯宗，難超有海，
> 隨善惡之浪，漂苦樂之洲，不遇慈航，焉登覺岸！ ⑱

漩澓甚深，佛教哲理亦然，只有佛陀才能理解教導。以一心而論，
教義深奧，源出佛所說的經文。真妄交轍，難以遽辨，宛若水之漩
轉洄澓，一心理論的主流與現象，不易一目了然。佛教哲學詮釋不
同，空有之爭，修悟之辯，由來已久。如果遇到複雜的問題，自己
缺乏智慧判斷，就可能「聞空謂空，聞有謂有」，隨浪漂流，永墮
苦海。延壽以他的文學修養，此處選擇漩澓現象作為譬喻，使他的
哲學思想充滿動態活力。

　　按延壽使用「帝網」一詞，取自華嚴思想中的「十玄門」體系。
華嚴宗的「十玄門」理論，有不同的說法，其代表人物是智儼和法
藏。「帝網」原名為「因陀羅網」（Indra-jāla），在智儼的十玄中，排
名第二；在法藏的編排中，名列第四或第七⑱。《宗鏡錄》卷三十八
所引之文屬智儼之說。延壽在敘述十玄門第九之後，自己又有一段
發揮，說明十玄對一心的意義。原文如下：

> 總上十玄門，皆與此唯心迴轉門成就，不出一心之義。以平
> 等心是一義，差別心是多義。以一心即一切心，是相即義，
> 是同時相應義。以一切心入一心，是相入義。以一心攝一切

---

⑱　同上，435c。

⑱　參看T45, 515b–516c；T45, 669c；T45, 665c–666a。

心，是隱義。以一切心資一心，是顯義。以不壞差別心而顯
平等心，是多中一義。以不隱平等心而顯差別心，是一中多
義。又微細心不礙廣大心，廣大心不礙微細心，是一多不同
義。以一實心是純，差別心是雜，差別心即一實心雜恆純，
一實心即差別心純恆雜，即諸藏純雜義。以一心帶一切心，
還入一心，是帝網義。因心現境，見境識心，是託事顯法義。
長劫短劫，延促時量，皆從積念而一心所顯，是十世義。❿

在智儼所講的十玄系統中，第九為「唯心迴轉善成門」；法藏稱此
為「由心迴轉善成門」。也許正由於「唯心」一詞更與延壽思路相近，
所以他才選擇智儼的用語。至於延壽選擇十玄門的哲學架構，用以
解決自己的一心思想原因何在，延壽在文中自作解釋稱：

因一心正義，演難思法門，究竟指歸，言亡慮絕，即唯心迴
轉義。自心既爾，彼心亦然，涉入交羅，重重無盡。❿

整體而論，延壽的哲學是以心為宗。他的思想發展早期重點在
於「唯心」，到了撰寫《宗鏡錄》時，「唯心」一詞漸與「一心」混
合，並且從詩人胸懷發展成為經院派的思想家。這一發展的結果使
延壽超越直覺的自我表述，而進入論理學階段，使他的「一心」論
有了經典根據，理論體系和修道方法。經典根據表現在延壽所引的
佛經、禪師語錄和傳統中國古典著作。這一引經據典的功夫，加強
了延壽思想的佛學權威性，奠定了他學術思想地位，使他能夠超越

❿ T48, 644a。

❿ 同上。

其他許多禪師只憑主觀經驗而無法論理的缺點，從而使延壽進入思想家的學術行列。雖然延壽的引述經論，還不是完全符合經文的原義；但是現代的詮釋學不是也在強調詮釋中的主觀因素嗎？理論體系的建立，使讀者能夠明白一心為現象事物的根本，三界唯心的道理，心與性，心的功能，心與宗教解脫，心在各家佛教思想中的理論位置等，都具有深度的討論。

延壽的心學是一種佛教哲學，目的在能引導讀者脫離煩惱，得到解脫。這種解脫的過程，是捨末歸本。而心是法本。心指唯心，唯有一心，所以心是一真之本。延壽對這一根本，有所詮釋。他說：

> 問：法門無量，皆有破執顯道之功，何故偏讚一心以為綱骨？
> 答：此是起惑之初，發真之始，迷悟之本，染淨之由。故云：
> 至妙靈通，目之曰道。則心外無道，道外無心。微妙甚深凡
> 小非分。菩薩分知，唯佛窮了。……《起信論》云：以不覺
> 一法界故，心不相應，無明分別，生諸染心。一法界者，即
> 無二真心為一法界。此非算數云一；謂如理虛融平等不二，
> 故稱為一。 ⓖ

延壽解說，稱此「無二真心」為「起惑之初」，是因為「心不相應，無明分別，生諸染心」。稱其為「迷悟之本」，因其「不識無明作眾生，了此無明為諸佛」。稱此一心為「染淨之由」，是因為在解脫修習中，「順法界則出離解脫，違法界則繫縛輪迴」。一心既是起惑的開始，發真的開頭，迷悟的根本，染淨的原由，延壽就在這種理由的基礎上，確定「一心」是其哲學的「綱骨」，得到下列結論：

ⓖ 　同上，603a-b。

是以千聖仰之為母為師，群賢歸之如王如導。諸經綱骨，萬
法指南。攝要言之，罔逮於茲矣。❿

延壽再次引用佛經的話作為權威，證明他的思想主題——一心：

經云：心為法本，心作天堂，心作地獄。若離眾生心，更有
何真俗等事。❿

宗教哲學的目的是解脫，要解脫的對象正是平凡的眾生，眾生獲得
解脫的關鍵是自己的心必須要悟，迷悟的根本無他，心是法本。一
旦悟心，一切問題都可以迎刃而解。

五、由博返約成《心賦》

延壽早時撰成《唯心訣》，以詩人情懷直述所感，主張唯心。
後來又在《宗鏡錄》中，立「一心」為宗，旁徵博引，暢論唯心，
一心，真心，妄心，一再申述在宗教哲學的領域內，只有心才是真
正的核心論題，也是實踐生活中的樞紐。《宗鏡錄》編撰完成之後，
延壽又有兩部短篇論文，均與心的討論有關。這兩篇文字，一為《觀
心玄樞》，屬於宗教實踐，將在下一章中討論；另一篇是《心賦》，
則富於哲學趣味，應該放在此處，作為延壽心路歷程的見證予以分
析。延壽為什麼要在暢論三界一心萬法唯識之後，還要著賦論心呢？

---

❿　同上，603b。
❿　同上。

想要回答這一問題，還要從延壽自己的文字中尋求答案。很幸運，他在《宗鏡錄》中果然留下有關的紀錄。當他在回答有關「四念處」的問題之後，話頭一轉說：「如天台智者廣述真詮，大小兼弘，教觀雙辯，末後唯說《觀心論》章，意亦如是。亦如祖師馬鳴菩薩，廣釋經造論，末後唯制一卷略論，名《大乘起信論》云」**⑬**。從這一段文字可見，延壽也在效法前賢，在廣釋經論之後，唯制一卷《心賦》，重申一心要旨。《心賦》開宗明義指出，《賦》文要旨的權威根據並非個人的一己私見；而是：

> 覺王同稟，祖胤親傳。大開真俗之本，獨標天地之先。常為諸佛之師，能含眾妙；恆作群賢之母，可謂幽玄。**⑭**

覺王祖胤表明延壽所承的權威是禪教並重。真俗之本是《起信論》「一心開二門」的思想架構；「天地之先」則是道家哲學的命題。「眾妙」、「幽玄」也是道教經籍中常用詞語。延壽在《心賦》開首的一段短文中，已經標明他的思想重點是教禪一致，佛道互通。於此同時，「諸佛」「群賢」又說明他的哲學屬於佛教系統。至於「佛師」「賢母」究竟指的是什麼，《賦》文尚未點出；但是接著說：

> 靈性有珠，該通匪一。千途盡向於彼生，萬象皆從於此出。事廓恆沙，理標精實。吞滄溟於毛孔，唯是自因；卷法界於塵中，匪求他術。**⑭**

---

⑬ 同上，645b。

⑭ 本章所引《心賦》文字，皆用《新修續藏經》本。此處引文，見《續》111，頁1–2。

「靈性有珠」、「千途彼生」、「萬象此出」等語，算是與《宗鏡錄》
中對心的描繪接近，但是到此為止「心」字還未出現。從另外一個
角度觀察，如將《賦》中的描寫放置於《宗鏡錄》所見之「一心」，
加以比較，則兩者所言確是相同。所差別的地方是《錄》在說理；
《賦》在詠懷。懷中所感，固於理合。情之所發，理有所隱而已。
《賦》文正面談論心的地方，是在第一卷的中間部分，原文如下：

> 無纖塵而不因識變，道理昭然。非一種而罔賴心成，言思絕
> 矣。動靜之境，皆我緣持。如雲駛而月運，似舟行而岸移。❶❹❶

一切現象皆因識變，所有事物賴心而成，正是唯心學派的根本立場。
這些現象的顯現雖是由心而起，但其動靜姿態似乎與主體不同，延
壽以「雲駛月運」及「舟行岸移」形容現象與主體的客主錯覺是非
常恰當的。而雲和月，舟和岸都是詩意形象的比喻，色彩與動態表
現出卓越的文學才能。《賦》文又言：

> 縱淺縱深，靡出一心之際。任延任促，但當唯識之時。大矣
> 圓詮，奇哉正轍。❶❹❷

用一心攝空間，以唯識衡量時間，延壽至此建立了他的心學基礎，
認為這就是佛教中的圓詮和正轍。對於心、識二字，《賦》中也有
說明：

---

❶❹❶　同上，頁3。
❶❹❷　同上，頁10d–11b。
❶❹❸　同上，頁73–74。

> 唯識唯心，無二無別。一旨而已絕詮量，萬法而但空設施。
> 虛生虛滅，唯情想而成持。似義似名，但意言而分別。⑭

由此可見，延壽認為實際而論唯識唯心本無分別。絕對真心是超越言詮意量的。現象起滅，只因情想。哲學名相只是意言分別而已。

　　一心既是如此真實，如此重要，而又是如此超越，但是與世間現象有何關係？《賦》稱：

> 不世之珍，抱玄門而寂寂。非常之道，任法性以閑閑。發覺
> 根苗，胤靈筋骨。若谷神之安靜，似幻雲之出沒。事因理顯，
> 猶金烏照萬里之程。用就體施，如玉兔攝千江之月。⑭

從本體上講，本體是玄幽寂靜，不可言詮；從作用而言，大道又是任物性而顯。一旦修道者能夠，就事顯理，依用照體，就能夠找到解脫之門。「玄門」、「非常道」、「谷神」皆是道家的經典文字，「理事」自然是華嚴教學的哲學範疇，「發覺」源於佛典，「胤靈」充滿禪語色彩，「幻雲」、「烏金」、「玉兔」則是文學辭語。延壽將這些不同背景的語言，信手拈來，合鑄成賦，使他的文辭，瑰麗耀目，博大深邃。

　　討論一心的要點時，《賦》文續稱：

> 陞沈表用，體具靈知。惺惺不昧，了了何虧。湛爾而無依無

---

⑭　同上，頁46。

⑭　同上，頁37a–b。

住，蕭然而非合非離。❹

重重而理事相須，恆體恆用。一一而有空齊現，常寂常知。❹

「靈知」、「惺惺不昧」、「常寂常知」、「理事相須」、「恆體恆用」都是宗密所傳的荷澤禪法要點，延壽接受這些理論，化入他的心學❹。由於一心具有靈知，如果以此觀察世間和超越的諸種現象，人們即可以看出體用之間的複雜關係和相連的紐帶。《賦》稱：

　　紛然起作，冥冥而弗改真如。谿而虛凝，歷而常隨物化。大象無形，洪音絕聲，三光匿耀，河嶽齊平。向九居六合之中，隨作色空明闇之體。於七大四微之內，分為色香味觸之名。❹

由「紛然起作」開始，經過「常隨物化」，絕對真心成為宇宙之間的「明闇之體」，以及可以辨別的色、香、味、觸。這種說法可以看作是中國佛教的宇宙形成論。印度佛教哲學重點在於宗教解脫，對宇宙如何形成不感興趣。佛教傳入中國，因受道家宇宙與解脫合一的挑戰，漸漸形成一套心統宇宙的新哲學課題。宗密的《原人論》已有此種論調，到了延壽的詩，中國佛教的宇宙形成論，色彩更為明顯。真如既是超越性的冥冥虛靜，而現象世界紛然起作，這兩種不同範疇的事理，如何能連在一起，配合成套？延壽引用金與金器之喻，對此作出解釋：

---

❹　同上，頁6。

❹　同上，頁25b。

❹　參閱拙著《宗密》，頁133-139；《從印度佛教到中國佛教》，頁160-164。

❹　《續》，第111冊，頁35d-36a。

> 如一金分眾器之形，不變隨緣之道。猶千波含溼性之理，隨
> 緣不變之門。……入聖體而靡高，居凡身而弗改。即狹而廣，
> 毫端遍於十方。以短攝長，剎那包於劫海。❿

不變隨緣、隨緣不變是華嚴思想的哲學課題，延壽此處作為本體與
現象關係的詮釋，自然是很貼題的。入聖居凡是宗教哲學的運用，
十方與劫海則指空間與時間。

絕對真心既是超越現象，卻又不離現象世界。想要從現象世界
的煩惱解脫出去，只有通過對真心及現象世界的深刻認識；而認識
只能通過心而實現。印度大乘佛教的主流哲學是主張因緣生法，法
無自性，故空。禪宗及其他中國佛教，也接受印度空宗的理論，但
又以法性、佛性、自性的概念，形成「後空」的佛教哲學。延壽就
是一位有代表性的人物。因此他雖談空理，重點卻在一心。因為空
理是一種高深的道理；一心卻在不同的層次上與個人緊密地相連在
一起。《賦》有言：

> 性自神解，不同虛空。❿

既然不同虛空，就事有可為，因此《心賦》中充分表現出人的主動
精神。延壽的宗教哲學，不是一種遙遠深絕的道理，而是緊扣人心。
《賦》文稱：

---

❿　同上，頁20d-21a。

❿　同上，頁38c。

成現而雖圓至道，弘闡而全在當人。❿

又說：

> 道在心而不在事，法由我而不由君。❿

心的重要性、人的重要性、自我的重要性在這幾句話中，充分表達出來。法由我，道在心，使宗教生活的重心，集中於人的身上。《賦》文又言：

> 會萬物為己而成聖人。❿

此語原出僧肇：「會萬物為己者，其唯聖人乎」。這一句話曾對禪宗教理的發展，有過重要的啟發❿。延壽此處引用此語，再次表現出主動精進的態度，是延壽宗教哲學的特點之一。這種主動精神是主張在宗教修習中，一切努力都要與個人的問題連繫在一起，將經典中所載的教理和生活實踐中的經驗集中起來，解決自己極終關懷的問題。一旦這一大問題不成為問題，就可以達到聖人的境界。《註心賦》在此句下，引用僧肇的話：「聖遠乎哉？體之即神。道遠乎哉？觸事而真。」這段引語足以詮釋延壽宗教哲學的精神。「聖遠乎哉」等語，也使讀者想起《論語》和《孟子》書中所言的「聖人」及「成

---

❿　同上，頁22c。

❿　同上，頁55d。

❿　同上，頁31c；參閱呂澂著：《中國佛教源流略講》，頁238–239。

❿　《續》，111，頁31c。

聖」之道。儒家的樂觀精神，對中國佛教哲理也有正面的影響，此處就是一個例子。

「會萬物為己」一語中的「會」字，在中國佛教典籍中，常與別的字組成複合詞，例如「會歸」、「會解」、「會入」、「會通」、「會融」、「會義」、「會事入理」、「會理忘筌」等。從這些複合詞的涵義及用法中，或者可以體會到「會萬物為己」意義。除了「會萬物為己」以外，《心賦》中還有同類的文字，對延壽心學修習方法的理解很有幫助。例如《賦》云：

> 千年闇室而破在一燈，無始樊籠而唯憑妙觀。❺

燈破闇室，是印度佛典中的名句。燈喻智慧，闇指無明。無始樊籠意為無明造成的「結業」，將作業者網羅於煩惱之中。「妙觀」義為「觀心」。《賦》文又稱：

> 冥心合道，意解難明。了達而尚非於智，參詳而豈在於情。❺

宗教智慧的最高境界，是心與道合。《宗鏡錄》中曾引用宗密「四種心」的理論，將心分為「肉團心」、「緣慮心」、「集起心」、「真實心」。《賦》文中所要冥泯之心，應指前三種心。而真實心自然是冥合於道。意解，智及情，皆屬前三種心的範圍，不能超越世間現象。冥心合道即會發現「至道無隔，唯理堪親」❺。道與理，心與道三

---

❺　同上，頁26b。

❺　同上，頁45b。

❺　同上，頁33b。

義相合。延壽的心學架構到此成立。《賦》文又說：

> 理不偏而事不孤，行常順而道常遍。即多用之一體，同時頓
> 具而非分。於一體之多門，前後交羅而齊現。❺

《註》文對這一段話有很好的解釋，點出引文的主題雖未明白說出，
實際是指心而言：

> 出世之道，理由心成。處世之門，事由心造。若以唯心之事，
> 一法即一切法，舒之無邊。以唯心之理，一切法即一法，卷
> 之無跡，因卷而說一。……⓯

道、理、心三義於此交集齊顯。一即一切、一切即一本來是華嚴哲
學的論題，延壽將《華嚴經》的「三界唯心」命題，移入他的禪、
淨土、戒律觀中，從而為他的哲學得到主軸，也得到了一個完整而
豐富的論證架構。一旦明白了道、理、心三位一體，就可以頓悟靈
覺。《賦》文對此種解脫境界，作如此描繪：

> 順法界性，合真如心，智必資理而成照，理不待發而自深。
> 意絕思惟，鑒徹十方之際。佛不說法，開通無盡之音。
> 莫摘枝苗，須搜祖禰。豁爾而無明頓開，湛然而情塵自洗。
> 惡從心起，如鐵孕垢而自毀鐵形。善逐情生，猶珠現光而還
> 照珠體。⓰

---

❺　同上，頁58a。

⓯　同上。

上述的第一段引文，仍在說明法界性、真如心、智理、思惟；後一段文字表明禪宗祖師的教言，可以頓開無明，自洗情塵。在這一種轉化過程中，心扮演著關鍵功能——「惡從心起」、「善逐情生」。而這兩種轉化的結果不同：一是垢毀鐵形，一是珠光照體。

《心賦》最後稱：

> 百氏冥歸，萬古難移。據前塵之無體，唯自法之施為。若樂工之弄木偶，如戲場之出技兒。縱淺縱深，靡出一心之際。任延任促，但當唯識之時。大矣圓詮，奇哉正轍。⑯

三界一心，萬法唯識的主題，又再次標明，並且認為這是百氏冥歸，萬古難移之論。華嚴宗所提倡的三界一心，一即一切，唯識思想中心識之學，經過延壽的詮釋及陳述，化入禪宗的思想。《賦》文對此，有明白的陳述：

> 攀枝而直到根株，尋水而已窮源穴。傳印而盡繼曹溪，得記而俱成摩竭。可謂履道之通衢，悟宗之真訣。⑯

「曹溪」指六祖慧能所住之處，是禪宗的祖居聖地；「摩竭」是「摩竭陀」(Magadha)國的簡寫，佛陀於該國成道。

在結束《心賦》哲學研究之前，還有兩點值得提出討論：第一，是延壽與道家思想的關係。第二，是延壽的才華文采及其與思想的

---

⑯ 同上，頁65a。

⑯ 同上，頁72d–74a。

⑯ 同上，頁74d。

關係。這兩點不但涉及到延壽思想的表現方式，並且更關係到他的哲學性質及內涵。

延壽對道家、三玄，及道教的批評，本書在前面已有過討論。那次討論的材料，主要取材於《宗鏡錄》。 延壽在《宗鏡錄》中依照唐代佛教思想大師們的論點，對道家哲學曾有不妥協性的評論。到了《心賦》書中，道家詞語出現的次數，遠超過《宗鏡錄》。 更重要的一點，是對那些道家詞語的使用並非貶意。例如「一真」、「虛沖」、「玄門」、「逍遙」、「靈臺祕府」、「罔象明珠」、「天地之先」、「綿綿妙體」、「聽而不聞，觀之莫見」、「迎之弗前，隨之不後」、「旨冥真極，道契玄源」、「萬物之發生，皆含一氣」、「不盈不虧，道性如此」等，都是《賦》文中的顯著例證❻。這些道家詞語的運用是否表示延壽對道家哲學的態度，有所改變？如果對這一問題，作進一步的考察，讀者就不難發現，《心賦》中所建立的本體思想乃是「一心」， 此與道家所說的自然之道，迥然不同。延壽借用道家文學中形容道的詞語，用作詮釋「一心」之用。但是「一心」並不具有「道生萬物」命題中的邏輯困難。延壽採用道家文學用語，是因為那些用語對超越主體的描繪，確實是妥切絕唱，膾炙人口，為文人詞客所欣賞讚嘆。作為一個賦文作家，延壽使用當時文學的習慣用語，用道家的成語，詮釋佛教的「一心」， 他在這一方面移花接木，天衣無縫。延壽的融通功夫和卓越的文學才能，從這裡可以清楚的看得出來。

《心賦》以思想而論是頌讚一心，屬於哲理範圍。以文體而論是一篇賦，應歸文學作品。但是在各種文化的發展史中，文哲一體的巨作幾乎各種傳統皆有。以印度而論正統派的《梨俱吠陀》(*Ṛg-*

---

❻ 同上，頁7b, 8a, 17d, 14a, 35a, 26b, 19b。

veda)、《薄伽梵歌》(*Bhagavad-gitā*)，佛教經典《法句經》及《中論》等等，皆用韻文寫成，同時又都是哲學經典，也是文學巨著。在中華文化傳統中，《老子》五千言是哲學韻文，《楚辭》是文哲皆勝。佛教傳入中國以後，許多奇僧高士如傅大士、王梵志等，皆以詩文讚嘆佛理流傳於世。但是早期流傳的僧詩多是渾然天成，義高言疏，在韻律上不能和廟堂之作相匹。賦是漢代流行的文體，《文選・兩都賦序》說：「賦者，古詩之流也。」這一文體結構比較嚴謹，佛教僧人精於此道者不多，延壽是中國歷史上僧人精於寫賦的傑出代表，並且在這一方面，成就卓越。可惜直到現代，還少人評論這位詩人的文學成就。

延壽在《心賦》中，表現出他的一心思想，義深道廣，同時又以他的韻文才華，加強了他的哲學義理。作為一種詩文混合組成的文體，延壽採摘出許多形象突出，色彩鮮明，韻律鏗鏘，境界顯著的文辭，強力傳達他的思想和意趣。下面舉出幾個例子，一見延壽的文采和義理：

> 癡猿捉月而費力，渴鹿逐燄而虛尋。❻
>
> 竹祖搖風而自長，桐孫向日而潛榮。數朵之青山長在，一片之閒雲忽生。❻
>
> 縱橫幻境……寂滅靈空。❻
>
> 類秋江萬影而交羅，狀寒室千燈而互映。若鳥戛漢以翱翔，似魚沈淵而游泳。❻

---

❻　同上，頁15c。

❻　同上，頁19b。

❻　同上，頁21c。

月渚煙林而常談妙旨，雲臺寶網而盡演圓音。

翠羽紅鱗……霞峰霧沚。　⑯

妙極眾象，理統諸方。如積海而含萬水，猶聚日而放千光。⑰

從心而出心，猶蘭生蘭葉。因意而發意，似檀孕檀枝。⑰

竭海移山……躡虛履水。　⑰

辯玉須真，採珠宜靜。但向境外求心，焉知圓光而在昔。⑰

形端影直，風靜波澄。辯偽識真，如試金之美石。除昏見物，猶照世之明燈。⑰

如蚉附翔鸞之尾，迴登丹漢之程。猶聲入畫角之中，出透重霄之上。⑰

攀枝到根，尋水窮源。　⑯

六、結論

　　從以上的分析觀察，延壽的哲學主軸是唯心思想。早在他寫《唯心訣》時，就已以詩人情懷，直述所感。他的感受是心在宗教生活

---

⑯　同上，頁24ab。

⑯　同上，頁35c。

⑰　同上，頁39c。

⑰　同上，頁41d。

⑰　同上，頁64b。

⑰　同上，頁64c。

⑰　同上，頁65d。

⑯　同上，頁66b。

⑯　同上，頁74d。

中佔有關鍵性的地位：世間一切現象皆由心而起，由心而空。不但現象世界的事物如此，就是解脫法門，也皆依心而證。因此延壽指出，心是一際法門，無方的大道，性相、事理、動靜、本末皆相即相入，皆是真心任物性的妙應。延壽認為心的超越狀態，不可以用有無辨別，也不是文字句義能說清楚；雖然如此，問題十分重要，又不能不講，所以眾聖歌詠，群賢詮釋。儘管眾論紛紜，異說千途，實際而言都在討論「一法而已」。正因為絕對真心，超越思惟言語，卻又不能不說，說者不一定都是對的，所以正邪論說見解並起，造成困惑。解決困惑辨別正邪的方法，沒有別的，還非回到「心」上，於是他最後指出：「欲知妙理，唯在觀心」。這一須要觀察的「心」不是抽象的概念，而正是自己的心。以此而論，延壽的心學表現出積極地主觀能動精神，即他所說的「萬法由人」。這一精神正是禪宗思想的特點。延壽是禪宗僧人，理應如此，不能視作意外。

延壽的唯心思想在《宗鏡錄》中繼續保持，並且得到更深刻及更博大的發展。但是在論理方法上卻大有突破——從詩人式的直述所感，走向古典學院派的論證哲學。對心的層次及作用，皆從古典印度佛教經論中，找出標準的理論和根據，邏輯性的論證心識互動，真妄交映等因緣起滅。在論證的過程中充分說明心的重要性是「能知」；知的方法有比知、現知、約教而知三量。又以夢窟三層譬喻，說明現象世界中的真妄內外，證明佛教經論中對這些複雜問題的討論，以及延壽對那些討論的評估，從而達到「諸法心為本，離心無諸法」的結論。

《宗鏡錄》中的唯心哲學，最大的突破點，就是「一心」理論的建立。「一心」的經典根據出自北魏僧人菩提流支所譯的《楞伽經》和《十地經論》。《楞伽》是禪宗的要典，《十地》是華嚴思想

的經籍。延壽從這兩部經論中，找到一心的源頭，展開了禪教一致的「一心」哲學體系。在建立這一哲學體系的理論過程中，深受華嚴思想家的影響，尤其是澄觀和宗密兩人的著作。一心哲學體系的主軸是以道家自然生成論——現象世界「始於一氣」和佛教教義——「佛德本乎一心」，會为一個系統，因此建立「修一心而成道」的修道論。自然現象與宗教要求，心理感應及轉變合在一起，成為一套新的一元論哲學。在這個體系中，延壽一再說明，客觀及主觀事物，一切皆依於心。心即是性，也是一切事物的根源。從這一根本到現象世界的萬象繽紛，有它的必然之理：一心二義（真與妄），一心作三界（客觀事相及主觀境界，皆由心起），心與現象世界的關係可以用性相、體用、本末、相即等範疇詮釋。這種關係充滿動態，如水之漩洑、起落變化、真妄相即、性相交映，只能通過華嚴思想中的「十玄」哲學架構，才能意會這種複雜而不可思議的關係。

繼《宗鏡錄》長篇巨著、廣引經論百家之言，詳述一心之理，建立思想體系，說明修一心而完成宗教解脫之後，延壽由博返約，寫成《心賦》，再對他的唯心哲學，作不同形式的讚頌。賦文的重心仍在心學，他以詩人情懷，流暢的詩句，清晰的形象，美麗的辭藻，高峻的意境，闡釋心為靈知不昧，理事相通。豁而虛凝，常隨物化。自性神解，不同虛空。通過對心的觀察，明白心的重要性及其與世間一切現象的關係，修道者就可以會萬物為己而成為聖人。

第四章　宗教實踐哲學

　　古代中國思想重視實踐，很少作系統性的純思惟發展。作為宗教傳統之一的佛教，本來也是著重實踐修道，反對空洞理論，早期佛經中的「箭喻」就是一個很好的例子。後來受到印度哲學主流思想的激盪，佛教論書中才有了純粹思惟的發展，到了《中論》時代以後，邏輯性的理論成為大乘佛學的主流。中國佛教僧人比較重視佛經，認為「經是佛語」，比菩薩所著之論書更為重要。例如天台、華嚴、淨土、禪宗等，都以佛經作為立宗的根據，以為號召。以論書立宗的，只有三輪宗一家，但是未能在中國持續發展。延壽的宗教哲學，是以禪教會通和禪淨合一為主軸，自然包括理論和實踐兩個方面。他的核心思想已在前面討論過了；但是他的實踐哲學，尚須作進一步的討論。例如《唯心訣》早已明言「欲知妙理，唯在觀心」❶，但是要觀什麼？如何觀察？卻未明白寫出。又如他的戒律思想，唯心淨土等理論，都對後世中國佛教歷史，產生過重要影響，也必要作進一步的考察。所幸延壽在《宗鏡錄》、《萬善同歸集》、《觀心玄樞》、《受菩薩戒法》等著述中，對這些問題都有說明，但到目前為止卻未受到學者們的注意，很值得作進一步的探討，才能看出延壽思想的全面性及重要性。

----

❶　T48, 996c。

一、觀心思想的展開

　　上面曾經指出《唯心訣》稱：「欲知妙理，唯在觀心」。但《訣》文的重點是在說明，宗教生活中最令人關懷的問題，應是以心為主，至於如何觀心，或者要觀什麼等等則未作解釋。從文體而言，《訣》是用駢體文寫出，此種文體適合直述所感，很難詳細論證。幸而延壽在著《訣》之餘，又編纂了《宗鏡錄》這樣巨大的百科全書，從而使我們能夠全面理解延壽的觀心思想。《宗鏡錄》首先將觀門分為兩種：禪宗及圓教，其他觀門。所謂禪宗，指南宗禪法而言；圓教指華嚴教。延壽對此評價甚高。他說：

> 夫觀門略有二種：一依禪宗及圓教……二依觀門。

他對禪宗／圓教的觀門有如下的推崇：

> 依禪宗及圓教，上上根人，直觀心性，不立所能，不作想念，定散俱觀，內外咸等。即無觀之觀，靈知寂照。❷

這幾句話真是言簡意賅，直言禪宗以《壇經》及荷澤一系為代表的禪法精髓。「無觀之觀，靈知寂照」是此一觀門的總結論。至於「二依觀門」，《宗鏡錄》有解釋如次：

> 觀心似現前境，雖權立假相悉從心變，如《觀經》中，立日

❷ 同上，623b。

觀、水觀等十六觀門；《上生經》中，觀兜率天宮彌勒內院
等。❸

從這一段文字中可以看出，延壽此處所論的觀法有兩個源頭：一是
禪宗及圓教；一為淨土思想，因「十六觀門」是彌陀淨土的方法，
而兜率內院則是彌勒淨土的天堂。這一類觀門屬於有觀之觀。既是
有觀，觀字含義如下：

> 言觀一字，理有二種：一觀矚，二觀察。初觀矚者，如前五
> 識緣五塵境，矚對前境。顯現分明，無推度故。現量性境之
> 所攝故。次觀察者，向自識上，安模建立，伺察推尋，境分
> 劑故。今立觀門即當第二觀察。❹

按「觀心」一詞是中國佛教的特殊用語之一，一般參考書多以天台
宗的詮釋，作為觀心含義的代表。在隋末唐初之際，天台宗的觀心
理論確是當時最成熟而富於代表性的思想。玄奘把唯識思想系統從
印度介紹給中國佛教之後，中國佛教思想家成功的將此派思想再推
前一步。唯識學派的大師們如窺基等在使用觀心一詞時，自然會將
所觀之心化入唯識哲學範圍。淨土信仰本來是以宗教生活為重點，
帶有濃厚的反知識傾向。但是他們的宗教信仰中，有「十六觀」和
「彌勒內院」之類的烏托邦觀念。後來淨土信仰在提高其思想性的
過程中，也引用唯識哲學中的某些思惟架構和名相，用以詮釋淨土
觀想的層次和現象。到了《宗鏡錄》中，「觀心」更將禪、華嚴、

---

❸　同上，623c。

❹　同上。

唯識、淨土融於一爐，形成大觀。

　　有觀之觀有二義，一為觀矚，一為觀察。觀矚即現代漢語中的觀看；觀察二字《往生論註》的解義是：「心緣其事曰觀，觀心分明曰察。」❺至於觀心要觀的主題，則因佛家各宗的目標不同，說法自然各異。《宗鏡錄》所持的觀察主題有四：

　　　　約能觀之心，出體有四：一剋性出體，唯別境慧。此慧能揀
　　　　去散亂無記等，擇留善淨所變境故。二能所引體，定引慧故。
　　　　三相應體，五蘊除色。四眷屬體，并色五蘊。
　　　　問：相應四蘊，心王所取，其何者為能觀察？
　　　　答：先辯心王，次明心所。若八識心王，唯取第六。❻

這一段引文的用語完全是佛教圈內的說法，對不諳佛學的人士，義頗難解，應加疏通。文中「出體有四」一詞中的「體」字，即主體或主題。此處是在說明觀察的主題有四個。「剋性出體」是指這裡所討論的主題，只是性的一部份——境慧。境指所觀的境界，慧指能觀的智慧。智慧指「能揀去散亂無記等，擇留善淨所變境。」「能所引體」之體，即由定引出之慧。「相應體」指受、想、行、識四蘊，皆屬內心活動。「眷屬體」包含色蘊（物質世界）在內。按出體這一方法，原來是法相宗解釋經典主題的方法之一❼；後來華嚴宗又發展為華嚴「四門出體」。延壽此處所論的「四出體」釋觀心，

---

❺　見T40，836b。

❻　T48，623c。

❼　有關法相宗的名相，參閱窺基著：《成唯識論述記》及《瑜伽師地論略纂》，T43，230b。

與法相、華嚴兩宗又有所不同。這也可以看出延壽有選擇性的傾向。另一點值得注意的事，就是他在此處所用的專門名詞，比較更接近法相宗的名相。

雖然觀心是中國佛教特有重要名詞，但是作為一個佛教徒，自然要尊重佛陀之言，所以《宗鏡錄》中要「依祖佛言教」❽。以觀心而論，延壽從印度佛經的漢譯本裡面，找出有關篇章作為觀心的權威根據。下面引出數條，以見延壽對這一問題的學問，和他對經文的評論：

《涅槃經》云：一切眾生具足三定。上定者，謂佛性也。能觀心性名為上定。❾

《華嚴經》云：遊心法界如虛空，則知諸佛之境界。法界即中也，虛空即空也，心佛即假也。三種即佛境界也。是為觀心仍具佛法。❿

《止觀》云：觀心攝一切教者，《毗婆沙論》云：心能為一切法作名，若無心則無一切名字。當知世出世名字，悉從心起。若觀心僻越，順無明流，則有一切諸惡教起……。⓫

《持地經》云：佛言：持世，何謂菩薩摩訶薩修心觀心？菩薩摩訶薩觀心生滅住異相，如是觀時作是念：是心無所來去無所至，但識緣相故生，無有本體，無一定法可得。是心無來無去，無住異可得。是心非過去、未來、現在。是心識緣

---

❽　T48, 417b。

❾　同上，425c。

❿　同上。

⓫　同上，581b。《止觀》原文，見T46, 31b–32a。

故，從憶念起。是心不在內、不在外、不在兩中間。是心無
一生起相。是心無性無定。……⑫

《經》云：非內觀得解脫，亦不離內觀得解脫。又云：能觀
心性，名為上定。心是體，夫有心者，皆當得三菩提。心是
宗，制心一處，無事不辦。心是用，三界無別法，唯是一心
作。⑬

《涅槃經》中「能觀心性名為上定」一語，是延壽觀心思想的理論
根據。從這根據出發，延壽的觀心是以直觀心性為觀心的主軸。引
用《華嚴經》「法界如空虛」等語，詮釋即中、即空、即假卻是天
台宗的三觀架構。《止觀》也是天台宗的典籍，由這些引文用語可
以看出智者台教影響延壽的痕跡。

延壽不但從佛教經籍中，蒐集出有關觀心的章句，鞏固觀心在
佛教中的正統地位；並且也從中國文獻中，找出有關的著作，說明
觀心的重要性。因為這些引用的中華文獻佚散已久，少為人知，現
在鈔出兩則，以觀延壽之博學及其觀心思想的文獻範圍。第一份文
獻名為《通心論》；第二份是引用唐德宗（李适，742-805）的話：

《通心論》云：夫縛從心縛，解從心解。縛解從心，不關餘
處。出要之術，唯有觀心。觀心得悟，一切俱了。是故智者，
先當觀心。……⑭

---

⑫　同上，934b。

⑬　同上，632b。

⑭　同上，442b。

《通心論》之名，《宗鏡錄》先後引用了三次，別無所聞。第二份引文稱：

> 唐德宗皇帝云：夫萬有之法本緣於心。心生法生，心滅法滅。故以心觀心，心外無法。心性常住，道其遠乎！ **⑮**

以歷史發展的前後次序而論，觀心理論的形成，早在延壽以前，其中最受人重視的，當是天台宗的智者大師。智者晚年所述的《觀心論》不但是天台宗的聖典，對中國佛教其他各宗，也有不同程度的影響。延壽本人就是一個例證：他在《宗鏡錄》多次引用了《觀心論》，並在卷第三十文中將《論》中的主要部份全部鈔出引用。又如在卷九十二的結尾說：

> 所以智者大師一生弘教，雖廣垂開示唯顯正宗，如《止觀》中云：究竟指歸何處，言語道斷，心行處滅，永寂如空。又《觀心論》中云：復以傷念一家門徒隨逐積年看心稍久，遂不研覈問心。是以不染內法，著外文字。偷記注而奔走，負經論而浪行。何不絕語置文，破一微塵讀大千經卷。若能如上聽法講經，提宗問答，方諧祖意可稱佛心。如遇此機，可歸宗鏡。 **⑯**

這一段引文，充分說明延壽對智顗的觀心理論有崇高的評估，「如遇此機，可歸宗鏡」更表示出在這個立場上，延壽認同智顗「研覈問

---

⑮ 同上，588b。

⑯ 同上，589c–591a。此段文字引自919c。

心」、「提宗問答」等主張。其實在觀心問題上,延壽受到智顗影響者,自然並不限於與觀心直接有關係的著作;他也從智顗其他著作中吸取與觀心有關的理論和討論方法。例如他曾引用《金光明玄義》「觀心廣釋十種三法門」。 所謂十種三法門,是指三道、三識、三佛性、三般若、三菩提、三大乘、三身、三涅槃、三寶、三德等十個條目❶。這十條天台宗的觀心理論,延壽全文照錄,此處不必詳加討論;現在要說的是延壽如何重視以觀心廣釋十種三法門。《宗鏡錄》稱:

> 《淨名經》云:諸佛解脫,當於眾生心行中求。若不觀自心,非己智分,不能開發自身寶藏。今欲論凡夫地之珍寶,即聞修故明觀心釋也。❶

延壽雖然尊重智顗的觀心學說,但是他自己並未完全接納天台的觀心法。《宗鏡錄》卷三十五,首列華嚴宗《金師子章》所論五教,次舉「天台立四教」, 三則約觀心通達一切經教大意。延壽一則用天台宗的四教架構,以觀心方法通達經義趣向,然後指出:「是則四教皆從一念無明心起」。 他接著引用智儼法師的一段話,並且表示他完全同意智儼的說法。原文如下:

> 如智儼法師依華嚴一乘宗辯者:不待說與不說常半而常滿,隱顯無別時,如彼月性而滿而常半增減無異路。正如宗鏡所錄法門,隱則一心無相,顯則萬法標形。不壞前後而同時,

---

❶ 同上,906c–909。參看智顗所著《金光明玄義》,T39, 7a–9c。

❶ 同上,906c。

常居一際而前後。當舒即卷，當卷即舒。故知以教照心，以心明教，諸佛所說，悉是自心。 **⑲**

從這些引文觀察，延壽的佛教思想是以佛性為中心，理論架構是依《起信論》一心開二門而建立。然後以心通性，禪教一致。這種思想自然不止延壽一人，而是中國佛教思想的總相，天台、華嚴、禪宗皆是如此 **⑳**。在這樣的思想背景下，他的觀心理論是綜合性的，有時摘天台的菁華，有時依華嚴之精義，有時論唯識，有時引普賢。以觀法為例，《宗鏡錄》中列有四家：

次約觀分別者，唯識宗立二種觀，華嚴宗立四觀，天台教立三觀，普賢門立十觀。 **㉑**

「觀法」或「觀門」與「觀心」不是同義字，但是兩者之間關係密切，不可一刀兩斷。這一不可分割的關係由上述四家的觀法中可以看出。以唯識宗而言，二觀指「唯心識觀」和「真如實觀」。 華嚴宗所立的四種觀：一事觀，二理觀，三理事無礙觀，四事事無礙觀。這四觀中雖不見心字，實則只能由心一貫之才可以會通。《宗鏡錄》對這一點作詮釋說：

---

⑲　同上，520c。

⑳　《起信論》在中國佛教思想中的重要地位，見馮友蘭著：《中國哲學史新編》，第四冊，頁246-249；鎌田茂雄著：《宗密教學の思想史的研究》，頁433-497。

㉑　T48，621a。

> 若依此一心無礙之觀，念念即是華嚴法界，念念即是毘盧遮那法界。❷❷

台教所言三觀，即一心三觀的理論。《宗鏡錄》稱：

> 仰佛法遐蹤，神功浩曠，求茲非遠，寄以一心，體之有原，總乎三智。若其假方便以致殊，會歸一道寂然而雙照。三觀之名出自《瓔珞經》。云：從假入空名二諦觀。從空入假為平等觀。雙照二諦，心心寂滅，自然流入薩婆若海也。❷❸

《宗鏡錄》所記的四種觀法中，對天台宗的一心三觀及一念三千等記載最詳，從不同的角度反復說明天台的觀心理論。在記敘天台觀法之後，延壽寫下他對天台觀法的理解云：

> 若能內觀返照，獨精自心，何言詮所及？……
> 了此一念心，起處不可得，是名空觀。即於空處見緣生法，似有現顯，故云一切法。是一切法非於無性無像，而有得有像，是名假觀。求空不得空，尋假不得假，非空非假，全是一心，是名中觀。念念具三觀之法，塵塵佛智之門，故云「三觀一心融萬品」。❷❹

延壽的這一段話，是解釋《宗鏡錄》中所引，傅大士所作的《頌》。

---

❷❷ 同上，621b。

❷❸ 同上，621b–c。

❷❹ 同上，623a–b。

　　普賢門的止觀十法，《宗鏡錄》所引的資料出自《普賢觀》一書。此書之名散見於華嚴、天台二家所撰的典籍，但是此處所引的「普賢門立十觀」一段，尚未為專家們所注意。延壽既然將此一觀法與唯識、華嚴及天台教的止觀方法排列在一起，可見這十種觀法在延壽的時代，有相當代表性㉕。因為此一種觀法頗少人知，現在抄出延壽所記，一見其要點如下：

　　　　《普賢觀》云：止觀十門者，一心行稱理，攝散名止。二止
　　　　不滯寂，不礙觀事。三由理事交徹而必俱，遂使止觀無礙而
　　　　雙運。四理事形奪而俱盡，故止觀兩亡而絕寄。五絕理事無
　　　　礙之境，與泯止觀無礙之心。二而不二，故不礙心境而一味。
　　　　不二而二，故不壞一味而心境。六由即理之事收一切法故，
　　　　即止之觀亦見一切。七由此事即是彼事故，令止觀見此心即
　　　　是彼心。八由前中六則一多相入而非一；七則一多相是而非
　　　　異。此二不二同一法界。止觀無二之智頓見，即入二門同一
　　　　法界而無散動。九由事則重重無盡，止觀亦普眼齊照。十即
　　　　此普門之智為主故，頓照普門法界時，必攝一切為伴，無盡
　　　　無盡。㉖

上述引文中所用的詞語，如理事、法界、相入、相即、主伴等，多是華嚴典籍常見之詞。由此可以推知普賢門與華嚴教義，有密切關係。

㉕　各家引用《普賢觀》的文字，見T45, 554c, 557a, 565c, 477a；T46,
　　851b。延壽引用此書兩次，T48, 550a, 623b。
㉖　T48, 623b。

二、《觀心玄樞》的中心課題

《觀心玄樞》之名首見於《智覺禪師自行錄》。《續藏經》中所收的本子只是殘本已如上述。本書所採用的《玄樞》，是森江俊孝所發表的天理大學藏本，因為此本是全文。延壽的思想發展次序以唯心思想開端，然後立一心為宗，晚年又根據此宗將「觀心」列為宗教生活的實踐關鍵——「玄樞」。本章在前面曾經指出，延壽將觀門分為二種：一為禪宗與圓教，二為觀門。觀門中所述的觀法，指淨土信仰中的兩派觀想：彌陀淨土和彌勒內院；禪宗及圓教所說的觀門則是「無觀之觀，靈知寂照」。延壽對觀心的重視，是前後一貫，《宗鏡錄》所記的觀心要點，上面已有討論，現在專門分析《觀心玄樞》。

天理大學所藏的古寫本《觀心玄樞》一卷，首先註明此書是從「《宗鏡錄》中略出大意」。又記此書是「智覺禪師延壽述」。關於此書與《宗鏡錄》及智顗所著《觀心論》之間的關係，森江俊孝曾有專文發表❷。「觀心成佛」的問題，青年學者黃繹勳也有碩士論文專題討論，認在觀心成佛的問題上，延壽的「上上之機」實指洪州宗的禪法而言❷。另一位青年學者王翠玲在她的碩士論文中，曾將《宗鏡錄》中所見的道一禪師語錄，逐條研究，再次證明延壽的成佛之說與宗密不同❷。

---

❷ 參閱森江論文：〈宗鏡錄と觀心玄樞について〉，刊於《印度學佛教學研究》，卷27/2 (1979)，頁305-307。

❷ 黃氏論文：《觀心與成佛——永明延壽「觀心玄樞」第二問題的研究》（臺北：法光佛教文化研究所，1994年）。

　　古寫本《觀心玄樞》書前有一段題記，注明此書是「《宗鏡錄》中略出」。　這段題記對延壽撰述此書的原因，及延壽思想發展的脈絡，都很重要，應當加以分析。題記云：

> 夫若不入觀心法門，會萬物為己者，則一理不立，一事不成。何以故？理因心顯，事假心成，若無於心，決定無有一法而可建立。故云：從無住本立一切法。以萬法本無自性，但從識變。心若不起，諸境皆空；心生法生，心滅法滅，此之謂矣。㉚

題記首先指出「觀心」是宗教生活的關鍵項目，點出「玄樞」的意義。觀心的目的，是要「會萬物為己」。「會萬物為己」一語，源自《肇論疏・涅槃無名論》中「故以萬物為己體也，會萬物以成……」㉛。這幾句話對後來中國佛教思想的成熟，曾產生過重要的催化作用。延壽在《觀心玄樞》題記中，再用此語並且將它舉為題記開頭，由此可以看出延壽的意圖是要建立自己的觀心理論體系。他在這本書中，雖然引用經籍名句，先哲箴言；但是引用的目的，是要「成己」。換而言之，《玄樞》中儘管用了其他典籍，然其所建立的觀心理論，完全是延壽自己的體系。研究延壽思想者，應當特別注意這一要點。至於詳細情形，下面再作進一步的討論。觀心是

㉙　參看王氏論文：《宗鏡錄の基礎的研究》（東京：東京大學，1995年）。

㉚　引自森江論文：〈新出資料：逸文「觀心玄樞」の研究〉，《曹洞宗研究員研究生研究紀要》，第九號，頁74–88；第十三號，頁41–72。以下註中簡稱此本為《寫本》。

㉛　T45，199b。

宗教生活的玄樞,原因就在於「理因心顯,事假心成」。 如果理解不了這一核心,就會陷於「一理不立,一事不成」。 他又引用《維摩詰經》名言:「從無住本立一切法」作為經典根據,建立「心生法生,心滅法滅」的理論,作為思想的主軸。

《觀心玄樞》所表現的獨立精神,由書中所記的「觀心」及「成佛」兩條中,可以看出。《宗鏡錄》卷三十曾引用智顗《觀心論》的偈文;又在卷九十二中說,智者所主張「提宗問答」等和「可入宗鏡」之機相同;但是《玄樞》所言的「觀心」, 與智者的觀心,畢竟不全相同。

第一,智者的《觀心論》並非是直接觀心,而是「問觀心」。問字在漢字的傳統用法中,有詢問、審訊、聘問、問候等義❸。印度佛經漢譯的問字,有「詰問」和「質問」二義❸。延壽的觀字用法,最高的範疇是「無觀之觀,靈知寂照」, 其次才是「觀矚」或「觀察」。由這兩類用字的習慣比較,智者和延壽著作中的專門用語,就有顯著的不同。

第二,觀心的目標不同:《觀心論》偈文的開首一段中,有十幾個否定式的詢問,每句以「不知問觀心」開始,下面回答出「不問觀心」的後果❸。這些後果對聞慧、恩慧、修慧、無所獲、真實樂、盲禪等,都有反面影響。偈文的第二部份,就是著名「觀心三十六問」。 偈文前面有一段散文說明,標明天台觀心三十六問的經典根據是《摩訶般若波羅蜜經》及《中論》,並且以《中論》中「諸法不自生」一段作為哲學的起點,以完成三十六問的宗教目的。《觀

---

❸ 見《辭源》(北京: 商務印書館, 1979年), 頁0523: 1。

❸ 中村元編:《佛教語大辭典》, 下冊, 頁1370a。

❸ T46, 584c–585b。

心論》說：

> 今但約觀初自生一句，起三十六問。若於觀心能答此問無滯
> 礙者，當知此行人六種中入觀行；五品弟子中即是入初隨喜
> 心位。❸

這段文字清楚表明，《觀心論》所要達到的宗教目的是「觀行」或
「隨喜心位」。按照天台宗的品位劃分，「觀行」在「圓教菩薩」的
行位中，是「六即」中的第三位；「隨喜」是「五位弟子」中的最
低一級：「初品」❸。以這些「菩薩」和「弟子」的品位，與延壽在
《觀心玄樞》中的最終極目標：「得道」與「成佛」相比較，兩者
差別是很明顯的。這種差別不能簡單的認為延壽的宗教修習目標，
比天台教所說要高一層；而是標誌著中國佛教由隋唐之際到五代時
期已有很大的變化：禪宗人士的「見性成佛」、「即心是佛」等口號，
已是禪宗人士所公認的修道目標。這些口號是智顗時代所見不到，
甚至不可想像的觀點。

　　第三，《觀心論》中所包括的問觀心項目，共三十六條；《觀心
玄樞》則有七十條之多。

　　《觀心玄樞》中所表現的獨立精神，也可以從此書第二問中得
到證明。第二問的問題是「何以成佛？」這是禪宗人士所終極關懷
的問題。延壽在詮釋此一問題時，首先表明，「即心是佛，即佛是
心。心外無別佛，佛外無別心」❸。「即心即佛」一語早見於《禪源

---

❸　同上，586a。

❸　同上，178c，620c。

❸　《寫本》，頁78。

諸詮集都序》中，未言是何人所說❸。《祖堂集・南泉傳》裡面，數
次以此語為馬祖的話，但只承認此話只是「一時問語」❹，並未明
言它是馬祖所傳的中心教義。例如：

> 江西和尚說即心即佛，且是一時問語，是止向外馳求病。空
> 拳黃葉止啼之詞。❹

到了黃蘖禪師所說的《傳心法要》中，才出現「唯此一心更無微塵
許可得，即心是佛」❹這一重要論點。又如《宛陵錄》中稱：

> 上堂云：即心是佛，上至諸佛，下至蠢動含靈，皆有佛性，
> 同一心體。所以達摩從西天來，唯傳一心法，直指一切眾生
> 本來是佛，不假修行……❹

至於《觀心玄樞》中所言的「即佛是心」、「佛外無別心」之類的說
法，甚為少見，可以看作是延壽自己的詮釋。

「若不觀心，何以成佛」的回答，原文指出：

> 又云：「諸佛與一切眾生，唯是一心，更無別法」。覺心即是。
> 唯此一心即是佛，見此心即是見佛……❹

---

❸　T48, 407a, 410c。

❹　見《祖堂集索引》下冊所收影印本，4, 108, 1-3; 4, 115, 1-3。

❹　同上，1137。

❹　T48, 380a。

❹　同上，386b。

文中「又云」之語，引自《傳心法要》❹，從這些引語中可以看出，此一成佛理論主軸，來自黃蘗希運。延壽在成佛問題上接受佛教的傳統說法：一方面承認在佛性問題上，眾生與佛「皆同一性」；另一方面，佛與眾生卻又「時節有異」，「隨器不等」。在這一理論的基礎上，延壽將「觀心求佛」的眾生分為「上上根人」和「中下之根」兩大類。什麼是「上上根人」呢？《觀心玄樞》說：

> 一念法界，直聞直受，頓入頓修。❺

對「中下之根」，則有如下說明：

> 見多訛謬，空領唯心之旨，微細義理不通：或執心為空，或執心為有，或知心名而不識心體，或了心理而不具心行。真妄莫弁，本末焉明！所以五性不同，三乘有別，宗分南北，見具親疎。末代淺根，寧無疎漏耶！❻

見多訛謬是中下之根者的共同毛病，原因在於空領唯心旨義但未通其精義。其結果是偏執空有等見，認名失體，具理失行。謬見深淺不同，所以佛教有五性、三乘之分，禪宗有南北之別。因為成佛問題是禪宗人士最關懷的問題，所以《玄樞》在進一步詮釋深淺不同時，引用圭峰禪師的評論，集中於禪宗的分歧；至於三乘五性的內

---

❸　《寫本》，頁78。

❹　T48，379c。

❺　《寫本》，頁78。

❻　同上。

容及差別，則在《宗鏡錄》已有討論。

　　《觀心玄樞》第二問中的主要部份，是以宗密著《禪門師資承襲圖》為底本，評論北宗、牛頭、荷澤、洪州四家禪法中的成佛理論。宗密以荷澤宗的傳人自居，自然信仰荷澤宗的旨意。在評論洪州禪法時，一方面承認荷澤與洪州兩宗同屬「直顯心性宗」；另一方面又指出洪州禪法中「闕自性用」，「是比量顯」❼。宗密此書撰於公元830年左右，是當時長安佛教界的主流代表。到了延壽時代，荷澤禪法已隨唐王朝的覆滅而中斷無繼；洪州禪法在長江流域地區成為禪法的主流。延壽很明白此一歷史性的轉變，所以在《宗鏡錄》與此書中，皆宗洪州禪法為「真論真性，不辨邪正異同。此則唯逗上上之機。」❽另一方面，宗密對禪門各宗的哲學分析和資料掌握，是公元九、十世紀最有系統的巨著，討論中國禪宗歷史及思想的研究者，不能不讀宗密的著作。延壽在《玄樞》中大量引用宗密的分析之後，於第二問的末尾，有一段評論說：

　　　……如圭峰所揀，頗令精微。俯為群機，恐成叨濫。洞明體用，細析異同。於後學進修，甚為利益。理事無滯，祖教並行。妙旨豁然，可為龜鏡。❾

由這一段文字觀察，可以看出延壽的思想一方面接受了宗密「精微」的分析；另一方面也推崇洪州禪法「真論真性」。這就是他在成佛理論上既承繼前人的成就，又不拘泥於前人的宗派立場。「理事無

---

❼　見鎌田茂雄：《禪の語錄──9：附禪門師資承襲圖》，頁336。

❽　《寫本》，頁80。

❾　同上。

礙，祖教並行」一語更進一步表現出延壽的獨立精神。

《觀心玄樞》全文共含有七十個問題，討論了佛教生活的主要項目。其中一小部份是屬於理論範圍，大部份則屬於宗教實踐。延壽在宗教哲學上建立了「一心為本」的思想體系，這種思想在《宗鏡錄》中已有系統發揮。但是在宗教實踐方面，還沒有系統性的說教。到了《觀心玄樞》一書中，延壽的宗教生活實踐體系才完全建立。這一實踐體系的主軸就是「觀心」。 延壽將佛教生活的實踐與成敗，完全繫於「觀心」， 並且在每一個節目的文字中，指出觀心是宗教實踐的關鍵（「玄樞」）。 在中國佛教的發展史中曾有不少的高僧重視「觀法」， 但是從來沒有一位將「觀心」貫穿於宗教實踐的各個方面。延壽生活於五代時期，中國佛教已經過隋唐時代的成熟發展，延壽有機會對那一發展作全面性的總結，立一心為宗，編成佛教思想百科全書《宗鏡錄》。 在他的百科全書完成以後，更進一步建立了「觀心」體系的實踐理論。這一理論的完成不但標誌著延壽思想的成熟，並且也代表著中國佛教實踐理論的新水平。雖然此書在中國本土尚未廣泛流通，但是它的重要性不容忽視。

《觀心玄樞》包含著七十條問題，第一條是「若不觀心，何以得道」；第七十條是「若不觀心，皆成顛倒」。這七十條題目的內容有的涉及主體思想，如得道、成佛、窮源、達本、明佛性等；有的專心於宗教實踐，如出家、成觀、明教、立行、稱悟、六度、淨土、弘法、懺悔、護正法、建道場等；有些項目屬於印度佛教原有的修行項目，如六度、三十七道品；有些是中國佛教的特有概念，如體用、事理、本末、和光、富貴等。無論這些項目的傳統根源何在，延壽將它們合輯成書，統以「觀心」作為宗教實踐的「玄樞」， 這是延壽的貢獻。從七十條問題的內容著眼，有些題目性質相同，編

輯體例不能算是十分嚴謹。但如以內容觀察，此書本來是為實踐宗教而編，現實生活的內容本來就相當複雜，難免陷於七零八碎的現象，倒也不必苛求。

　　雖然《觀心玄樞》包含的內容甚廣，體例不十分嚴謹，但是主題的要點，仍然是有層次的。例如書中的首要問題，是「得道」與「成佛」，都是禪宗人士所最關懷的大題目。其實這兩個問題的內容相通，也可以用「得道成佛」合併為題。但是延壽為什麼要將這一大問題分開處理呢？這是一個值得探討的問題。例如「得道」一詞而論，《大智度論》說：入此法位，不復墮凡夫之數，為得道人。又說：得道的因緣有多種，如依佛說法，佛放無量光明等❺。現在再看延壽的觀心得道內容如何：

　　　　若不觀心，何以得道？故云：心即是道，道則是心。又云：
　　　　道非心外，行在言前。即心為道者，可謂尋流得源矣。❺

文中的「故云」引文，見於《宗鏡錄》卷八十六，該處在詮釋「中道」的概念時稱：

　　　　今言中道者，即菩薩道。離中無別道，離道無別中。此之中
　　　　義，即是一心道，即是心。心即是道。❺

「行在言前」一語，見《萬善同歸集》卷中，評論「佛言：若不修

---

❺　見T25, 308b–314b。

❺　《寫本》，頁78。

❺　T48, 887b。

行得菩提者」一語時，延壽加了一段按語說：

> 故知行在言前，道非心外。❸

從上面的兩段引文分析，書中所言之道已不是印度佛教中的「八正道」或「中道」原義；而是延壽哲學的主軸思想——「一心」。「行在言前」說明此書重點是宗教實踐。「故云」、「又云」表示此書的編成時間，是在《宗鏡》與《同歸》以後。

　　從文字的長短而論，《觀心玄樞》的七十項問題中，份量極不一致。例如第一項問題「何以得道」，在森江俊孝出版的排印本中，所佔篇幅不滿一行文字。與此相反，第二個問題：「何以成佛」的原文，長達五十九行之多，是全書中最長的一段。如按文字長短的排列，「成佛」以下的問題是「皆成顛倒」（40行）、「稱悟」（33行）、「照明佛性」（28行）、「成佛事」（26行）、「弘法」（16行）、「具道品」（15行）、「護正法」（15行）等。造成這些長短不一的原因，有的因為某一問題是當時中國佛教界的熱門題目，爭論紛紜激烈，須要加以評論，「何以成佛」就是一個例證。有的如「具道品」，因原題內容較為複雜，想要將其原有的內容和「一心」連繫在一起，作為觀心的可能，自然要用較多的筆墨，才能說明問題和解決辦法。

　　《觀心玄樞》一書的篇幅，雖僅一卷，但是問題卻有七十條。其中有些問題不但重要而且內容複雜，除非有較長的篇幅作專題研究，書中所討論的主題無法在本書中作深入的討論。現在於有限的篇幅與時間內，須要加以觀察的項目，是研究延壽如何在《玄樞》中，將他的「一心」理論，化入實踐哲學。此處選「成觀」與「立

---

❸　同上，972b。

行」兩條作為「樣品」，用以觀察延壽的哲學實踐理論模式。選擇這兩條目作為觀察對象，因其主題都屬於宗教實踐範圍：「觀心」是主要方法；「立行」是宗教實踐的具體化。「成觀」的原文，起頭的一段如下：

> 若不觀心，何以成觀。故云：一心三觀，三觀一心，理事圓融，開合自在。若心空十法界空，心假十法界假，心中十法界中。❺❹

「一心三觀，三觀一心」之語，是天台禪觀的核心教義；「十法界真、空、假」的說法，亦見於天台典籍《四念處》一書。這些說法的出處說明，延壽吸收了天台觀法的要點。然而上述引文中有「理事圓融」之語，卻不是天台宗觀法典籍的專門用語；此語見於飛錫著《淨土三昧寶王論》❺❺。根據這些用語的出處推測，延壽在採用前人的教義時，並不侷限於一家之說。

「成觀」一題中所說的第二種觀法，原文如下：

> 唯心識觀云：所謂於一切時一切處，隨身口意，所有作業，悉當觀察，知唯是心。乃至一切境界，若心往念，皆當察知，忽令使心無記，攀緣下自覺知。於念念間，悉應觀察隨心所有緣念，當使心隨逐彼念，令心自知，知己內心，自生想念，非一切境界有念有分別也。所謂內心自生，長短好惡，是非得失，衰利有無等見，無量諸想，而一切境界未曾有想起於

---

❺❹ 《寫本》，頁82。

❺❺ T47，144b。

分別。當知一切境界自無分別想。故即自非長非短，非好非惡；乃至非有非無，離一切相。如是觀察一切諸法，唯心想生；若使離心，則無一法一相，而能自見有差別也。❺❻

「唯心識觀」之名，已見於《宗鏡錄》卷三十五，觀法分為「唯心識」及「真如實」兩種，本書已經論及。上述引文「所謂於一切時一切處⋯⋯」亦見於《宗鏡錄》中，並且說此一段文字出自《進趣大乘方便經》中。《宗鏡錄》中所引文字尚有描述「真如實觀」一段文字，《玄樞》未錄，現在鈔出補充延壽所言的「唯識二觀」：

真如實觀者，思惟心性無生無滅，不住見聞覺知，永離一切分別之想。❺❼

《玄樞》中的「成觀」原文接著指出：

或花嚴四觀，普賢十觀，乃至絕觀，皆不離心，而得成就。❺❽

「華嚴四觀」及「普賢十觀」本書上面已有評論，不必再作重複；「絕觀」之說，《宗鏡錄》卷三十五討論「約觀分別」時，只列天台、華嚴、唯識、普賢四種觀法。《玄樞》本文以「乃至絕觀」四字，將此一觀法增入「成觀」題目之中，應作進一步討論。按宗密《圓覺經大疏鈔》已寫明「牛頭融大師有《絕觀論》」，《宗鏡錄》

---

❺❻　《寫本》，頁82。

❺❼　T48，621b。

❺❽　《寫本》，頁82。

卷九十七中引用「牛頭融大師《絕觀論》」中的十一項問答。現代
學者已經認為「絕觀」之說，是牛頭禪的代表理論❺。至於延壽將
此一理論列入「成觀」中的一家，當是因為《論》中涉及心的原故。
《宗鏡錄》稱：

> 牛頭融大師《絕觀論》問云：何者是心？答：六根所觀並悉
> 是心。問：心若為？答：心寂滅。問：何者為體？答：心為
> 體。問：何者為宗？答：心為宗。問：何者為本？答：心為
> 本……❻

從這些文字觀察，《絕觀論》中的心學，正與延壽的一心為宗相合，
延壽將此列入觀心體系之內，應是合乎邏輯的發展。從牛頭宗的禪
法歷史而言，其絕觀之論被包括於中國佛教觀心系統之內，還是前
所未見之事。在這一點上，延壽頗有包容的胸懷。

「立行」一詞不是佛教特有名詞，應為延壽採用漢字傳統而來。
但是延壽所述的行，無論是行的內容與經籍根據，全屬佛教。「觀
心立行」本文可分三段：首述主題，次引經文，最後才是延壽對這
一問題的評論。本文開首一段說：

---

❺ 牛頭禪的絕觀文獻及教義，討論甚多。早期日文研究資料，可閱田中
良昭編：〈敦煌禪宗資料分類目錄初稿(3)〉，《駒沢大學佛教學部研究
紀要》，34號(1946)，頁20–22。中文有關近著，見印順著：《中國禪宗
史》，頁112–122；楊曾文：〈牛頭法融及其禪法〉，收於恆清主編《佛
教思想的承傳與發展》，頁423–444。

❻ T48，941a。

若不觀心，何以立行？以行從心成，理能導行。　**㊶**

「行從心成」說明一切行為由心作主，想要立行，必須觀心。觀心就是要求理，得理就可以指導行動。

引自經典的文字是佛教權威的根據。有關「立行」的引文，分「頌云」與解脫長者告訴善財童子的一段經文。所引的「頌云」原文如下：

若不證真如，焉能了諸行。猶如幻事等，假有而非真。　**㊷**

這一段頌文，應該出於《宗鏡錄》中，因《玄樞》題記自云「《宗鏡錄》中略出大意」。 或許略出只是大意，所以《玄樞》的頌文，與《宗鏡錄》不同。後者頌文是：

非不證真如，而能了諸行。猶如幻事等，似有而非真。　**㊸**

森江出版的印本中，頌文最後一句，作「似有而非真如」， 斷句有誤。「如」字實在下一句中。頌之後的一段引文，《玄樞》本是這樣的：

如解脫長者告善財言：我若欲見安樂世界阿彌陀佛，隨意即見；乃至所見十方諸佛，皆由自心。善男子，當知菩薩修諸

㊶　《寫本》，頁82。

㊷　同上。

㊸　T48, 423b。

佛法，淨諸佛剎，積習妙行，調伏眾生，發大誓願，入一切智，自在遊戲不可思議解脫之門，得佛菩提，現大神通，遍往十方法界。以微細智，普入諸劫。如是一切悉由自心。是故善男子，應以善心扶助自心，應以法水潤澤自心，應於境界淨治自心，應以精進堅固自心，應以忍辱坦蕩自心，應以智證潔白自心，應以智慧明利自心，應以佛自在開發自心，應以佛平等廣大自心，佛十力照察自心。

是以心該萬法，謂非但一念觀佛由於自心。菩薩萬行、佛果體用，亦不離心。❻❹

這一段文字有四點值得注意：一，這段經文引自《宗鏡錄》卷三十二，《錄》稱「如《華嚴經》解脫長者告善財言……」說明了原文出處。二，《玄樞》所引的經文，此處仍是出其「大意」而非原文。三，最重要的一點自然是觀心的內容：觀何心，立何行。《經》文對這兩個問題有很明確的回答：要觀自心，就得用佛教傳統的行為或觀點如善心、法水、境界、精進、忍辱、智證、智慧、佛自在、佛平等、佛十力等調治自心。觀心立行通過這一段經文，不但使立行有了權威性的根據，並且使所觀之心與所立之行都有了具體內容可以實踐。四，引文中的第二段——由「是以心該萬法」至「亦不離心」，引自《疏》釋，不是《經》文。

「觀心立行」的下一段文字，原文如次：

乃至佛之三身，十波羅蜜，菩薩利他等行，並依自法融轉而行。即眾生心中有真如體大，今日修行引出法身。由心中有

---

❻❹ 《寫本》，頁82，參閱T48，603b–c。

真如相大，今日修行引出報身。由心中有真如用大，今日修
行引出化身。由心中有真如法性，自在無慳貪；今日修學順
法性無慳，引出檀波羅蜜等。當知三祇修行道，不曾心外得
一法行一行。何以故？但是自心，引出自淨行性，而起修之。
故知摩尼沈泥不能雨寶；古鏡積垢焉能鑒人。雖心性圓明本
來具足，若不眾善顯發，萬行磨治，方便引出，成其妙用，
則永翳客塵，長淪識海，成妄生死，障淨菩提。**⑤**

這段引文有三點值得注意：第一，此段原文出自《萬善同歸集》卷
一；部份文字也見於《宗鏡錄》卷四十五。第二，《宗鏡錄》言，
這是「如先德云」，但未說明誰是這位先德。《同歸集》則稱，此段
文字為「賢首國師云」。 由此可見，此段文字的原作者不是延壽。
第三，「立行」的重點，在於「行從心成」；而行的內容則是傳統的
十波羅蜜、菩薩利他、三祇修行等。由這些內容觀察，延壽的宗教
修習立場，也是綜合性的：他將傳統佛學的修道項目，佛經的名言
及賢首大師的評論，融合貫通，化為己用，建立「行從心成」的實
踐理論。全段文字只有開首的幾句話──從「若不觀心」開始，至
「理能導行」為止的這十七個字是延壽的話，其餘則來自經文大意
或先德名言。這種行文用語的方法，是延壽著作中常見的模式，也
是研究延壽思想的重點和困難之所在。

懺悔的行為是許多宗教都有的修行節目，印度佛教也有懺悔。
中國佛教懺悔的歷史頗久。延壽承繼前人留下的傳統，主張懺悔除
惡消罪。例如《宗鏡錄》卷六十二稱：

---

⑤ 同上，頁82-83，T48，959c-960a，983c。

> 惡亦如是：或以過去之罪今悉懺悔，現造眾罪今亦懺悔，未
> 來之罪斷相續心。遮未來故，名之為救。**㉖**

因為延壽是倡言「一心」，主張「圓頓大覺，不涉漸修」；那麼懺悔
之事又應作何解釋？《萬善同歸集》卷上就將這個問題提出，亦有
延壽的回答：

> 問：空即罪性，業本真如。取相增瑕，如何懺悔？
> 答：若煩惱道理遣合宜；苦業二道，須行事懺。投身歸命，
> 兩淚翹誠。感佛威加，善根頓發。似池華得日敷榮，若塵鏡
> 遇磨光耀。三障除而十二緣滅，眾罪消而五陰舍空。**㉗**

這就是延壽主張「事懺」的理由。他又引《最勝王經》等經文，及
南嶽大師的話，加強「事懺」的必要性。又有人問：

> 問：結業即解脫真源，罪垢不住三際。何不了無生而直滅，
> 隨有作而勞功乎？
> 答：夫罪性無體，業道從緣；不染而染，習垢非無。染而不
> 染，本來清淨。業性如此，去取尤難。一切眾生業通三世：
> 真慧不發，被二障之所纏；妙定不成，為五蓋之所覆。唯圓
> 乘佛旨，須於淨處嚴建道場，苦到懇誠，普代有情，勤行懺
> 法。內則唯憑自力，外則全仰佛加，遂得障盡智明，雲開月
> 朗。是以非內非外，能悔所懺俱空。而內而外，性罪遮愆宛

㉖ T48, 766a。

㉗ 同上，965b。

爾……⑱

這一段問答是中國佛教懺悔論的代表思想：從本體觀點而論，罪性無體，業道從緣，不住三際（過去、現在、未來），本來清淨。從日常生活而言，性雖清淨，隨緣而染。受染的結果非常嚴重：真慧不發，妙定不成。造成這一結果是由於「二障」及「五蓋」。「二障」指煩惱障及所知障；「五蓋」指貪、瞋、惛睡、輕浮、懷疑。二障是大乘佛教的特有概念；五蓋是印度佛教所言的五種覆蓋心性的煩惱。懺悔的力量來源有二：內憑自力，外仰佛加。懺悔的目的是要達到「障盡智明」。

《觀心玄樞》第五十二，討論的主題也是懺悔。但是此書的論懺悔，與前面延壽的討論內容不同。例如上面討論中所見的「事懺」、罪性、後果、二障、五蓋等，在《玄樞》中，都不再是問題。《玄樞》中的懺悔集中於一個重點──「以了一心」。其他的文字只是說明此種懺悔如何優於其他的懺悔方法，及其功力如何有效。原文如下：

> 若不觀心，〔何以〕懺悔！以了一心，真性解脫，能空煩惱繫縛九結十使等。若比餘法懺滌，校其功力，如甐華千斤不如真金一兩，似一栴檀樹改四十一由旬伊蘭林，能令煩惱即菩提故。⑲

由這些文字觀察，《玄樞》中所說的觀心懺悔，集中於「以了一心，

---

⑱　同上，966a。

⑲　《寫本》，頁64。

真性解脫」，延壽認為此種懺悔在消除煩惱繫縛的功力上，比起「餘法」高千萬倍。解脫煩惱的過程，就是解除九結十使等煩惱羅網，這些說法是印度佛教原有的論點：九結指九種障礙使眾生無法脫離煩惱；十使指十種由煩惱產生的力量，驅使眾生淪於業道 ⑩。《宗鏡錄》在闡釋「迷四真實起八顛倒」一語時稱：人法二我之見，成九結之樊籠，開十使之業道。懺悔的目的就是破籠去使，而破籠去使最有效而直接的方法，就是「以了一心」 ⑪。如果以《玄樞》中所說的懺法與《宗鏡錄》、《萬善同歸集》所論之懺悔比較，那麼《玄樞》所論文簡義明，直接了當。這也許正是延壽要由博返約的原因。

延壽遺作由他的法裔編成《智覺禪師自行錄》一書，重點是延壽的「自行」。 但是此書為其法裔編成，充滿對延壽慕依敬仰的感情，因此書中所言的延壽宗教生活，無法使人信以為真。例如書中所說的「每日晝夜中間總行一百八件佛事」， 無論是在時間上或是體力上都是不可能的。由於此一原因，如果使用此書而研究延壽，必須用心衡量小心觀察。

《自行錄》中第七十四條討論懺悔，原文稱：

> 晝夜六時，修行五悔，懺滌六根。普為一切法界四恩、二十
> 五有、十二類生，承三寶力，對十方佛前，志心懺悔：與一
> 切法界眾生，從無始有神識以來，至於今日，因無明妄造一
> 切生死，隨逆順境，起愛憎心。鼓動六根，造塵沙罪。 ⑫

---

⑩ 見《大乘義章》，T44，565a，572a，574a。

⑪ T48，793a。

⑫ 《續》第111冊，頁81b。

上面的引文，是第七十四條的序論。這段文字的內容有幾點值得研究：第一，六時五悔的懺悔方法，源自天台宗的「法華三昧」。五悔的內容是懺悔、勸請、隨喜、迴向、發願。「懺滌六根」的說法，也早見於天台典籍，如《摩訶止觀》、《釋禪波羅蜜次第法門》及《觀心論疏》等。由此可見，延壽的懺悔思想在實踐方面，承受了天台佛教的懺悔法。第二，懺悔的目的是為了「法界四恩、二十五有、十二類生」。《自行錄》第六條說：「每日常念《妙法蓮華經》一部七卷，逐品上報四重深恩」。在解釋「四恩」一詞時，《自行錄》注明為一為師長訓誘恩，二為父母養育恩，三為國王荷負恩，四為施主供養恩❼。印度佛教言四恩，如《正法念處經》說四恩為父、母、如來、說法師；較晚的佛經如《大乘本生心地觀經》，說四恩指父母、眾生、國王、三寶❼。智顗所說的《方等三昧行法》，四恩指師、僧、父母、國王❼。《宗鏡錄》中未談四恩，《萬善同歸集》四次提到「四恩」，但未作說明四者是誰。在這種情形下，《自行錄》中所言的「四恩」是否真的是延壽之語，值得存疑。第三，「二十五有」一詞，《自行錄》第六條自有解釋。第四，「承三寶力」，說明懺悔力量的來源；「對十方佛前」是懺悔的儀式。

　　序論懺悔以下的文字，是「懺滌六根」的本文，分別講解懺悔眼、耳、鼻、舌、身、意六根的具體方法及內容。《萬善同歸集》說：「南嶽大師云：修六根懺，名有相安樂行；直觀法空，名無相安樂行。妙證之時，二行俱捨。」❼這些話再次證明，延壽的懺悔法

---

❼　同上，頁77d。

❼　T3，297a。

❼　T46，946c。

❼　同上，966a。參閱王翠玲：〈永明延壽の懺悔觀〉，刊於《印、佛研》，

受益於天台教頗多；「二行俱捨」一語更使人懷疑《自行錄》所言的懺法止於六根一點，不能代表延壽懺悔思想的全部內容，也沒有提到「二行俱捨」的超越境界。

三、戒律思想

在傳統的佛教教義中，戒、定、慧三學是佛法中的三大基礎。而在三學的次第中戒律為先。戒律是宗教道德生活的準則及日常生活的規範。就是因為這一重要性，佛教傳統中有《律藏》，高僧有律師一科，寺院中有戒律。但是在唐代佛教昌盛之後，禪宗思想漸成主流，見性成佛之說也成為流行的口號，許多禪宗人士對傳統戒律，以及律師們的形式主義感到不滿。禪宗人士因而對傳統戒律，持有不同的評價和不同的態度：激進者主張取消戒律，要求「釋門事相，一切不行。剃髮了便掛七條，不受戒律。」[77]溫和一點的禪師則對戒律及律師提出批評，另啟門戶，對佛教的戒律作出新的選擇和詮釋。延壽對戒律的態度屬於溫和派。溫和派的延壽，其戒律思想可以分為四點：一批判傳統戒律及律師的缺點及過失。二重新肯定戒律在宗教生活中的重要性。三將戒律與定慧合一，以心為宗。以禪釋律，盡心為體。四以菩薩戒為新的戒本。

印度佛教的發展，最初是以戒定慧為三學。大乘佛教出現以後在慧學上有很大的突破與創新；但在戒定二學方面，主要還是承襲早期佛教的傳統方法，並沒有成套的大乘戒律或禪定次第。以戒律而論，漢文譯本中的主要律典：摩訶僧祇部(Mahāsaṅghika)、迦葉

46號。

[77] 見宗密著：《圓覺經大疏鈔》，見《續》，第十卷，頁534a。

遺部(Kāśyapiya)、彌沙塞部(Mahiśāsaka)、曇無德部(Dharmaguptaka)、
薩婆多部 (Sarvāstivada) 等五部律,全是部派佛教所承傳的戒律❼。
佛法傳入中國以後,東土佛教僧人並沒有統一的戒律。直到初唐曇
無德部的戒本《四分律》的專家輩出,成為東亞的佛律主流。大乘
意識在中國抬頭以後,中國僧人不完全理解印度佛教的歷史背景,
再加上一般僧眾對律僧的不滿,於是產生對大乘律的追求。《梵網
經》、《瓔珞經》、《菩薩戒本》就是在這種歷史背景下,成為中國佛
教戒律的熱門經典。這一問題牽涉甚廣,不能詳論;此處只討論延
壽對印度傳統戒律及中國律師過失的批評。

　　《宗鏡錄》卷二十一中,記錄延壽對律學的基本思想,及其對
持戒的分類與評估。其中有關戒律的基本思想原文如下:

> 夫萬行之由,皆為契真顯本。若違真逐末不識教宗。凡一切
> 眾生,皆本自性之律。若鈍根者,則漸以相示;若上器者,
> 直從性明。如傳大士云:持律本為制生心,我今無心過戒
> 律。❼

這幾句話說明,延壽眼中所見的戒律,並非是印度佛教原有「戒是
軌持」的意思。軌持的目的是要以戒律規範行為中的一切事相;延
壽眼中的戒律目的,「皆為契真顯本」。真指真心,性指本性。心、
性皆屬本體論範疇,這與印度佛教戒本中的事相規範,重點相差甚
巨。這一差別在所引傳大士偈語中,就是「生心」與「無心」。
　　另一值得注意的,就是延壽在持戒問題上,有所謂「鈍根」與

---

❼　參閱土橋秀高:《戒律の研究》。

❼　T48, 530a–b。

「上器」之別。以戒律而論，延壽將持戒的人分為凡夫、二乘、小菩薩、大菩薩、及諸佛五個階位。這五個階位之間有同有異。延壽先從持戒由心的基本論點，討論哲學心理層次；然後就戒說明人心不同。在持戒由心的問題上，延壽評論說：

> 且如凡夫、二乘、菩薩、諸佛凡持戒者，莫不皆由一心所起。以凡夫全不自知垢淨之戒，因從自心生；罪福之戒，果當自心受。二乘雖知由心轉變，執有前塵。權小菩薩雖不執前境實有，住無自性空；都不了外本無空，皆自心變。諸大菩薩正了唯心，空有雙泯，無明未盡，功德未圓，理行猶虧，尚居因位。諸佛則圓證真唯識性，離念清淨。❽⓪

既然「持戒由心」，心的悟迷程度不同，對戒律的思想及其對治的目的，自然會有不同的見解，不同的方法和不同的後果。《宗鏡錄》對此還有進一步的說明：

> 次就戒明人心別有六不同。先明麤凡，依戒起罪：謂有愚人，身雖持戒，不知看心，復不護口；自謂己能，毀他破戒；由此惡說，壞人敬信；便成罪業，當生惡道。次明凡夫，身口持戒，未學觀慧，唯成福行。❽①

延壽在這裡將「凡夫」分為「麤凡」與「凡夫」兩類，探討他們的戒律思想程度、行為標準，及不同的後果。凡夫之後，就是二乘人

❽⓪　同上，530b。
❽①　同上。

的戒法。延壽評論說：

> 次明二乘，出世道戒：謂二乘人觀生空時，離凡我倒，則成
> 道戒。 ⑧

此處所說的「道戒」當指小乘戒律。這種戒律可以使人離「凡我
倒」；「凡我倒」指凡夫執有為生滅之法，是常、樂，我、淨。因此
種認識與無為法相矛盾，故稱為顛倒。

> 次明大乘小菩薩：觀相空慧，心明淨時，離取相罪，即名為
> 戒。 ⑧

大小菩薩之名，初見於淨土經典，中國宗派佛教常用此詞，所指不
同，按其討論的主題排位論級。小菩薩之上就是大菩薩了，其戒律
思想的內容及特點是這樣的：

> 次明大乘大菩薩戒：謂觀唯心，本無外色。無色可破，相空
> 亦無。離取相過，故名為戒。此則不同小菩薩戒：雖離著有，
> 仍著空相。此大菩薩知空亦空，無空可著，則證大空。故《智
> 論》云：破諸法皆空，唯有空在，而取相著之；大空者，破
> 一切法空，空亦復空。以此文證著空是過，大根離之，故名
> 為戒。 ⑧

---

⑧ 同上。

⑧ 同上。

⑧ 同上，530b–c。

延壽戒律思想的最高範疇是佛戒。佛戒的概念出自《梵網經》， 但是此詞未有梵文原字，很可能是中國僧人的創造。早期漢譯梵典如《六度集經》有「佛戒」一詞❽，義指佛陀所制定的戒律，此與延壽所稱的意念不同。由此可見，《宗鏡錄》中的戒律分類方法，也是中國佛教的創造。因為在印度佛典中，無論是僧人、羅漢、菩薩，甚至佛陀本人，皆須遵守戒律，沒有等級差別。至於對戒律的哲學基礎，則在戒學之內。延壽對佛戒，解釋如下：

> 次明佛戒：謂證唯心，離念常淨。無明垢盡，即成佛戒。但佛心中，具諸功德，離過義邊，則名為戒。❽

在上述評論之後，《宗鏡錄》接著有一小段總論稱：

> 如上所說六種持戒，雖即優劣不同，皆是一心所作。以凡小不了唯心，證空取相。取相者，成福罪之垢；證空者，背圓常之門。❽

自然，六種持戒中最劣者是凡夫，其次是小乘戒。凡夫戒的目標是滅罪興福；小乘戒執有前塵，無法擺脫空有執著。《宗鏡錄》對小乘戒尚有進一步的評論：

> 夫小乘戒為情有宗，為如來創為凡夫造業處：言是應作是不

---

❽ 見T3，38a。

❽ T48，530c。

❽ 同上。

應作，說善不善。如此立教，未為實有。如此有教未為實有。如此有教，且約凡情虛妄之處，橫繫諸惡，以教制之。❽❽

《宗鏡錄》在另一處地方，批評包括小乘戒在內的三學時，再次評論說：

〔小乘〕戒則但持身口，斷四住枝葉之病苗……故稱貧所樂法，墮下劣之乘。❽❾

延壽不但對小乘戒律有所評論，就是對明律的律師們也有批評。他引用《像法決疑經》對法師、禪師、律師的劣行，表示強烈的不滿。其中有關律師的部份原文如下：

律師十過者：一但執外律，不識內戒，故被淨名訶。二持律名相，諍計是非，不識見心苦集。三然戒定慧相資，方能進道。但律不慧不禪，何能進道？四弘在名譽，志不存道，罪在三塗。五不遵遺囑，不依念處修道，不依木叉而住。六執律方便，小教以為正理，而障大道。七律師執律不同，弘則多加水乳。八不依聖教傳授，誤累後生。九四眾不露真法，轉就澆漓。十非止不能光顯三寶，亦乃破佛法也。是知若不觀心，具如上之大失。❾⓪

---

❽❽　同上。

❽❾　同上，605a–b。

❾⓪　同上，675c。參閱T85，1335c–1337b經內原文。

上述批評律師十過，自然含有嚴重的宗派偏見。這一問題不是本書討論的重點，不必深論。現在要指出的，乃是延壽對小乘戒律及律師們的缺點，非常不滿，乃是無可爭論的事實。延壽對小乘律及律師的評論重點，在於小乘律戒，重於形式——「但持身口」、「斷四住枝葉之病苗」，未能深入一層。「四住」指「見一切住地」、「欲愛住地」、「色愛住地」、「有愛住地」。這四住地統指三界種種見思煩惱的根本依處。延壽對律師的批判，可以用「若不觀心，具如上之大失」一語作總結。

延壽雖然認為小乘戒僅重形式，未達心源，但是他仍然認為戒律在宗教生活中，有著不可或缺的重要性。他引用《大涅槃經》中的一段話，說明戒律是如何重要：

> 不修戒者，善男子：若不能觀戒是一切善法梯隥，亦是一切善法根本，如地悉是一切樹本所生之本，戒是諸善根之導首也。……
>
> 戒是一切善法勝幢，如天帝釋所立勝幢。戒能斷一切惡業及三惡道，能療惡病猶如藥樹。戒是生死險道資糧，戒是摧結惡賊鎧仗，戒是滅結毒蛇良呪，戒是度惡業行橋梁，若不能如是觀者，名不修戒。**❾❶**

延壽的這一段話對戒律在宗教生活中的重要作用，有全面而深入的認識，與正面的評價。話雖如此，延壽對當時的戒律及律師的不滿，與戒律的重要意義，使他的思想構成矛盾和衝突。如何解決這一問題呢？延壽提出了他的辦法，這就是本章前面曾提到的兩點：將戒

---

❾❶ T48，604b–c。

律與定慧結合，歸三學於一心；以《菩薩戒》代替當時所流行的小乘戒律。

延壽認為，小乘佛教所說的三學，互不連貫，偏於一邊，不是修道的優良方法。他批評說：

> 戒則但持身口，斷四住枝葉之病苗；定則形同枯木，絕現外威儀之妙用；慧則唯證偏空，失中道不空之圓理。故稱貧所樂法，墮下劣之乘。❾❷

小乘戒律的毛病，既然只斷除「四住枝葉之病苗」，未能與定慧結合，而定慧二學本身也缺妙用圓理，延壽救治戒律的課題，已是清楚浮現。《宗鏡錄》指出：

> 一切眾生所造過患，莫越身心。若欲對治，唯戒以慧。若修身戒，則戒急而妙行成。若修心慧，則乘急而真性顯。故得乘戒兼急，理行俱圓，正助相資，方入宗鏡。內外朗鑒，一道清虛。❾❸

上述引文中提出的辦法是全面理解及實踐戒律。「乘戒兼急」指身、心並修。「理事」指顯真性及成妙行。正助指心慧與身戒。通過這一小段論說，延壽已將戒律在三學理論體系中，置於慧學之下。延壽接著詳細討論他對戒律的內外一道理念，提出了修身、修戒、修心、修慧等一系列的理論。修身的理論，重點是「常應攝心，不令

---

❾❷　同上，605a–b。

❾❸　同上，604a。

放逸」。修戒是要將戒律看作一切善法根本。修心是要人觀心輕躁動轉，常樂生死不樂解脫。修慧指能觀慧是一切善法根本。延壽引用《首楞嚴經》中一段經文，說明攝心是戒的根本：

> 所謂攝心為戒，因戒生定，因定發慧，是則名三無漏學。阿難，云何攝心，我名為戒？若諸世界，六道眾生，其心不婬，則不隨生死相續。汝修三昧，本出塵勞；婬心不除，塵不可出。縱有多智，禪定現前，如不斷婬，必落魔道。❾❹

戒、定、慧三學是佛教的基本修道論，「因戒生定，因定發慧」是佛教傳統的說法。延壽雖然承繼三學之論，但又加上「攝心為戒」的前提，這就使得他的戒律思想，與唯心哲學結合。中唐時期禪宗人士曾大力提倡「定慧不分」，到了延壽時代更進一步，用「攝心為戒」的主張，將戒律思想納入心學。傳統的佛教修道理論，至此會三歸一包入禪宗教義。持戒的首要工作，再不是頌戒文、驗戒行，與僧眾共同監督的傳統方式；而成為「若不觀心，何以持戒」❾❺的新標準了。觀心持戒要觀什麼？《觀心玄樞》明言稱：

> 謂觀唯心，本無外色，無色可破，相空亦無。離取相過，故名持戒。❾❻

在傳統的戒律中，戒相指的是戒律各條的相狀差別，及處理辦法。

---

❾❹ 同上，625a。參閱經文原文，T19，131c。

❾❺ 《寫本》，頁57。

❾❻ 同上。

《四分律行事鈔資持記》就對這些差別的重要性，作過解釋，原文如下：

> 相有相狀，覽而可別。前明戒法，但述功能；次明戒體，唯論業性；後明戒行，略示修攝。若非辨相，則法、體、行三，一無所曉。**㊗**

由此可見在律宗典籍中，戒相的重要地位，正如禪宗的真心相同。律宗主張：

> 法無別法，即相是法；體無別體，總相為體；行無別行，履相為行。**㊘**

將戒相差別取消，以心取代，固然使戒法有更深的層次；另一方面也為不守戒規的僧人，提供濫用藉口的理論根據。對中國佛教後來的發展和興衰，產生長遠的影響。

延壽既然對當時中國流行的小乘戒律，多所非議，那麼他一定要找大乘戒律，作為新的戒規準則，事實上他也確實選出《菩薩戒本》，作為可行的戒條。雖在《宗鏡錄》和《萬善同歸集》中，引用過數種大乘經典，發揮他對二乘戒律思想的批評，但在建立大乘戒律的問題上，他是依照《梵網經》中的戒文為主。這一事實也可以從延壽晚年的著作，《受菩薩戒法》中，得到具體的證明——該書結尾註明「梵網菩薩戒終」**㊙**。

㊗　T40，274c。

㊘　同上。

中國漢文譯經中，屬於大乘戒律的典籍，歷史狀況頗為混亂：以漢文譯經而論，一般所謂《菩薩戒本》，指的就有《梵網經》、《地持經》、《瑜伽戒本》等。再進一步探察，這些戒本是否真的被印度僧眾實行過？在什麼地區？有多少僧俗人等遵守這類大乘戒律，學術研究還對這些問題，至今並沒有找出明確的答案。無論怎樣，延壽所選擇的是《梵網菩薩戒》本一點，是絕無可疑。《梵網經》傳統所記是由後秦鳩摩羅什譯為漢文，分為上下兩卷。但是由隋代的《眾經目錄》起，已將此經列於「眾律疑惑」卷內。近代學者研究，認為此經實由《仁王般若經》、《地持經》、《優婆塞戒經》、及《菩薩善戒經》等摘出章節揉合編纂成書。雖然如此，因為此書以大乘菩薩戒為號召，正於當時中國流行的大乘熱潮相合，所以受到中土僧人的歡迎。南朝時代就有律僧為《梵網經》作義疏，其中對後世中國佛教影響頗大者，當推傳為天台大師所撰的《菩薩戒義疏》。延壽對《梵網菩薩戒經》的重視，應是受到天台宗的影響。

至於選擇菩薩戒法的原因，延壽自有解釋：

> 詳夫菩薩戒者，建千聖之地，生萬善之基，開甘露門，入菩提路。《梵網經》云：眾生受佛戒，即入諸佛位。 ⓿

聖地、善基、甘露門、菩提路也許對許多大乘經律，都可用為讚美之詞，但是《梵網經》中，受佛戒即入佛位一語，才是引起禪宗人士注意此經的主要原因，因其與禪宗成佛的教義一致。延壽對這一點，也有明確的說明：

---

❾ 見《續》，第105冊，頁11b。

⓿ 同上，頁8c。

> 欲知佛戒者，但是眾生心，更無別法。以覺自心，故名為佛；
> 以可軌持，故名為法；以心性和合不二，故名為僧；以心性
> 圓淨，故名為戒；以寂而照，故名為般若；以心本寂滅，故
> 名為涅槃。此是如來最上之乘，祖師西來之意。⓿

上引的文字中，說明佛戒但是眾生心。在眾生心的一元論系統裡面，佛法三寶、戒、般若、涅槃等名相，都是「但此眾生心」的一個方面，而非別法。「如來最上之乘」指佛法中的「教」；「祖師西來之意」指禪宗旨意。通過這一聲明，佛法三寶與戒、慧、涅槃全部統一在一心之內，同時也體現了禪教合一的目標。

　既然眾生心就是佛，為什麼還須要戒法呢？延壽認為問題不在本體，而在覺迷有別。迷指眾生迷情執惑，未能自見本性，隨無明邪見，導致惡果。這種本體圓滿，但無明生心的既矛盾而又統一的狀況，是這樣出現的：

> 聞者多生遮障，見者咸起狐疑。以垢深福薄故，是盲者不見，
> 非日月咎。⓿

從上面的引文可以看出，延壽雖然遵依禪宗教義，承認眾生心即佛，也就是他所引用祖師名言：「即心是佛，即佛是心」；但是在心尚未悟時，戒律仍屬必要。與此同時，戒律不但是行為標準，而對戒律的精神與哲理，必須重新詮釋理解。延壽在《受菩薩戒文》中，就

⓿　同上。

⓿　同上。

有一段話稱：

> 離心非佛，離佛非心。所以一切色心，是情是心，皆佛性戒
> 中。即眾生佛性之心，具佛心戒矣。❸

這種說法馬上引起一個問題：眾生心既具佛戒，為何還要再次受戒？
這個問題上面已經有過答案，現在延壽又作出更進一步的解答：

> 諸佛教法，皆是為未了者。以暫亡故，似有迷昧。今即約事
> 重明，故稱受戒。自性妙律，圓理昭然，靡隔凡聖，未嘗迷
> 悟。❹

這一段話充分顯出延壽即心是佛不是一種簡單化的口號，而是要在
觀心修道的過程中保留戒律，受戒重明，使「暫亡」迷昧之士，能
夠覺悟。另外由從禪宗的教義著眼，認為心佛不二，本來具足，為
頓悟成佛的原則，加以肯定。通過這一連串的理論，延壽即心是佛
的主張，並不排斥戒律在修道生活中的必要性；另一方面，既然原
來流行的戒律不能令禪門人士滿意，就必須另找戒本，以《菩薩戒》
代替流行的戒律；並且更進一步，以唯識「一心」哲學體系，詮釋
戒律，使律、教、禪三位一體，更合乎禪學的須要，化律於禪，成
為一種新的禪門戒規。

---

❸ 同上，頁8d。

❹ 同上。

四、唯心淨土思想的建立

淨土思想見於漢譯佛經是相當早的事情，但是成為中國僧人的主流思想，應在隋唐之際。一般而論，北魏曇鸞(476-542)是第一位有系統的淨土思想家。他在漢文譯經如《往生論》、《十住毗婆沙論》等理論基礎上，與當時的末法信仰相結合，造成一種末法時代的憂患意識。淨土思想就是在末法時代宗教信仰，從此進而成為部份僧人的中心教義。這種新型的佛教主張將佛教分為「難行道」及「易行道」。前者要依靠「自力」長期勤苦修行，才能漸次求得解脫；後者指依靠「他力」，便可以往生淨土。在修行方法上，曇鸞提倡「十念」和「念佛」。所謂「十念」源自印度佛典《往生論》的「五念門」。五念門指的是禮拜、讚嘆、作願、觀察、回向等五種淨土修行方法。十念就是根據「作願門」發展而成，其主要重點在於憶念阿彌陀佛的總相、別相等等。這種憶念要求「十念相續，心無他想」，不但憶念如此，而且在「但稱名號，亦復如此」。這就是念佛思想的早期要點，其宗教目的則是往生淨土。曇鸞在世時，淨土教並沒有普遍流行。他去世以後才出現了道綽(562-645)。道綽雖並沒有親自受教於曇鸞，但受其遺著的影響甚大，他一方面整理了曇鸞的著作，一方面又在山西盆地普及淨土思想和修行方法。道綽的弟子善導(613-681)將淨土教義和念佛方法帶往京都長安，並且在長安的基層社會中，採用簡單的念佛、法會、寫經、壁畫變相等多重弘教手段，使淨土教在唐代兩京得到重大的發展，上達統治階層，下及庶民，信仰淨土念佛者甚眾❿。

---

❿ 中國淨土信仰的展開，見湯用彤著：《漢魏兩晉南北朝佛教史》，頁

禪宗興起以後，主張自力見性成佛，對淨土教的教義如往生西
方，憑藉佛力等，頗為不滿，並且提出批評。例如敦煌本《六祖壇
經》稱：「西方引化，經文分明，去此不遠。只為下根說遠……」❿。
又說：「迷人念佛生彼，悟者自淨其心。所以佛言：隨其心淨則佛
土淨。……東方人但淨心的無罪；西方人心不淨亦有愆」⓫。禪師
們對淨土教的批評，造成禪淨兩大思想體系的衝突，但是在盛唐迄
中唐年代，兩派佛教都充滿新的生命力，也都得到相當的發展。到
了西元八世紀時，信仰淨土的人士開始回答禪宗對淨土的批評，其
中以慈愍三藏慧日 (680-748) 和飛錫(活動於西元742-766年前後，
生卒日期不詳)。 慧日主張佛陀的一切言教、行儀等，全是往生淨
土的行業，不必加以價值評估而作取捨⓬。他的這種主張不但回答
了禪宗對淨土信仰的批判，同時也為後來的禪淨一致、教行相融、
各宗通會等發展，奠立下理論基礎。著有《往生淨土集》。 飛錫著
有《念佛三昧寶王論》三卷，認為「念佛三昧」是禪定門的「寶王」，
因此不但禪、淨相通；淨土教中的念佛三昧就是禪定中的上乘⓭。
延壽在《萬善同歸集》裡面，就曾數次引用這兩位淨土教前輩的文
字，說明自己淨土理論即據此而發展⓮。

575-580。任繼愈主編：《中國佛教史》，第三卷，頁606-619。郭朋：
《隋唐佛教》，頁611-625。

❿ 見楊曾文校寫：《敦煌新本六祖壇經》，頁39。

⓫ 同上。

⓬ 參閱湯用彤著：《隋唐佛教史稿》，頁190-194。柴田泰近著：〈中國淨
土教における唯心淨土思想の研究〉，《札幌大谷短期大學紀要》，第
22號（1990年），頁1-97。

⓭ 見T85，1236-1242。T47，134a-144c。

⓮ T48，962a，963c，973c。有關延壽的淨土思想，研究出版頗多，近

　　以延壽的著作觀察，他的淨土思想有兩種不同表現：《宗鏡錄》中的淨土著重於「心」，其經典根據大多並非淨土系統的佛典，「念佛」仍被看作是為中下根器的信仰者而設；到了《萬善同歸集》裡面，「唯心淨土」的理論正式出現，淨土教的經籍也被引用作為經典權威，念佛功德被認為是無量重要，淨土教的教義和方法如「二十四種樂」、「十六觀門」等都受到推崇。延壽在《同歸集》中所闡述的淨土思想，對宋代的佛教，尤其是淨土及禪思想的影響，相當重要。

　　《宗鏡錄》中的中心思想是「立心為宗」，本書上面已經討論過了，現在要觀察的題目是延壽如何處理心與淨土的關係。書中第十七卷有幾段問答，原文如下：

　　問：既心外無佛見佛是心，云何教中有說：化佛來迎，生諸
　　淨剎？ ⑪

「化佛來迎」、往生淨剎都是淨土教的主題。「淨剎」是「清淨佛剎」的簡稱，常見於淨土經典 ⑫。延壽對上述問題有如下的回答：

　　答：法身如來本無生滅。從真起化，接引迷根。以化即真，
　　真應一際——即不來不去，隨應物心。又化體即真說無來去，
　　從真流化現有往還。即不來相而來，不見相而見也。不來而

　　著有釋恆清著：*The Syncretism of Chan and Pure Land Buddhism*；韓
　　京洙：〈永明延壽の思想〉，〈永明延壽禪淨融合思想〉等。
⑪　　T48，505c。
⑫　　例如T47，37c，490c。

來似水月之頓呈，不見而見猶行雲之忽現。❿

「接引迷根」、「水月」、「行雲」等語，都含有貶意，可見延壽在《宗鏡錄》中，對淨土教的態度仍是禪宗的傳統看法，認為化非真實，只是真實之影子，猶水中之月。他的這種看法在同書中也可以看到類似的評論：

> 又古德釋有三義：一自性身土既同所證，明是體同如一室之空。二自受用如千燈光同遍室內。三他受用及變化二土正證於前，亦相似名同而隨機見異。

又引裕公的話稱：

> 心則諸佛證之以為法身。境則諸佛證之以為淨土。❿

心與境雖然兩者皆佛所證，但有法身與淨土之別。法身是本體，境是現象。主從的分別由此可見。

《萬善同歸集》卷上，「唯心淨土」的理論正式出現，這是延壽唯一討論此一題目的對話，值得重視。又因為這一概念對後世的中國佛教思想，影響甚大，必須加以討論。原文稱：

> 問：唯心淨土，周遍十方，何得託質蓮臺，寄形安養，而興取捨之念，豈達無生之門。欣厭情生，何成平等？

---

❿ T48，505c。

❿ 同上，532a。

答：唯心佛土者，了心方生。《如來不思議境界經》云：三世一切諸佛，皆無所有，唯依自心。菩薩若能了知諸佛及一切法皆唯心量，得隨順忍，或入初地，捨身速生妙喜世界；或生極樂佛土中。故知識心方生唯心淨土。著境祇墮所緣境中。既明因果無差，乃知心外無法。又平等之門，無生之旨，雖即信教生信其奈力量未充，觀淺心浮，境強習重，須生佛國以仗勝緣，忍力易成，速行菩薩道。《起信論》云：眾生初學是法，欲求正信，其心怯弱。以住於此娑婆世界，自畏不能常值諸佛，親承供養；懼謂信心難可能就，意欲退者。當知如來有勝方便，攝護信心，謂以專意念佛因緣，隨願得生他方佛土，常見於佛，永離惡道。如《修多羅》說：若人專念西方極樂世界阿彌陀佛，所修善根迴向願求生彼世界，即得往生。常見佛故，終無有退。若觀彼佛真如法身，常勤修習，畢竟得生住正定故。《往生論》云：遊戲地獄門者，生彼國土得無生忍已，還入生死國，教化地獄，救苦眾生。以此因緣求生淨土。《十疑論》云：智者熾然，求生淨土，達生體不可得，即真無生。此謂心淨故即佛土淨。愚者為生死所縛，聞生即作生解，聞無生即作無生解；不知生即無生，無生即生。不達此理，橫相是非，此是謗法邪見人也。**⑪⑤**

上面所問的問題，正是當時淨土教與傳統佛教教義的衝突焦點。按照傳統的佛教哲學觀點「無生」、「平等」才是宗教解脫的最高境界，而淨土教的「託質蓮臺，寄形安養」都是「取捨之念」、「欣厭之情」。　因此之故，淨土法門與佛教解脫的目的是南轅北轍，是行不

⑪⑤　同上，966b–c。

通的方法。

延壽對這一相對的問題的回答，引用了四種佛教經論，說明唯心淨土可以超越上述的矛盾現象。第一，心與淨土的關係：三世一切諸佛，皆無所有，唯依自心。這是唯心淨土的基本理論。既然心的總相包含一切，淨土自然也在其內。另一方面，這一絕對境界雖然存在於每一個人的本性裡面，但是受到每個人自身的不同限制，所以所見不同，這就是經文所說「一切法皆唯心量」。由於心量不同，每個人皆依其「量」，所見及所作自生分別。這種分別及結果的差異，若依「心外無法」的原則解釋，都可以統一在一心之內。就現象世界而言，淨土教義的「仰教生信」是對「力量未充、觀淺心浮、境強習重」之人所設的易成速行之道；但如從修道的結果而論，智者仍然可以「求生淨土，達生體不可得，即真無生」。更深一層說，生與無生都是在對話說事中所用的名相，並非真理。真理是超越現象，無法局限於言語文字之內，所以延壽指責說：「不知生即無生，無生即生。不達此理，橫相是非，此是謗法邪見人也。」

第二，除了以心外無別法的理論，延壽還用佛教哲學中的「二諦」思惟架構，進一步調合淨土和禪宗的不同觀點，實際上就是「他力」與「自力」的爭論。延壽引用《群疑論》一書中所提出的問題：如果諸佛國土是空無所有，眾生也是有名無實（「第五大」），淨土教為何還要鼓勵信眾「取著有相捨此生彼」呢？延壽對此一問題解答稱：

　　諸佛說法不離二諦。以真統俗，無俗不真。以俗會真，萬法宛爾。《經》云：成就一切法，而離諸法相。成就一切法者，世諦諸法也；而離諸法者，第一諦無相也。又《經》云：雖

知諸佛國及與眾生空，常修淨土行，教化諸群生。汝但見說圓成實性無相之教，破遍計所執畢境空無之文；不信說依他起性因緣之教，即是不信因果之人，說於諸法斷滅相者。《摩訶衍》云：菩薩不離諸佛者，而作是言：「我於因地，遇惡知識，誹謗般若，墮於惡道……依善知識，教行念佛三昧，其時即能併遣諸障，方得解脫。有斯大益故，不願離佛。」[116]

佛教的二諦理論原本是以邏輯推理的辯證程序，說明真俗之理（「諦」）。延壽此處用這一邏輯架構，說明淨土教的取相往生之理，雖是世諦之法，仍有以俗會真的功能。以真統俗、以俗會真是延壽處理「他力」與「自力」、淨土與禪理衝突的核心理論，認為兩者是矛盾的統一，在最高的理解中並無最後的差別。上文中所引的「《經》云」文字，對淨土信仰的態度更要積極，認為那些侈談「圓成實相」，但卻「不信依他起性因緣之教」的人士，就是不信因果、於諸法斷滅相者。不信因果不是佛教的教義；對在「因地」的修道者而言，行念佛三昧是善法，能夠排除諸障，方得解脫，利益甚大。這種對淨土思想的肯定及積極支持的態度，遠比《宗鏡錄》中所見要重要得多。

　　第三，唯心淨土的理論以心外無別法為首要的論點，二諦辯證為第二點，但是延壽並沒有停滯於這兩點上，而是以心佛兩忘進入超越境界。這種超越境界的狀況，《萬善同歸集》描述如下：

　　問：心外無法，佛不去來，何有見佛及來迎之事？

　　答：唯心念佛以唯心觀，遍該萬法，既了境唯心，了心即佛，

---

[116]　同上，966c–967a。

故隨所念無非佛矣。《般舟三昧經》云：如人夢見七寶親屬歡
喜，覺已追念不知在何處，如是念佛。此喻唯心所作，即有
而空，故無去來。又如幻非實，則心佛兩亡，而不無幻相，
則不壞心佛。空有無閡，即無去來。不妨普見，見即無見，
常契中道。是以佛實不來，心亦不去。感應道交，唯心自
現。**⑰**

唯心所作，所以心不去；了心即佛，心不去佛亦不去。心佛是一，
是故可以兩亡，不必爭論。從另一角度觀察，幻相並非沒有，淨土
現象並非全然體驗不到，所以心佛未壞，不妨普現。這種超越有無
的宗教經驗，就是契入中道。而中道並非是一個與世無關的冰冷教
條，而是唯心自現時的感應互交，有感有應活生生的宗教生活。

　　從延壽所引用的經論觀察，《宗鏡錄》中討論往生極樂淨佛土
的地方，多是幾部重要經論，但非淨土經典。例如卷二十七中有人
問道：道場法則全在事相而修，豈可以宣稱萬行唯心？延壽回答說：

我此宗門一乘之妙，唯以一念心照真達俗，成無上覺名為道
場。何者？照真則理無不統，達俗則事無不圓。**⑱**

這一問答中的「道場法則」就包括淨土道場在內，而延壽的回答則
以理事理論架構解釋道場與心的關係。延壽在他的詮釋過程中，先
後引用《維摩經》、《禪要經》、《華嚴經頌》、《悲華經》及觀和尚所
立的一心十淨土。如果細心分析這些經籍，就可發現幾個特點：一，

⑰ 同上，967a–b。

⑱ 同上，568a–b。

未見淨土教的經典。二，華嚴哲學理事架構的色彩甚濃。三，十門淨土中的十種如來，十種道場，十種法門等，沒有一種是彌陀西方淨土。從這幾點推論，此處的淨土與淨土教所說的淨土關係不多。例如文中引用《悲華經》經文，並有詮釋，正可說明當時延壽的淨土思想。原文如次：

> 《悲華經》云：雖修淨土，其心平等，猶如空虛；雖行道場，解了三界，無有異相。斯則行事而不失理，照理而不廢事。事理無礙，其道在中。⓫

淨土修為及道場諸相，與平等心等等，全以理事無礙的理論予以統一，並且說明這就是「其道在中」。

《宗鏡錄》卷三十討論「一心門是真性解脫」，　言及諸佛及一切法皆唯「心量」時，也提到極樂淨土：

> 故《如來不思議境界經》云：三世一切諸佛皆無所有，唯依自心。菩薩若能了知諸佛及一切法，皆唯心量，得隨順忍，或入初地捨身速生妙喜世界，或生極樂淨佛土中……⓬

「妙喜世界」、「極樂淨土」，都是梵文Sukhāvati一詞的漢譯，在《宗鏡錄》中都被認為只是「初地」。在經典引用的選擇上，《鏡錄》引用《法華經》、《攝論》、《金剛般若論》、《起信論》、《大般若經》、《楞伽經》、《金光明經疏》等。這些經典全非淨土教的主要典籍。

⓫　同上，568c。

⓬　同上，592b–c。

到了《萬善同歸集》中，延壽的淨土思想起了重要的變化：他以「法身淨土，皆佛所證」；唯心淨土；以真統俗、以俗會真；空有無閡等理論架構和方法，統一禪、教、淨土於同一體系。在經籍的引用上，《萬善同歸集》也正式引用淨土教的經論，詮釋淨土極樂世界。根據日置孝彥的研究，《萬善同歸集》中所引用的淨土經論，共有八種。引用次數合計共十四次。其中引用次數較多者，有《釋淨土群疑論》四次，《慈愍三藏錄》三次，《念佛三昧寶王論》兩次。其他如《觀無量壽經》、《般舟三昧經》、《稱讚淨土經》、《往生論》及《淨土十疑論》，每種只見一次 ⓐ。日置孝彥的研究有兩點值得注意：第一，淨土經典被正式引用，作為淨土極樂信仰的根據。這是《宗鏡錄》中所看不到的現象。第二，《萬善同歸集》中被引用三次以上的經籍，共有二十六種；其中只有兩種屬於淨土著作。如被引用的次數可以說明延壽思想的深度，那麼《華嚴經》（四十七次引用）、《法華經》（二十五次）、《大智度論》（二十一次）、《涅槃經》（十一次）仍是最受延壽遵依的經論，也是延壽宗教思想的主軸。

延壽在處理淨土教一些重要問題上，《宗鏡錄》中所記與《萬善同歸集》中所見，也不盡相同。現在以「念佛」、「十六觀門」、「二十四種樂」為例，加以分析，從而觀察延壽淨土思想發展的脈絡。

《宗鏡錄》卷九十六中，引用一段佛經評論「念佛」如下：

> 《舍利弗陀羅尼經》云：唯修一心念佛，不以色見如來，不以無色見如來，不以相，不以好，不以戒定慧解脫解脫知見，

ⓐ 參閱日置孝彥：〈「万善同帰集」にあらわされた浄土教説〉，《曹洞宗研究員研究生研究紀要》，第12號(1980)，頁55–63。

不以生，不以家，不以姓，不以眷屬，乃至非自作非他作。
若能如是名為念佛。⑫

這一段話中，只有「不以無色見如來」一句，似乎是為觀佛色身的
念佛辯護；但是全段文字的重點，如不以色、相、好、生、家、姓、
眷屬等一連串的否定，將淨土教義中所觀的彌陀淨土諸相和往生願
望，完全否定。到了《萬善同歸集》中，討論念佛有何功德時，表
現有相當重要的不同：

> 問：論云：行道念佛與坐念，功德如何？
> 答：譬如逆水張帆，猶云得往；更若張帆順水，速疾可知。
> 坐念一口，尚乃八十億劫罪消，行念功德，豈知其量。故偈
> 云：行道五百遍，念佛一千聲。事業長如此，西方佛自成。⑬

「行道念佛」與「坐念」二詞，在延壽以前還未出現為專門名詞。
《萬善同歸集》中首次使用，並且以「行道五百，念佛千聲」一語，
推崇「行道念佛」。但是「行道」一詞的涵義如何，此處未加解釋。
唯同書卷上討論持經念誦一條中，有幾句話與這兩詞有關，原文如
下：

> 或因念佛而證三昧，或從坐禪而發慧門，或專誦經而見法身，
> 或但行道而入聖境。但以得道為意，終不取定一門；惟憑專
> 志之誠，非信虛誕之說。⑭

---

⑫ T48，933b。
⑬ 同上，964b。

又在「行道禮拜」一條中，引用數種懺法、道儀，說明「行道」就是通過懺儀，禮拜諸佛❿。

　　無論「坐念」或者「行道念佛」，都是念佛。只要憑信修道者的經驗所得非虛，就達到得道的目標，不必「取定一門」，死信教條。這種尊重宗教實踐，不「取定一門」的自由態度，比《宗鏡錄》中所見的延壽思想更進一步。

　　「十六觀門」也稱「十六觀想」，原出《無量壽經》，經過善導和尚的宣揚，成為淨土教法門中的顯學。延壽在《宗鏡錄》中，曾經兩次提到「十六觀」：一次說「此《無量壽經》為中下之機，作十六觀想，令韋提夫人等，暫現佛身，恐生外解，故有此說。」❿另一處談到「十六觀門」的地方，在卷三十六討論「觀門略有二種」：一依禪宗及圓教，是為上上根人而設；二依觀門，「觀心似現前境，雖權立假相，悉從心變。如觀經中，立日觀水觀等十六觀門。」❿「暫現佛身」、「權立假相」自然含有貶意，這是禪宗人士當時對淨土教的看法。《萬善同歸集》卷上，也討論了「十六觀」，仍然認為「修定習觀，上品往生」；「但念名號……得成末品」。但是卻也認為，「九品經文自有昇降，上下該攝，不出二心。」❿這樣以來禪定與念佛上下之分，都被一心「該攝」，分而不分了。

　　「二十四種極樂」原出《安國鈔》，「三十種利益」引自《群疑論》，都在讚美西方淨土極樂世界。這些讚頌淨土佛國的文字，延

❿　同上，964a。

❿　同上。

❿　同上，501c。

❿　同上，623b-c。

❿　同上，968c。

壽之前的禪者甚少注意。延壽在《宗鏡錄》中也曾引用安國和尚的禪語，而不見引用有關淨土之辭；《萬善同歸集》中，則引《安國鈔》中稱讚西方之語；但不提禪心。這一差異清楚顯出延壽的宗教思想，前後不同。使延壽更重視淨土念佛的原因究竟在哪裡呢？也許《萬善同歸集》裡面有兩段話，可以幫助讀者看出端倪。第一段話是延壽評論龐居士偈語：「事上說佛國，此去十萬里。……往者雖千萬，達者無一二。」問題的重點是禪淨如何通會，而證往生？延壽對此，評論如下：

> 若提宗考本，尚不說有佛有土，豈言達之不達乎？所以天真自具，不涉因緣，匪動絲毫，常冥真體。若約事論，故非一等：九品往生，上下俱達：或遊化國，見佛應身；或生報土，覩佛真體；或一夕而便登上地；或經劫而方證小乘；或利根鈍根；或定意散意。或悟遲速，根機不同；或華開早晚，時限有異。今古具載凡聖俱生，行相昭然明證目驗。❿

這一段話表示延壽從兩個角度觀察淨土問題：一個是提宗考本，這是禪宗的說法；二是約事而論，則淨土法門為佛教信徒提供了如此豐富而多樣性的解脫法門。而這些多樣的法門，都是「凡聖俱生，行相昭然明證目驗」，其宗教功能及影響範圍都是非常巨大。融淨入禪，使延壽以後的禪宗，在中國歷史及社會上都擁有更廣泛和更強固的基礎。

延壽的第二段話，仍是在討論禪淨通會的問題。所不同的是這次他所引用的不是理論架構；而是具體的歷史例子，作為更具體的

---

❿ 同上，968b。

說明。他說:

> 智者大師一生修西方業,所行福智二嚴,悉皆回向。臨終令
> 門人唱起十六觀名,乃合掌讚云:四十八願莊嚴淨土,香臺
> 寶樹易到無人。火車相現一念改悔者,尚乃往生;況戒定慧
> 熏修行道力,終不唐捐,佛梵音聲終不誑人。⑬

智者大師是天台宗的實際創建者,他的智慧、禪定、戒行是隋唐時
代佛教界所公認的大師級人物,生前所述經論疏註及創作,在中國
歷史上是傑出思想家和著作家。但到命終之時,還要門人唱起十六
觀名,自己也合掌讚嘆淨土莊嚴,易行易到。這一例證說明,淨土
教的教義及行事,不但有利於中、下根機的信徒,並且對上上利根
如智顗那樣大師級的思想家,同樣有益。通過這一事例,就可以看
到延壽對淨土教的評價,到此有更進一步和更肯定的態度。

從本章的討論中,我們可以清楚的看出,延壽的哲學有本體核
心思想,也有宗教實踐理論:核心思想就是「一心為宗」, 實踐哲
學即以「一心」宗旨為中心而建立起一套理論與實踐方法。他的宗
教實踐理論,包含著許多內容(以《觀心玄樞》為例,書中就有七
十條項目。),但是所有的宗教實踐,皆須由觀心入門,才能完成宗
教解脫。心是核心,心是關鍵,心攝一切性、相、事、理。理因心
顯,事由心成。因此理由,若不入觀心法門,就不可能「會萬物為
己」, 無法完滿解決解脫問題,修道成佛。在觀心思想的問題上,
延壽扮演著集大成的角色。在他之前, 天台、唯識、華嚴、普賢、

---

⑬ 同上。

淨土經典、牛頭禪法中，已有不同的觀心法門，延壽從這些理論中，取其可用者，建立起他自己的觀心理論體系和實踐方法。在這些理論和方法中，《觀心玄樞》提出了七十個問題，作為宗教實踐的課目。本章在上面的討論中，選出觀心成佛、成觀、立行、戒律思想、唯心淨土等課題，作為研究的「樣品」，對延壽的實踐哲學作簡要的考察，指出實踐與一心哲學的密切關係，和延壽對宗教行為及思想的主張。

第五章　佛教哲學百科全書思想體系的完成

一、敘論

　　延壽思想主要有三個層面：立一心為宗是他的哲學核心；觀心、戒律、唯心淨土等概念是他的實踐哲學；《宗鏡錄》中所建立的「宗鏡」體系則是他的學術思想。前人研究延壽的專著，通常是把《宗鏡錄》中的概念，全體加以概述，從而將延壽自己的思想和他的學問混淆一起，結果把延壽的哲學扮演成雜家的角色。延壽極力調和禪教，也主張禪淨一致，甚至在討論禪宗各派時也保持「混沌一體的看法」，因此被呂澂指出《宗鏡錄》一書，「不但對教不清楚，對宗也模糊」❶。呂氏對《宗鏡錄》的批評，確是一針見血，無可辯駁；但從另外一個角度觀察，《宗鏡錄》的完成，可以視作是中國佛教哲學百科全書體系的完成。因為《宗鏡錄》的編集要點及內容，延壽在〈序〉中自言：

> 今詳祖佛大意，經論正宗；削去繁文，惟搜要旨；假申問答，廣引證明。舉一心為宗，照萬法如鏡；編聯古製之深意，撮

<hr>

❶ 呂澂：《中國佛學源流略講》，頁254。

略寶藏之圓詮。同此顯揚，稱之曰錄。❷

「祖佛大意經論正宗」正是佛教思想內容，去繁文、搜要旨是編輯體例，「廣引證明」正是百科全書思想的特點。「一心為宗」是全書的重點，充滿主觀意識，與現代百科全書的思想不同；但「照萬法如鏡」一點，卻正是百科全書思想的主軸。

百科全書一詞漢文譯自歐洲語言。歐語根源出自希臘文字enkuklios（「普遍的」）及paideia（「教育」），後來經過德、法兩國學者的連續努力，才定型為現代式的百科全書。到了十八世紀，法國一部份學者因參與「百科全書」的編撰工作，形成一個啟蒙思想家的派別。中文典籍在歷史上也有類似的編纂工作，通常稱為「類書」，如魏文帝時的《皇覽》，唐代的《藝文類聚》等。佛教學者纂輯的「類書」，在南朝梁代已經盛行，例如僧旻(467–527)等所編的《眾經要鈔》八十八卷，智藏的《義林》八十卷，都是當時的著名類書。唐代道世所編的《法苑珠林》一書更達百卷。以佛教思想為綱要的類書，最富代表性的有淨影大師慧遠(523–592)所撰寫的《大乘義章》二十六卷，和延壽的《宗鏡錄》一百卷。中國的「類書」與歐洲後期的百科全書在編寫方法及學術態度上雖然有重大的差異，但在對人類的知識作有系統的概述一點上，目的相同。

《宗鏡錄》的內容包括著延壽的思想，也包括著他的學術知識。這兩者之間的關係大部份是相當密切，因為延壽將那些知識，「會萬物為己」，很不容易加以分別。從另外一個角度觀察，《宗鏡錄》裡面的延壽學識和他自己的哲學，還是有分別的——這個分別的焦點，在於他自己的思想是立一心為宗；而他的學術知識雖然是圍繞

---

❷ T48，417a。

著這個中心宗旨，但在引用的詮釋中，卻是別家原有的哲學名相和思想架構。這兩個範疇的區分，對理解延壽的思想很關鍵，否則無法看出延壽思想的創造性和特點，有將別家的理論和延壽自己的東西，混為一談的可能。學者們在區分延壽思想與學術知識方面，已經取得相當成績，例如梅光羲從《宗鏡錄》中，輯出《法相義節要》❸；鎌田茂雄從同書中，鈔出與華嚴宗有關的資料❹；池田魯參也在一篇論文裡面，輯出延壽所引用的天台宗典籍❺。雖然上述三家的研究，為讀者清理出為延壽引用的法相、華嚴、天台資料，從而具體證明那些資料中所表現的哲學名相，實非延壽自己的思想；但是《宗鏡錄》如何將那些思想概念，匯入延壽自己的思想，仍然未加研究。如果說《宗鏡錄》一百卷是一部佛教思想百科全書，因為它包含著中國及印度佛教哲學中所有的重要問題，但是此書又與中國傳統的「類書」及現代編成的「百科全書」並不相同。「類書」的編纂主要是資料彙輯，「百科」則以客觀態度介紹各科知識；《宗鏡錄》則「舉一心為宗，照萬法如鏡」，將書分為三大部份：標宗、去疑、引證，其中標宗、去疑是充滿著主觀意識；引證中所引的資料，也是以標宗、去疑為基礎。比起「類書」，《宗鏡錄》的編輯目標更清楚一些；與現代「百科全書」相比較，《宗鏡錄》中的客觀描述精神是很少的。最近期間，本書作者曾有一篇論文，考察延壽如何處理華嚴宗的資料❻，但是他如何將其他宗派的思想，匯入宗

---

❸　梅光羲著：《宗鏡錄法相義節要》。

❹　鎌田茂雄著：《禪典籍內華嚴資料集成》，頁94–199。

❺　池田魯參：〈趙宋天台學の背境〉，刊於《駒沢大學佛教學部論集》，14號(1983)，頁62–81。頁66–77尤宜留意。

❻　冉雲華：〈宗鏡錄中所見的華嚴宗思想〉，收於《華嚴學論集》，頁41–49。

鏡體系，尚應作進一步的考察。

宋代僧人慧洪 (1071–1128) 在總結《宗鏡錄》中所見的延壽思想及學問時，引用一位老衲的話說：

> 永明和尚以賢首、慈恩、天台三宗，互相冰炭，不見大全，
> 故館其徒之精於法義者……博閱義海，更相質難。和尚以心
> 宗之衡準平之。**❼**

永明和尚就是延壽；「心宗」即指禪宗，賢首即華嚴教，慈恩所傳即大乘唯識哲學，天台思想是以一心三觀為中心。上述四家哲學代表隋唐時代中國佛教的主流思想；這些中國佛教思想，是從印度佛教哲學發展而成，因此原故，其内容也包括著印度佛教哲學主要内容。就以中國佛教所創立的概念及實踐方法而論，那些概念及方法通常都要以印度佛經作根據。從這一點著眼，《宗鏡錄》可以說是一部佛教思想百科全書，超過中國佛教的文化界限。

二、禪宗思想：洪州、荷澤、牛頭、青原禪法

延壽是禪宗的僧人，他用禪宗的教義衡量其他佛教的法義，也是很自然的舉動。為此原故，《宗鏡錄》的核心教義就是禪宗思想。但是禪宗分派頗眾，延壽所言的禪宗究竟指的是那一宗，思想又屬那一家？這些問題尚須進一步澄清。例如呂澂在討論延壽時，說延壽的「禪宗達摩，教尊賢首」是法眼宗的「門風」**❽**，但是延壽自

---

❼ 見《淨慈寺志》，頁234。

❽ 見**❶**所引呂書，頁251。

己從來未使用過「法眼宗」這一名稱。直到宋代，禪宗的僧人才追稱法眼，並且認為是禪門「五家七宗」之一。又有人指出延壽在禪宗思想上認同洪州宗的禪法。這個問題也必須進一步探索。

《宗鏡錄》中所引證的資料約三百種，其中禪宗祖師的語錄，約有一百二十部。想要將這些禪宗資料清理出來，必須用鉅著的篇幅才能仔細分析解決問題。本書無意處理這一大題目；而是只想選擇一種抽樣考察的方法，說明延壽對各派禪宗思想的評估和消化。這裡將要採取的抽樣方法，就是將《宗鏡錄》中註明為「禪宗」的資料清理出來，加以分析，從而窺探延壽如何將各派禪理，匯入他的百科全書體系。

根據現有的「索引」統計，延壽使用「禪宗」一詞，以《宗鏡錄》中最多，約有二十餘次。禪宗一詞中的「宗」字，在延壽之前的涵義本來義為「代襲為祖，派別為宗」 ❾。是從世俗祖先崇拜的傳統移植而入佛教。延壽在《宗鏡錄》中有兩次討論與此一詞的用字有關係：一次是在〈標宗章〉裡面說「或言宗者尊也。以心為宗，故云天上天下唯我獨尊」 ❿。由此可見「宗」是所「尊」奉的概念，相當於現代漢語「宗旨」一詞。另外一處在卷九十七開頭，有「須陳祖意」一語，其中所錄的法偈和禪語，正是傳說中的「西土二十八祖，東土六祖」及其法裔 ⓫。這二種資料顯示，延壽在使用禪宗的資料上，廣泛引用各家思想闡明禪宗教義，宗派立場不太顯著。但在陳述祖意時所列的祖師譜系上，卻是以洪州馬祖及青原行思為

---

❾ 冉雲華：〈禪宗第七祖之爭的文獻研究〉，刊於《中國文化研究所學報》，新第六期(1997)，頁417–437。

❿ 見T48，417c。

⓫ 同上，937c–940c。

宗，牛頭宗尚見其言，荷澤宗已經消名。這種宗派氣息與書中以前所見的禪宗資料，形成強烈的對比。《宗鏡錄・標宗章》稱：

> 祖標禪理，傳默契之正宗。……
> 釋迦文佛云：佛語心為宗，無門為法門。此土初祖菩提達磨大師云：以心傳心，不立文字。則佛佛手授授斯旨，祖祖相傳傳此心。❷

上述的教義是晚唐時代禪宗人士所公認的達摩宗旨。「佛語心為宗」源出《楞伽經》，《傳法寶記・菩提達摩傳》說，達摩曾「以《楞伽經》授可曰：吾觀漢地化道者，唯與此經相應……」❸。此種傳說首見於《續高僧傳・法沖傳》，後來此派禪法皆宗《楞伽》。《經》中「諸佛心第一」的經文，《楞伽師資記・求那跋陀羅傳》，首先加以引用；同書又在〈道信傳〉中，對這句經文再加確認。自此以後就成為禪宗公認的權威理論❹。「以心傳心」一語見敦煌本《六祖壇經》；「以心傳心，不立文字」的聯合使用，見宗密著《禪源諸詮集都序》卷上之一❺。延壽所尊的禪旨源出於這些經籍。由此可見，上引的文字到五代時期，已成為禪宗的標準教義了。

除了《宗鏡錄・標宗章》以外，延壽還有討論禪宗的文字。這些文字所表現的態度並不一致：有的宗派氣味很重，有的兼收並容。這種富於變化性的陳述，足以顯示禪宗歷史由唐到宋之間的急劇轉

---

❷ 同上，417bc。

❸ 見柳田聖山：《初期の禪史I》，頁355–356。

❹ 同上，頁93，186。參看《續高僧傳・法沖傳》，T50，666b。

❺ T48，338a，400b。

變。盛唐時代禪宗大放異彩，主流派是北宗祖師；西元第八世紀，
南宗禪師神會向北宗領袖挑戰動搖了北宗的權威，形成諸宗互爭，
各建傳統的混亂局面。宗密所記的「七家」（見《圓覺經大疏鈔》）、
「四宗」（《禪門師資承襲圖》）、或「三宗」（《禪源諸詮集都序》）充
分說明那一狀況❻。直到西元第八世紀末，荷澤派的神會才被唐王
朝定為「七祖」❼，敕為一尊。後來南方的禪師也向京洛發展，其
中有些領袖也受敕封為「禪師」等榮號，但並無一人被定為「祖師」。
到了晚唐末尾，唐王朝衰潰，首都京洛地區從「青槐夾馳道，宮觀
何玲瓏」（岑參詩），短期之內化為「廟前古柏有殘枿，殿上金爐生
暗塵」（韋莊句），活動於以河洛關中為中心的荷澤禪法後繼無人，
由盛而歿。另一方面，「自從大寇犯中原，戎馬不曾生四鄙」，遠處
江南一帶的禪宗分派繼續蓬勃滋長，成為五代以來的禪宗主流，但
是這些新宗派的地位，尚未完全確定。延壽對禪宗評估表現不一致
的原因，恰好反映出禪歷史上宗派興衰的痕跡。

　　《宗鏡錄》中所引禪宗人士的著作，達一百多種之多，想要把
這些資料清理出來，非有專書無以奏功。本書現在只用抽樣考察的
方法，探測延壽的禪思想，以及他如何將禪宗各派的矛盾論點，匯
入統一的百科全書理論體系。以禪宗而論，本書將採用的抽樣就是
以《錄》中註明「禪宗」的篇章為主。《宗鏡錄》中所引的禪宗資
料，多以某師或某書提出稱呼，錄出要旨；但在某些地方卻標出「禪
宗」字樣。由其所錄的內容觀察，使用「禪宗」的引文，更能代表
延壽的禪思想。《宗鏡錄·問答章》中所提的第一個問題，就是禪
與教的糾紛：

---

❻　參看拙著：《宗密》，頁120–139。

❼　見 ❾ 所引拙文。

> 問：若欲明宗只合純提祖意，何用兼引諸佛菩薩言教以為指
> 南？故宗門中云：借蝦為眼無自己分，只成文字聖人不入祖
> 位！
> 答：從上非是一向不許看教，恐慮不詳佛語隨文生解失於佛
> 意，以負初心。或若因詮得旨，不作心境對治。直了佛心又
> 有何過？ ⓲

文中雖然未用禪宗一詞，但是「宗門」即是禪宗另一稱呼。引文的
主題，習禪是否應當兼習教旨？延壽是主張禪教一致的。他並引用
禪宗大師如藥山和尚、圭峰和尚、洪州馬大師、南陽忠國師、鵝湖
大義諸人的名言，證明禪教並修如果得法，不止對習禪無傷反而有
益。值得注意的是這裡未見法眼大師的名字。

　　第二次論及禪宗的討論，見書中卷三。當時有人問及以心為宗
指那一種心。延壽在回答中批評說：三乘慕道，見有差殊，錯認妄
心為真；凡夫外道，遺真認色；「禪宗亦迷此心，執佛方便，致使
教開八網乘對四機……斯即權機小果乃至禪宗不得意者之所失
也！」⓳延壽進一步分析說：「二種根本，即真妄二心。」真妄二心
的理論架構，源於《起信論》；宗密在《禪源諸詮集都序》中，對
真妄二心作進一步的詮釋，從此成為禪宗釋心的理論體系⓴。延壽
也同意這一種看法。

　　《宗鏡錄》卷九討論為何要立一心為宗時，又提到心與禪教的

⓲　T48，418a。

⓳　同上，430b。

⓴　同上，410–413。

關係：「若不了心宗皆迷倒，觸途成壅，證入無門」。 提到禪宗時，延壽批評說：「禪宗標不傳之文，則向何路而進修？從何門而趣入？若不得唯心之訣，正信無由得成。纔得斯宗，千門自闢。」㉑

　　同書卷二十三提禪宗「先德」的話，以文字先後次序推測，此一先德應是引文中的龐居士。偈文末尾兩句是「妙德啟口問不二，忘言入理顯真宗」㉒。

　　禪與教的問題又見於卷二十六。此處雖無「禪宗」一詞出現，但有一段話對禪宗思想非常重要，原文如下：

> 佛是自心義，亦名為道，亦云覺義。覺是靈覺之性，只今自鑒照語言，應機接物，揚眉動目，運手動足，皆是自靈覺之性，亦是心，心即道，道即佛，佛即是禪，禪之一字非凡所測。若知諸法從心生，即不應執，執即不知……㉓

上述引文中對禪宗思想的描繪，是綜合荷澤、洪州兩家的用語而成：「靈覺之性」本是宗密用來形容心知的狀態；「揚眉動目」是馬祖的禪法。這兩家教義在宗密的書中，同歸於「直顯心性宗」。 延壽在此處，仍遵守宗密的分類，只是將密公陳述兩家的不同要點，沒有照原書陳示㉔。這也是呂澂批評延壽的原因之一。延壽著重綜合禪宗思想並不表示他不知道各派的差異，而是他的目的和重點與宗密不同。他在《宗鏡錄》卷三十四，對這一問題有過解釋，原文是

㉑　同上，460b。
㉒　同上，542a。
㉓　同上，564a。
㉔　同上，402c–403c。

這樣的:

> 問:佛旨開頓漸之教,禪門分南北之宗。今此敷揚依何宗教?
> 答:此論見性名心,不廣分宗判教;單提直入頓悟圓修,亦
> 不離筌罤而求解脫,終不執文字而離本宗。若依教是華嚴,
> 即示一心廣大之文;若依宗即達摩,直顯眾生心性之旨。如
> 宗密禪師立三宗三教,和會祖教,一際融通。禪三宗者……㉕

延壽撰書的目的不是「分宗判教」,那一工作宗密已經做過了。延壽
要做的只是「直入頓悟圓修」。「教是華嚴,宗即達摩」,也是宗密
的宗教路子。「不離筌罤而求解脫」一點,也是宗密的立場,這和
洪州一派的主張不同。洪州禪法到了黃蘗禪師的時代,是以「不立
義解、不立宗主、不開戶牖」為號召的「直下便是」㉖。「筌罤」、
「戶牖」皆是法門之義。延壽的這些主張,仍沒有說服某些禪門激
進之士,仍然有人對這一立場,提出質難:

> 問:依上標宗,甚諧正脈,何用更引言詮廣開諸道?
> 答:馬鳴祖師雖標唯心一法,開出真如生滅二門。達摩直指
> 一心,建隨緣無礙四行。詳夫宗本無異,因人得名。故云:
> 祖師頓悟直入名禪宗,諸佛果德根本名佛性,菩薩萬行原穴
> 名心地,眾生輪迴起處名識藏,萬法所依名法性,能生般若
> 名智海。不可定一執多生諸情見。㉗

㉕ 同上,614a。

㉖ 同上,379c。

㉗ 同上,663b。

文中所說的馬鳴「唯心一法」，指《起信論》中的哲學理論。按照唐代的認識，馬鳴是《起信論》的作者。

　　從上面的討論可以看出，《宗鏡錄》中對禪宗的祖統歷史，是與晚唐南方禪史一致：六祖之後的承繼者是以馬祖、行思為主。在思想方面，走的是宗密的道路：禪教一致，靈知寂照；並且還將其他重要的禪法，融入百科全書。現在讓我們抽出幾條樣品，以觀延壽如何將禪宗不同思想融於一爐。晚唐時代的中國禪法，以北宗、荷澤、江西、牛頭為代表。延壽時代一度盛極的荷澤禪已經風消雲散，曾被「敕定」的「七祖」神會，到《宗鏡錄》已被排出祖譜名單。但在〈問答章〉中，仍然引用神會的語錄。現在舉出數條，作為例證如下：

> 又云：知之一字，眾妙之門。如是開示靈知之心，即是真性，與佛無異。❷⑧
>
> 有云：頓悟頓修者，此說上上智……一聞千悟得大總持。一念不生，前後際斷，若斷障說。如斬一𦇚絲，萬條頓斷。若修德說，如染一𦇚絲，萬條頓色。❷⑨
>
> 荷澤云：見無念體，不逐物生。❸⓪
>
> 又云：一念與本性相應，八千波羅蜜行一時齊用……。❸①

從這些引用的字句中，可以清楚看出，延壽雖然不承認荷澤一系的

---

❷⑧　同上，615b。

❷⑨　同上，627b。

❸⓪　同上。

❸①　同上。

祖統之說；但仍將「知」、「頓悟頓修」、「一念與本性相應」等重要
教義，收入他的思想系統。在引用荷澤禪法上，延壽主要的依據來
自宗密的著作。

　　裴休在評論晚唐中國禪法時，曾用四句話綜括禪宗當時的大形
勢。他說：「荷澤直指知見，江西一切皆真，天台專依三觀，牛頭
無有一法」❷。到了《宗鏡錄》中，將那四句話修改成為：

　　　天台專勤三觀，江西舉體全真，馬祖即心是佛，荷澤直指知
　　　見。❸

在這幾句話中，天台三觀的理論，形成的時間最早，列於首句，自
有歷史見識。洪州禪法以「江西」與「馬祖」佔了兩句，說明在延
壽的時代，洪州禪已成為南禪的主流和正統。荷澤禪已經沒落，幸
靠宗密的著作得以流傳禪苑，但已由首句淪為尾句，敬陪末座，聊
備一格。這是晚唐與五代時期，禪法在信徒心中的升降大勢，值得
留意。近來有人指出，「舉體全真」指江西禪派的共同信念，「即心
是佛」是馬祖個人的名言❹。此說頗為可取。

　　延壽在《宗鏡錄》中，數次引用馬祖的名言，而且這些引語，
都在重要地位。其中最值得重視的一條在卷一，緊接「標宗章」之
後；另一段重要引文在卷九十七，緊接慧能之後，就是懷讓與馬祖
的重要問答。再次才是思和尚的一段語錄。現在將這兩段抄出部分，
加以討論：

---

❷　見《禪源諸詮集都序・敘》，T48，398b。

❸　T48，427c。

❹　王翠玲論文：《宗鏡錄の基礎的研究》，頁129。

> 洪州馬大師云：達摩大師從南天竺國來，唯傳大乘一心之法，
> 以《楞伽經》印眾生心。恐不信此一心之法，《楞伽經》云：
> 佛語心為宗，無門為法門。何故佛語心為宗？佛語心者，即
> 心即佛，今語即是心語。故云：佛語心為宗⋯⋯❸

上面所引的一段故事，《祖堂集》、《傳燈錄》、《四家語錄》皆有記
載。各書所記的文字有詳略之差，然要點一致。柳田聖山曾在〈語
錄の歷史〉一文中，對此段文字有詳細的考察❸。值得指出的是馬
祖這一段話，道出「即心是佛」的理論，源於《楞伽經》「佛語心
為宗」。　馬祖與神會相比較，後者的思想是以《般若經》和《大涅
槃經》中的教義為主導❸；馬祖則更重視《楞伽經》，更接近達摩傳
統的禪法。這點重要性的差異，造成洪州禪法後來鼎盛的原因之一。

　　《宗鏡錄》卷九十七所陳的「祖意」中，在七佛二十七祖、東
土六祖之後，緊接著就是懷讓大師、馬大師及吉州思和尚三人。這
三個人的記錄都與洪州禪有關。下面抄出重要章節，觀察延壽對洪
州禪的吸收及評價：

> 讓大師云：一切萬法皆從心生。若達心地所作無礙。汝今此
> 心即是佛故。達摩西來唯傳一心之法，三界唯心，森羅及萬
> 象，一法之所印。凡所見色皆是自心⋯⋯❸

---

❸　T48，418b。

❸　見柳田聖山論文：〈語錄の歷史〉，刊於《東方學報》（京都），第57卷
　　（昭60年），頁484–495。

❸　參看拙書：《從印度佛教到中國佛教》，頁161，特別是❺所引資料。

這裡的話如「達摩西來唯傳一心之法」等，與上面所引馬大師的話內容一致，唯一的差異是這次引文中稱，這幾句話是馬大師之師懷讓大師所言。《宗鏡錄》中這一類的混亂記載，別處還有。例如柳田聖山指出，卷九十七中所記的「吉州思和尚云」的一段文字，在同書卷十四中說是「馬祖大師」所云❸。這一段文字的主題仍是「此心是佛」。 柳田曾將這兩段文字抄出對比，發現只差四個字，但內容並無差別。如果這種混亂說明了甚麼問題的話，那就是青原一派的禪法，在延壽所處的時代和地區，還沒有形成固定的口號。

《宗鏡錄》中引用的洪州禪師語錄的地方，相當眾多，不但馬祖的弟子如大義、惟寬、百丈、南泉、大梅、慧海等人的語錄，被採集於「祖意」之內。其再傳的領袖人物如潙山、仰山、黃蘗，乃至於更後的臨濟和尚的名言，都蒐輯入書❹。按照後來的禪史記載，延壽屬於法眼宗；可是《宗鏡錄》中並無法眼宗一詞。由此可見在延壽的時代，法眼宗還未形成單獨的門派。延壽這一支禪法，號稱來自行思一系。但是《錄》中引用青原的語錄，只有上面所指出的卷九十七中一處而已❹。何況那一段話還與馬祖的話相同。《錄》中所見青原一系人物的語錄，以洞山和尚為最多，約有七、八處。石頭和尚的語錄只有兩處，其中一處還是其弟子大顛所轉述的記錄。其他青原一系的禪者，在《錄》中被引用的還有藥山、天皇、龍潭、德山、巖頭等人；與此相反，後世僧人譜系中傳與法眼宗有直接關

---

❸　T48，940a–b。

❸　同上，940b；參閱492a。

❹　延壽引用洪州一系禪師的語錄，見《錄》文，T48，418b，419a，942b，520a，522c，848a，964a，444c，543c，944c，944b。

❹　同❸。

係的雪峰，竟然未見延壽引用❷。從這些資料推測，青原一系禪史
的發展過程，還有許多問題尚待作進一步清理。

其他禪宗見於《宗鏡錄》及《萬善同歸集》者，還有北宗和牛
頭宗。北宗禪法到西元第八世紀末尾，已經衰落，九、十世紀已經
看不到傑出人物。《宗鏡錄》中有數處論到北宗禪法。其中最詳細
的陳述，是卷三十四討論「禪門分南北之宗」。 延壽在這裡採取宗
密所著《禪源諸詮集都序》中的文字，稱北宗禪為「息妄修心宗」❸，
並予批評。同書卷六十五，再將南、北兩宗禪法加以對比，原文如
下：

> 問：此佛之知見如何開示悟入？答：若約天台……華嚴……
> 若禪門南北二宗釋者，北宗云：智用是知，慧用是見。心不
> 起名智，智能知；五根不動名慧，慧能見，是佛知見。心不
> 動是開，開者開方便門；色不動是示，示者示真實相。悟即
> 妄念不生，入即萬境常寂。南宗云：眾生佛智妄隔不見，但
> 得無念，即本來自性為開；寂靜體上自有本智，以本智能見
> 本來自性寂靜名示。既得指示即見本性，佛與眾生無異為悟；
> 悟後於一切有為無為、有佛無佛、常見本性。自知妄想無性，
> 自覺聖智。是故菩薩前聖所知，轉相傳授，即是入義。❹

這裡所記的南宗見解，類似宗密所傳的荷澤禪法；北宗禪則與神秀

---

❷　參閱T48，445a，448a，482a，493c，562b，919a，946c，943c，944a，
418a，942b，919b，946a，945a。

❸　同上，414a–415b。參看宗密著原文，T48，402b–405a。

❹　T48，781a。

一系的教義相合。然以開、示、悟、入作為南北二宗禪法分別的焦點，在別的書中還沒有見到；由此例可以看出延壽對兩宗禪法也有系統性的整理，並且作出總結。

《宗鏡錄》還有一段討論南、北兩宗的，見九十八卷。延壽在此處引用安國和尚的話稱：

> 有檀越問：和尚是南宗北宗？答云：我非南宗北宗，心為宗。又問：和尚曾看教不？答云：我不曾看教。若識心，一切教看竟。學人問：何名識心見性？答：喻如夜夢，見好與惡；若知身在床上安眠，全無憂喜，即是識心見性。❹❺

這一段話裡有兩點引起學術界的注意，一為「心宗」一詞；一為牛頭宗的禪法。

禪宗號稱心宗，《宗鏡錄》是「立一心為宗」。可是這一關鍵性用語，何時何書首先使用，卻值得考察。

「心宗」一詞，《佛光大辭典》不見列入，《佛教思想大辭典》云：「指禪宗」，但未注明出處。日文《禪學大辭典》說此詞見《碧巖錄》，《佛教語大辭典》也引《碧巖錄》❹❻。這些材料的日期遠在延壽以後，不用討論。但是安國和尚，就是玄挺屬牛頭宗。玄挺生卒年代不詳，他是智威（646-722）的弟子，與玄素（688-752）、惠忠（683-769）同門，活動的年代當在西元第八世紀中葉。關口真大據此作進一步研究，認為牛頭宗的人士最先使用「心宗」一詞❹❼。玄挺

---

❹❺ 同上，944a。

❹❻ 參閱《佛光大辭典》，頁1401；《佛教思想大辭典》，頁147b；《禪學大辭典》，頁613；《佛教語大辭典》，頁766c。

之後，此語也在宗密的文字中出現：《都序》中有「懇情於心宗」及「所傳心宗，實通三學」等語❹。從這些材料觀察，「心宗」一詞是牛頭派首先使用，到了宗密的時代此詞可以代表禪宗，因為宗密明言：「以心傳嗣，唯達摩宗。心是法源，何法不備」❹。

　　牛頭宗的禪法到中唐時期，鼎盛一時。宗密在《都序》中將牛頭禪列為禪宗三大思想體系之一，名之為「泯滅無寄宗」，與「密意破相顯性教」相配。根據楊曾文最近的研究，認這一派禪法的思想要點，可以用三點概括：一，認為空體現宇宙的真理，即空為實相，空為道本。二，通過無心，可以驗證「無所得」的境界，即泯滅無寄的宗教經驗。三，「絕觀忘守」，任運沈浮。這三點是早期牛頭禪思想的綱要❺。《宗鏡錄》中所記的牛頭禪思想，有的是迷悟悉空，自他俱絕，與上述三點的精神一致；但也有些引文是屬於肯定的態度，例如卷九十七中引用《牛頭融大師絕觀論》稱：

　　問云：何者是心？答：六根所觀，並悉是心。問：心若為？答：心寂滅。問：何者為體？答：心為體。問：何者為宗？答：心為宗。問：何者為本？答：心為本。問：若為是定慧雙遊？云：心性寂滅為定，常解寂滅為慧。……❺

---

❹　見關口真大著：《禪宗思想史》，頁270-272。

❹　見鐮田茂雄著：《禪の語錄9：禪源諸詮集都序》，頁30，33，254。

❹　T48，412c。

❺　參閱楊曾文：〈牛頭法融及其禪法〉，收於《佛教思想的承傳與發展》（釋恆清主編）436-444。

❺　T48，941a。

這裡的句子如「心寂滅」等，自然與泯滅無寄的哲學一致；但是另些字義如「體」、「宗」、「本」等，都是肯定的語氣，與宗密所記牛頭禪學同於「密意破相顯性教」的思想不同。因為「意不形於言中」，故稱「密意」 ❷；而《宗鏡錄》中所記的牛頭思想，有隱有顯，顯者皆意形於言。《宗鏡錄》所記的牛頭思想，固然直溯法融，但也記有其他代表人物。這些人物中有的將心學帶入牛頭宗原有的空宗哲學。例如牛頭惠忠就是這樣的一位人物。惠忠《宋高僧傳》列於〈感通篇〉，幾乎不記他的思想。所幸《宗鏡錄》還記有他的語錄，現在鈔出一段加以分析：

> 牛頭山忠和尚。學人問：夫入道者如何用心？答曰：一切諸法，本不自生，今則無滅。汝但任心自在，不須制止，直見直聞，直來直去，須行即行，須住即住。此即是真道。……又問：今欲修道，作何方便而得解脫？答曰：求佛之人不作方便，頓了心原，明見佛性，即心是佛，非妄非真。……❸

惠忠所說的諸法本不自生，今則無滅，自然是大乘空宗的般若思想，為牛頭的根本立場。「任心自在」，「直來直去」，「即心是佛」等語又與江西的禪意相通。「明見佛性」之語，原是荷澤禪的重點，後來各派禪師皆言此義❹。惠忠著有《見性序》，惜已散佚。惠忠的弟子遺則(751-830)，也是一位思想家，他善於運用老莊的道家詞語，

---

❷ 宗密之文，見T48，404a。

❸ T48，945b。

❹ 參閱拙文：〈論唐代禪宗的見性思想〉，收於《從印度佛教到中國佛教》，頁117-143，特別是頁122-128。

表達禪宗的經驗及哲學，是中國佛教史上禪道合流的代表思想家，著有《無生義》等書❺，延壽曾數次引用，現在鈔出兩則，以見法融以後牛頭禪思想的變化：

> 《無生義》云：《經》云持心猶如虛空者，非是斷空。爾時猶有妙神，即有妙識思慮。……實際即是法性，空識即是妙神，故知實際中含有妙神也。……大師言：雖有妙神，神性不生，與如一體。……故言性空異於虛空。佛性是空，諸佛法身不空。❺

「無生」思想來自印度佛教哲學，遺則在詮釋這一概念時表現出兩大特點：一是運用道家哲學，創造出一些名詞如「妙神」、「妙識」，這都不是印度佛教原有的名相。二是給大乘空理的否定邏輯，注入肯定詞語。這一變化使印度佛教的「空」與「無生」，化為「非是斷空」、「猶有神妙」、「法身不空」等等。

三、華嚴思想：法體、法界、十玄

《宗鏡錄》的思想體系是禪宗達摩，教尊賢首。禪宗的思想以洪州、荷澤、牛頭、青原四家為主，以心學融會貫通，形成禪宗的百科哲學，從而超越禪宗各派的宗派諍論，已如上述。下面要討論的主題，是延壽為什麼還要將華嚴、天台、唯識的哲學，匯入自己的百科體系。現在先從華嚴思想說起。

---

❺　見印順著：《中國禪宗史》，頁392–401。

❺　T48，459c。

　　華嚴宗又稱法界宗，見於法藏及宗密的著作中；華嚴宗之名見於澄觀的作品；賢首宗多見於宋代及以後的佛典。《宗鏡錄》中自然引用了大量的華嚴文獻，因為以教而論，華嚴教在盛唐迄五代是中國佛教中的顯學。延壽引用華嚴思想的資料，是用三種方式出現的：一是華嚴思想家的名言，如「藏法師云」、「圭峰和尚云」等。二是引用名著的文字，如《華嚴疏》云。三是用「華嚴宗」或「圓教宗」名稱所陳述的教義。現在以「華嚴宗」有關的資料作為「抽樣」，觀察延壽如何將華嚴宗的教義，納入他的百科全書體系❺❼。

　　根據一項最近出版的研究，《宗鏡錄》使用華嚴宗的引文，約有十一處；裡面所涉及的教義包括華嚴哲學中的「性體」、「四法界」、「十無礙」、「一心」、「十玄」、「三性」、「觀心」、「安心」等概念和方法。這些概念和方法雖不能包括全部華嚴哲學，但是重要者幾乎全在書中可以找到討論，不過未註明「華嚴宗」的標題而已。例如「性起」的思想，書中曾多次討論，但未記有華嚴宗的字樣，而是註明所討論的文字和見解，出自《清涼記》❺❽。

　　《宗鏡錄》所引用的華嚴宗資料，最重要的一段應推卷第一〈標宗章〉中的引文。延壽在那裡首先敘述「祖佛所立宗旨」，次敘「諸聖賢所立宗體」，其中所謂「宗體」，就是「自性清淨圓明體」。由此可見，在延壽看來禪宗的核心教義，如「以心傳心，不立文字」等，只說明了宗旨和方法，但在理論上並未建立系統的本體思想。為了補救禪宗的這一理論缺點，延壽從「華嚴宗」引入宗體論，作為理論的根基。《錄》中對此詮釋如下：

---

❺❼　參看本章 ❻ 所引拙文。

❺❽　T48，869b。對照澄觀原文，見T36，615a。

又諸聖賢所立宗體者，杜順和尚依《華嚴經》立自性清淨圓明體，此即是如來藏中法性之體。從本以來性自滿足，處染不垢處治不淨，故云自性清淨。性體遍照無幽不囑，故曰圓明。又隨流加染而不垢，返流除染而不淨；亦可在聖體而不增，處凡身而不減，雖有隱顯之殊，而無差別之異；煩惱覆之則隱，智慧了之則顯，非生因之所生，唯了因之所了。斯即一切眾生自性之體：靈知不昧，寂照無遺。非但華嚴之宗，亦是一切教體。**❺⑨**

引文從「自性清淨圓明體」起，下迄「唯了因之所了」這一段話，現存於《修華嚴奧旨妄盡還源觀》，此書題為「法藏述**❻⓪**」；延壽現在又說是杜順和尚依《華嚴經》所立，也許法藏所述正是杜順所立之體。文中對「宗體」的描繪如「自性清淨」、「圓明」、「不垢不淨」、「不增不減」、「非因所生」、「了因之所了」等，正是華嚴論疏中對本體的系統理論。「靈知不昧」、「寂照無遺」又是來自宗密的用語。最後兩句是延壽的評論。

　　延壽第二次引用華嚴宗的文字見於《錄》文卷四。此處討論的主題，正是延壽思想的核心：「云何是心？云何是心法？」在回答心的問題上，延壽引用了《辯中邊論》所論「心法四義」、《法苑義林》中的「辯五心相」。在討論真妄心上，引用了宗密所立的「心有四種」、《起信論》一心二門論等，接著就是華嚴法界的理論體系：

　　又依華嚴宗，一心隨理事立四種法界：一理法界……二事法

---

❺⑨　T48，417c。

❻⓪　T45，637a–b。

界……三理事無礙法界……四事事無礙法界……❻

《宗鏡錄》中的這一段引文，有兩點值得注意，宜作進一步說明。
第一，此處所記的四法界次序，與《注華嚴法界觀門》所言不同，
名稱則是一樣。第二，延壽引用「法界觀門」的原因，是要解決真
妄心之間的對立現象。法界觀門的理論架構不但以「理」「事」說
明本體與現象的範疇，更以「理事無礙」與「事事無礙」反復論證
本體與現象矛盾的統一。

　　華嚴哲學中無礙思想是延壽處理矛盾問題的主要根據，此種情
形在《錄》中別的地方也可以看到。例如在討論「有何因緣，令此
諸法混融無礙」的問題上，書中就說「約華嚴宗，有其十義」❻。
又如在闡述「宗鏡緣起自在法門」時，所用的理論就是「約華嚴宗
有十種無礙」； 接著又引用華嚴哲學中「十玄門」體系。十無礙和
十玄門是華嚴哲學中的核心問題，素為華嚴注釋家所重視。但是各
家所列的名稱和次序頗不一致❻。延壽十無礙一條中，採用《華嚴
經旨歸》及《華嚴經探玄記》。這兩書皆為法藏所著。「十玄門」在
《錄》中出現過十次左右，可見延壽對這一概念的重視。

　　其他的華嚴宗教義，被列入《宗鏡錄》裡面的，還有「一心不
動，諸法無性，……悉皆成佛」義，「成佛得菩提」義，諸佛神通
與凡夫的關係，安心法，華嚴三性觀等❻。

---

❻　T48，435c。參看T45，648b有關四種法界的原文。

❻　T48，469c–470c。

❻　參閱吉津宜英著：《華嚴禪の思想史的研究》，頁392。

❻　參看本章 ❻ 所引拙文。

四、天台教主題：一心三觀及觀心

　　天台宗被認為是中國佛教立宗最早的教團，宋代的天台僧人更建立祖師譜系，自認是釋門正統。但是如果進一步考察，中文書籍中使用「天台宗」為僧團名稱的，恐怕不早於五代。延壽在《萬善同歸集》卷中稱：「天台宗滿禪師，一生講誦蓮經，感神人現身，正定經咒文字……」**⑥**。這是延壽著作中僅有使用天台宗的地方。《宗鏡錄》裡面只有「台宗」一詞出現一次；最常用的則是「台教」二字。而「台宗」兩字是出現於問題，並非延壽自己的回答文字。原文只稱「問：台宗觀心語密，疏豈盡心」，下面接著是引《還原集》云、《法華經》云、《華嚴經》云等，原文有點混亂：有問無答，所引經文也沒有明顯回答「疏豈盡心」的所問。池田在他的論文中，將此條略出未列**⑯**。天台僧人自稱「天台宗」、「天台一宗」、「天台圓宗」等，是從知禮(960-1028)的徒子徒孫而起**⑰**。

　　延壽雖不常使用「天台宗」之名，自然並非天台思想對延壽沒有多大的影響，事實證明情況正巧相反。根據池田魯彥的統計，延壽著作中所引用的天台宗著作，有書名可查的有二十四種；以「台教」和「天台」為號的引文有六十八次。其中最常見的引文來自《摩訶止觀》(四十八次)、《法華玄義》(二十五次)、《淨名玄疏》(二

---

⑥　T48，971b。

⑯　延壽原文，見T48，476c；參看本章**⑤**所引池田論文，頁66。

⑰　見T46，750a，896b，910c，925a。據藍吉富著：《隋代佛教史述論》，頁188-189稱，「天台宗」一詞最早出現於日僧圓仁著《入唐求法巡禮行記》一書中。

十三次)、《涅槃玄義》(十次)等,都是天台大師的經典之作❻。
其他天台宗大師的著作,最受延壽注意的是湛然所著《止觀輔傳弘
決》一書,在《宗鏡錄》中出現過十五次。從另一角度觀察,延壽
所見的「台教」和「台宗」, 與他所見的「華嚴宗」教義相比,他
所記的台宗思想系統性和重要性都不能與華嚴宗相比。《宗鏡錄》
中所引天台著作最重要者有兩條:一條在立一心為宗末尾引用《涅
槃玄義》所言:

> 涅槃宗本者,諸行皆以大涅槃心為本,本立道生。❻

但是《宗鏡錄・標宗章》的主題,是「祖標禪理,佛演教門」, 而
教門中所說的「宗體」是華嚴宗所立。

 另一條重要引文在《錄》文卷二,引自《法華玄義》,詮釋「心
法」概念。但是天台文字在此處所扮演的角色,也是次要性的——
因為引文的前面,還有更重要的經籍根據:《華嚴經》、《首楞嚴
經》、《華嚴疏》等❼。這種情形也可在《錄》文卷九中得到更進一
步的證實:該處討論的主題是「云何獨立一心為宗,而稱絕妙?」延
壽在回答這一問題時,首先陳述他的見解:「若不了心宗皆成迷
倒」、「不得唯心之訣,正信無由得成」、「此心能成一切,能壞一
切」。 其次引證經籍作為上述主張的根據,其中有《真覺大師歌》、
「司馬彪云」、《莊子》、《淨名疏》、《正法念處經》偈、《寶雨經》、
《弘道廣顯定意經》、《華嚴經》等,下來才是「台教云」的一段文

---

❻ 見本章 ❺ 所引池田論文,頁76–77。

❻ T48, 418a。

❼ 同上,425c;參閱原文,見T33, 696a。

字：

> 心如幻化但有名字，名之為心。適言其有，不見色質；適言
> 其無，復起思慮。不可以有無思度，故名心為妙。**❼**

很明顯的，這段話的主題在解釋心之所以稱妙的理由。這一點可以
從下面引自《法華玄義》， 釋心性「絕待明妙」的文字中，再次得
到證明**❼❷**。

　　延壽雖然沒有將天台宗的教旨，列入宗鏡體系的哲學核心，但
是智者大師的重要概念，仍在《宗鏡錄》和延壽的其他著作中多次
見到。例如天台哲學中的「三諦圓融」、「一心三觀」、「觀心」、「安
心」， 都被納入延壽的著作之中。現在舉出數條，抽樣討論，觀察
延壽如何將天台思想，匯入他的百科全書體系。

　　天台宗的基本哲學，是以「一心三觀」及「三諦圓融」為中
心。「三觀」和「三諦」的內容，皆指空、假、中三種實相，所不
同的是「觀」的重點在觀察；「諦」則義為真理。空諦又稱作為真
諦、無諦，是真理的本體。假諦又稱俗諦或有諦，指現象世界而言，
依空而顯，無有自性，但有諸相。中諦是中道第一諦的簡稱，指以
中道而觀所證諸法實相的全面。《宗鏡錄》中引用天台三觀教義的
地方有多處，最重要者在兩個地方：一處引用智顗的文字，詮釋台
教三觀，要點如下：

> 三觀之名出自《瓔珞經》，云從假入空名二諦觀，從空入假名

---

❼　同上，461b–c；T33，685c。

❷　同上，461c；T33，696c。

平等觀，雙照二諦心心寂滅，自然流入薩婆若海也。天台疏
問云：三觀俱照二諦，有何等殊？答曰：前觀雖照二諦破用
不等，次觀亦照二諦破用平等，既不見中道，但是異時平等。
第三觀者，得見中道雙照二諦，即是一時平等也。……初觀
知俗非俗，即是俗空；次觀知真非真，即是真空；非真非俗
即是中道。因是二空觀入中道第一義諦觀。……
一心三觀者，一明所觀不思議之境者，即是一念無明心，因
緣所生十法界以為境也……二名能觀者，若觀此一念無明之
心，非空非假，一切諸法亦非空非假，而能知心空假，即照
一切法空假，是即一心三觀，圓照三諦之理。……三名證成
者，若證一心三觀，即是一心三智五眼也……❼

這幾段文字顯示，延壽所理解的三諦實以「一心三觀」為中心。一
心三觀是天台宗的觀心法門，而觀心在延壽的思想及宗教修習中，
佔有關鍵性的地位，此由《觀心玄樞》書名及內容中可以得到證明。
話雖如此，延壽思想中的觀心法門，一心三觀只是法門中的一種，
與唯識、華嚴、普賢門的觀法並列；而延壽最欣賞的觀心法，卻是
「依禪宗及圓教……直觀心性……無觀之觀」的上上乘。

　　《宗鏡錄》另一處討論天台教義的長篇引文，在卷十五中可以
看到。該處討論佛與眾生的異同問題。延壽認為眾生並非不具佛的
神通作用，只是眾生不知而已。在詮釋他的論點時，延壽引用了《華
嚴經》、《志公和尚歌》、大安和尚等的經文或語錄，其中最長的一
段，引自天台宗的經籍：

---

❼　同上，621b–c；參閱智顗著：《三觀義》，收於《續》，第99冊，頁37。

又台教多約本跡，明凡聖不二，辯生佛之因果。故肇法師云：
本跡雖殊，不思議一。所以湛然尊者約三觀、四教、十如、
十乘、一念三千等，於此跡門論其十妙。若知跡門尚妙，本
門可知。遂撮色心不二等十門，明權實之宗，辯能所之化。
故云：為實施權則不二而二；開權顯實則二而不二。斯則始
終明不二。十門者……❼❹

上面的引文出自湛然所著《法華玄義釋籤》，湛然後來曾將這段文字
鈔出增補成書，名為《十不二門》一卷。宋代天台大家知禮，又著
《十不二門指要鈔》二卷。這一連串的努力，完成天台思想中「性
具」概念，由此更引起天台與華嚴教義的衝突，也導致宋代天台山
家與山外之爭。這裡要注意的有三點：第一，延壽所引用的湛然著
作是較早的作品，不像後來其他書中所表現的強烈宗派色彩。第二，
湛然對天台教義的詮釋，已被接受為權威。而這種新的詮釋方法，
是將天台著作中分散評論的概念，如三觀、四教、十如……等，撮
略在一起形成更有系統性的宗教哲學。第三，將三諦、三觀、觀心
等天台教義，緊緊結合在一起：既是理論，又是宗教修習。而理論
與實踐的統一，正是宗教哲學中的基本要求。天台宗的理論雖然不
是延壽所心儀的教義，但是教旨中的一心三觀的觀心法等，仍然對
延壽的綜合思想及宗教實踐，有很大的啟示和幫助。

　　在判教問題上，延壽先述華嚴五教之說，次論天台四教乃至八
教。延壽自己無疑的是更喜歡華嚴宗的判教方法，因為那一主張是
依「華嚴一心立五教」，正與宗鏡立宗的教義一致。因此書中華嚴
教判引述頗詳：先以華嚴一心約識而論五教，次以一行攝化眾生說

❼❹　T48, 494c–496b；原文見T33, 918b–919c。

明一心具五義門，後顯清淨法門對治五種染法。接著又回到一心的主題，說明「切凡聖心相重重，心性無盡。是心廣大，是心圓融，是心包含，是心祕密」❼；然後以《金師子章・論五教》文作為總結❼。下面才是天台立四教：藏教、通教、別教、圓教；約觀心通達四教；最後才論及八教說：

又約頓、漸、不定、祕密，通前四教總八教。❼

教相判釋是南北朝以來中國佛教盛行的課題，從「南三北七，義成百家」，到天台、唯識、華嚴諸家，皆有判教之說。到了晚唐五代時期，只餘華嚴、天台兩家的教判理論，還在僧人的著作中保存。《宗鏡錄》中的引文，正好說明教判概念在中國思想史中的興衰。

天台大師的止觀理論，是中國佛教思想史上燦爛輝煌的成就之一，它的思想系統和禪定方法，對後世的中國佛教哲理及坐禪法門，都有非常重要而深遠的影響。《宗鏡錄》所記的天台止觀，是這一歷史事實的寫照。在討論「云何一心而成止觀」問題時，延壽詮釋止、觀二義時說：

法性寂然名止，寂而常照名觀。非能所觀，但是一法。若台教總論二種止觀：一相待止觀，二絕待止觀。前是拙度，後是巧度。❼

---

❼ T48, 619b。

❼ 同上，619c。

❼ 同上，620b。

❼ 同上，866b。

「寂然名止，常照名觀」是天台大師詮釋止觀的用語，相待與絕待
止觀的理論，也首見於《摩訶止觀》❼❾。「非能所觀，但是一法」，
應是延壽對「觀」的進步詮釋，其所根據是湛然對止觀的解釋，文
中的「一法」指的就是「一心」，而「一心」正是延壽要建立的宗
旨。湛然在《輔行記》中說：

> 若無生門千萬重疊唯是一心者，為欲修觀人措心難當，故撮
> 示其正意，名為一心。❽⓿

延壽又引《止觀大意》的文字說：

> 是以湛然尊者云：上根唯觀一法，謂觀不思議境。境為所觀，
> 觀為能觀。所觀者為陰界入，不出色心。色從心造，全體是
> 心。❽①

除開上述的天台哲學概念及觀心思想，延壽還引用更多的天台佛教
課題，說明他的心學。例如天台學中的「一心具十法界因果」、「十
乘觀法」、「四念處」、「安心法」等，都在《宗鏡錄》中被引用，作
為詮釋佛法的論題。

---

❼❾　T46, 21b。

❽⓿　T46, 355a。

❽①　T48, 867c。湛然所著原文，見T46, 460a。

五、唯識哲學的引用及批判

　　與上述的中國佛教相比較，唯識哲學是最接近印度佛教思想傳統。這一思想由玄奘從印度帶回，並向中國人士將這一派的宗教哲學作了系統性的介紹。後來經過他的傳人窺基及徒孫慧沼等人的努力，就成為一家宗派。因為這種哲學主張唯識有而境無，所以有時被稱「唯識宗」；又因為這種哲學將現象世界的一切事物（「諸法」），加以分別，析判真妄，所以又被稱為法相宗；再因這種哲學認為無境有識又屬於大乘佛教，有時又被稱為「大乘有宗」。這一派哲學因玄奘師徒的全力推廣，而其本身又是印度佛教的新顯學，所以在中國一度很盛。其後因為承繼的人材缺乏，再加上新型佛教教理如華嚴思想，或宗教派系如禪宗的興起，法相宗在華衰落。但是作為大乘佛教哲學主流之一的唯識哲學，自有其經典性的巨著，成熟而有系統的哲學體系，整套的論理包括邏輯（「因明」）方法，都不是其他佛教思想所可以取代的。因為這些原故，作為一個僧團組織，法相宗早在中唐時代已是歷史陳跡；作為一家學派，法相哲學雖然不合中國人的宗教思維模式，但是它的心、識、法相、修道方法、成就部位、邏輯理論等等，仍然對後世的中國佛教，有相當的影響。《宗鏡錄》就是具體的例證之一。

　　過去研究延壽和法相哲學的專著，有其相當的貢獻，使讀者在大量的證據前面，不能不信服唯識哲學對延壽有很重要的影響；但從學術觀點而言仍然缺乏批判精神。例如《宗鏡錄法相義節要》一書，只記延壽書中引用法相哲學的原文，而略去延壽在書中對法相哲學的批評。又如《永明延壽宗教論》一書，在論述延壽的宗教哲

學時，將許多法相哲學內容作為延壽自己的理論，從而使延壽的思想及學問混沌不清。毫無疑問，唯識哲學對心、識、緣、境、種子等論題，都有系統性的論證與經典根據，而且達到世界哲學的高度水平。因此之故，後來的佛教思想家如果要討論心學的理論體系，都很難超出唯識思想的哲學論題。從另外一個角度作更深一層的觀察，延壽不是一位信仰唯識哲學的思想家，他是以禪宗達摩，教崇華嚴。禪宗要旨是單刀直入，和唯識哲學的煩瑣論證學風恰好相反；而華嚴宗的思想更是在批評法相哲學的基礎上成立的。在這樣的背景下，要說延壽的思想大部份與唯識哲學完全一致是很難說服人的。為了顯示和區分延壽的思想與學問、批評與吸收法相哲學的精神和方法，下面將討論他對法相哲學的批評；然後再觀察他如何將唯識哲學匯入他的百科思想體系。

　　延壽對法相哲學的批評，主要的在真妄問題上。這一問題首見於《宗鏡錄》卷五：

　　　　問：若言有真有妄，是法相宗。若言無真無妄，是破相宗。
　　　　今論法性宗，云何立真立妄？又說非真非妄？
　　　　答：今宗鏡所論非是法相立有，亦非破相歸空，但約性宗圓
　　　　教以明正理：即以真如不變不礙隨緣是其圓義。⑧

將佛教哲學分為法相、破相、法性三家之說，出於華嚴宗：宗密在《禪源諸詮集都序》中對這三宗的教義和特點，都有很清楚的界定和詮釋⑧。延壽在認同性宗一點上與宗密的立場一致。在對真妄問

---

⑧　T48，440a。

⑧　見T48，403a–405a。

題上，延壽進一步評論說：

> 若法相宗一向說有真有妄，若破相一向說非真非妄。此二門
> 各著一邊，俱可思議。今此圓宗前空有二門俱存，又不違礙，
> 此乃不可思議。若定說有無二門皆可思議，今以不染而染，
> 則不變隨緣；染而不染，則隨緣不變。實不可以有無思，亦
> 不可為真妄惑。斯乃不思議之宗趣，非情識之所知。❽

延壽在這裡指出，法相宗在真妄問題上，主張「有真有妄」。 這種
主張雖是可以思議，但是只「著一邊」的片面看法。延壽接著引用
復禮法師的偈文質問說：

> 真法性本淨，妄念何由起？從真有妄生，此妄安可止？❽

又引用宗密對這一問題的評論稱：

> 若法相宗所說，一切有漏妄法、無漏淨法，無始時來各有種
> 子在阿賴耶識中。遇緣熏習即各從自性起。都不關真如，誰
> 言從真生妄也？彼說真如一向無為寂滅，無起無止，不可難
> 他有妄生也。❽

宗密批評法相宗的真妄論，著重在真與妄的關係，及真的性質兩點：

---

❽ T48，440a-b。

❽ 同上。

❽ 同上，440b。

如果妄是由其藏在阿賴耶識中的種子，受熏而生，則與真如無關，有妄之說，不攻自破。若真如的性質是「無為寂滅，無起無止」，妄從真生的說法，根本就不存在。

　　對法相宗的批評，延壽由真妄問題入手，向深發掘，將法相宗與法性宗作了更進一步的對比。當有人問及相、性二宗如何辨別時，延壽回答說：

> 法相多說事相，法性唯談理性。如法相宗，離第八識無眼等諸識；若法性宗，離如來藏無八識。此八識即是真性上隨緣之義。或分宗辯相，事則兩分；若性相相成，理歸一義。以不變隨緣，隨緣不變故。如全波之水、全水之波，動靜似分濕性無異。**❽**

這段引文首先指出法相和法性哲學的主要區分，是「事相」和「理性」。在哲學論題上，法相宗主張第八識最高；法性宗則認為如來藏更高——「離如來藏無八識」。法相宗的八識理論，在法性哲學中只相當於真性隨緣；但是卻沒有隨緣不變的說法。這一區分使法相宗的八識理論，統攝於法性哲學中的生滅論——「真性隨緣」。對這一點，兩種理論是相通的；但在「隨緣不變」一點上，只是「法性宗」才有此說。

　　延壽在無性理同的教義上，也是以法性宗為立場，從而批評及補充法相宗在這一問題上所持的論點。延壽先以兩宗的立場對比，引出論題，然後才申述他的評論：

---

❽　同上，441a。

> 如古師云：法性有體，是法相宗義。事上無體，是法性宗義。
> 問：若一切法實無性者，不得教意之人，恐成斷見？
> 答：若有性故，一法不成。以無性故諸緣並立。於無性中有
> 無俱不可得，豈成斷常之見耶？ **❽❽**

這一段話雖是闡釋法性宗的見解，實際上也是批評法相宗的哲學。
其批評的重點在於法相宗的「有」（存在）。《宗鏡錄》對這一點有
這樣的評論：

> 於一切法皆以無性為自性。於自性中，有性無性俱不可得，
> 不應於此執有無性。故知既不可執有，亦不可以執無，以自
> 性中無有無故。所說有無之法，皆是破執入法之方便。……
> 用無所得為方便者有二：一以無得導前隨相，則涉有不迷於
> 空，為入有方便。二假無得以入有，不存無得，即無得亦是
> 方便，此為入空之方便。是以無得相空，無作人空，無際性
> 空。此三相盡，法界理現。故菩薩不壞空而常有，染淨之法
> 宛然；不礙有而常空，一真之道恆現。如是雙照，方入甚
> 深。 **❽❾**

在延壽看來，法相宗所說的「法性有體」（體指本體、性質）只是
一種方便法門，可以對治虛無主義的「斷滅空」。但是如說有性，
則自性常在，無法化入事物，因而無法普遍存在，也不能被認為是
絕對。從理論上講，有和無只是一種方便說法，只能說明真理的一

---

❽❽　同上，455b。

❽❾　同上，455b-c。

個方面，而無法同時道出整體真實的全體和各種別相。延壽引用大乘般若教義「無所得」，認為「有無俱不可得」，所以不可執有執無，只把那類哲理，當作是方便說教，指明一個須要指出的問題而已；但是不要將那種哲理，認作真實。以無得、無作、無際，達到相空、人空、性空的超越境界。這種境界就是法界之理。此理空不礙有，故可以不變隨緣。有不礙空，所以隨緣不變。因有，可以說明染淨諸法現象雖然沒有自性，因緣相會，宛然存在。因空，所以一真之理永在。

　　延壽對法相宗的教義和批判，在很大的程度上受了宗密的影響。例如當有人問及他所敷揚依何宗教時，延壽回答說：「若依教是華嚴，即示一心廣大之文；若依宗是達摩，直顯眾生心性之旨。」❹接著舉例詮釋說：「如宗密禪師立三宗三教，和會禪教，一際融通。」宗密的和會禪教，見《禪源諸詮集都序》❺。他將佛教教義作進化式的排列，由淺至深。其中大乘佛教教義由淺至深，次序是將識破境教，破相顯性教，真心即性教。將識破境教指法相哲學，這種哲學的貢獻是「八識外都無實法」，將小乘佛教中的理論評為「生滅等法，不關真如」；將宗教修習理論，定為「以知外境皆空故，不修外境事相⋯⋯息我法之妄，修唯識之心。」但是法相哲學並不完善，所以受到「破相顯性教」的批評：

> 此教說前教中所變之境既皆虛妄；能變之識豈獨真實？心境互依，空而似有。且心不孤起，託境方生；境不自生，由心故現。心如境謝，境滅心空。皆假眾緣，無自性故。❻

---

❹　同上，614a。

❺　見本章 ❽。

「破相顯性教」指佛教中觀哲學。文中所言的「破相」之相指法相哲學。從中觀思想觀點而言，境和識相互依靠才能似有。境如不真，識豈獨實？法相宗的境無識有之說，自然無法成立。宗密以法相教，破小乘教斷惑滅苦之說；再以破相教，破法相宗的理論；最後以真心即性教超越法相與破相兩教有無之諍，而以真心即性的理論作為最高深的佛教哲學。延壽在這個地方，同意並引用了宗密對法相宗的評論。

性相兩宗對真如受熏的問題，也有爭論。真如是佛教哲學中最高真理：義為本來如此，不增不減。熏指熏習而言，按照印度佛教的說法，識受習氣的影響，就會發生同類的轉變，這是熏習。《宗鏡錄》釋云：

> 熏者發也，或猶致也。習者生也，近也數也。即發致果於本識內，令種子生。……有二種：習熏、資熏。❸

熏習與種子等念，在法相宗的唯識哲學體系中，佔有重要的地位，此處不必詳細討論；現在必須要研究的問題，是法相、法性兩家在這一問題上的爭辯。爭論的焦點是真如的性質及是否有可熏性。按照法相宗的說法，「若法自在，性非堅密，能受習氣，乃是所熏；……及無為法，無為堅密，故非所熏。」❹真如是無為法，無為堅密超越，所以不可能是所熏。可是《大乘起信論》是主張「真如受熏」的，所以引起爭論：

---

❷ T48，614c。

❸ 同上，699a。

❹ 同上，699c。

言性非堅密者，即簡馬鳴菩薩真如受熏。論主云：無為體堅密如金石等而不受熏。夫可熏者，且須體性虛疎，能容種子方得。馬鳴救云：我言真如受熏者，以真如是性，第八是相，性相不相離。若熏著相時兼熏著性，或攝歸性故，真如受熏何失？如將金石作指鐶等。護法破云：熏相不熏性，如火燒世界不燒虛空。今唯是第八心王。體性虛疎方可受熏，如衣服虛疎，方能受熏。❾❺

文中所指馬鳴的談話，是引《起信論》的文字——按照傳統的說法，馬鳴是《起信論》的作者。在真如受熏的問題上，法性宗站在《起信論》中的立場，乃是「真如是性，第八識是相，性相不相離」。既然法相哲學承認第八識受第七識（「末那」）之熏，在法性宗看來第八識只是真如之相，性相不分，所以也可以說是真如受熏。

梅輯《宗鏡錄法相義節要》對上述爭論，鈔輯原文說明法相宗的詰難。但是延壽在書中，另有一段如何會通真如受熏的文字，事實上是詮釋法性宗對這個問題的結論。梅書大約因此段文字不是法相義，略去未鈔。其實那一段話正是延壽所主張的見解，應當鈔出研究：

夫能所之熏，約有二宗：一法相宗，二法性宗。前護法是依法相宗所難；今馬鳴依法性宗。今法性宗亦七識等而為能熏，八為所熏。其第八中以如來藏隨緣成立，含有生滅、不生滅義故。今言熏者，是不熏之熏，不變之變，即熏生滅門中真

---

❾❺ 同上。

> 如隨緣之相。若真如門中即不熏。此熏變義俱不可思議，以
> 不染而染故。❾❻

這一段文字清楚說明，兩宗的爭論焦點在對阿賴耶（第八）識的認識。法相宗的唯識哲學具有學院派的理論體系，對宗教心理學的層次，有細緻的分析和討論，而在論理的程序上，重視邏輯。法相宗的哲學體系，重點在說明宗教的最高真理，它利用了法相宗的宗教心理分析，但卻將如來藏與第八識結合在一起。按照邏輯性的理論，有漏法和絕對真實是兩種相對的範疇，絕對無法混同一體。法性哲學為了要加強無為法對現象世界的關係，使無為解脫對現象世界的修道行為，更具可能，所以提出真如隨緣之說。真如是超越的，隨緣是在現象世界，兩者混在一起是不合邏輯的說法，所以法相宗反對這種說法。法性宗承認這種混合說法在理論上是講不通的，但是卻進一步指出這種熏而不熏，不熏之熏的矛盾，可以用辯證哲學詮釋：「此熏變義俱不可思議」，從而超越由思議所引出的矛盾和對立。從宗教哲學的觀點而論，法性宗的理論更超越一層。

六、百科全書思想：全體是心

延壽的百科思想，是要利用佛教哲學中的百家之言，建立他的宗鏡百科體系。他在詮釋各種問題上，採用各家最完備的理論，說明問題。但是到了結論的階段，總是回到立宗的立場：宗依達磨（禪宗），教遵華嚴（法性）。《宗鏡錄》對此點曾反復解釋，現在摘出要點如下，證明延壽百科全書思想所用的方法，及他的立場：

---

❾❻　同上，701a。參閱本章❸所引梅著，頁22。

問：宗鏡廣照萬法同歸，是此鏡義不？

答：若凡若聖，說異說同，皆是鏡中之影像。此唯一鏡圓極十方。鏡外無法，彼我俱絕。……圓教心性是一寂光無彼無此，極十方三世佛及眾生邊際，成一大圓鏡。但是一鏡無有同異也。……

問：今《宗鏡錄》以鏡為義者，是約法相宗立？約法性宗立？

答：若約因緣對待門，以法相宗：即本識為鏡。如《楞伽經》云：譬如明鏡現眾色像，現識處現亦復如是。現識即第八識。以法性宗，即如來藏為鏡。如《起信論》云：復次覺體相者，有四種大義與空虛等，猶如淨鏡。又如《占察善惡經》，立二種觀門：為鈍根人立唯心識觀；為利根人立真如實觀。又《起信論》云：心若馳散，即當攝來令住正念。其正念者，當知唯心，無外境界。即復此心，亦無自相，念念不可得故。若唯心識觀及正念，唯心當法相宗。若真如實觀與其心念念不可得，即法性宗。若約法性融通門，皆歸一旨無復分別。今論正宗，取勝而言，約法性宗說。若總包含如海納川，以本攝末，豈唯性相，無有一法而遺所照。❾

上面的這段引文中指出了《宗鏡錄》百科全書的性質，也說明法性宗和法相宗的思想在《錄》中所佔的地位，以及收錄這些理論的原因。先說《錄》的百科全書性質，「若凡若聖，說異說同」、「若總包含如海納川……無有一法而遺所照」。既然百科思想的作用，是要包含所有，廣照萬法；那麼在選擇佛教哲學概念時，所持的標準

---

❾　T48, 473c–474a。

如何？這個問題的答案，是「取勝而言」（「選採最完善的說法」）。

在「取勝而言」的標準下，延壽在《宗鏡錄》中，選擇了法相宗的「因緣對待」之說，「唯識心觀及正念」等；又選取法性宗的「真如實觀」及「法性融通」思想。這兩個佛教哲學體系之間的關係，有「皆歸一旨無復分別」的一個方面；又有「以本攝末」的另一關係。本指法性，末指法相。法相宗的唯識思想，本來印度佛教哲學的後期代表，目的是在補救大乘空宗的極端理論及其所產生的偏向，對佛教發展甚有貢獻。唐初玄奘大師將這種最新的佛教學院哲學，從印度帶回在中土傳播，再經過他的弟子及法裔的傳播，形成一個派別──法相宗。但是唯識哲學究竟是學院派的學風，具有複雜的體系和繁瑣的論證；而這些論證本來是在印度哲學或神學的基礎上完成的。因此原故，唯識思想對心、識層次及真妄交結，因緣變化等思想，本身已是複雜難解，再加上印度其他哲學名相，爭論焦點及問題的所在，使一般中國知識界人士難以通曉，也無法引起興趣。法相宗的傳統，雖有玄奘的盛名、整套經典和大量注釋可依，終於無法在中土延續，失去宗統。可是唯識哲學中的心理分析，邏輯辯理，及對現象世界存現的解釋，仍非其他佛教哲學可以代替。後來的中國佛教哲學家，只要主張唯心，都不得不借用法相宗的心理理論架構及名相，作為討論的基礎。另一方面，在宗教的最後目標上，法相宗轉識成智之說，不但繁瑣，且不完善；華嚴宗又在唯識體系的基礎上，發展出法性哲學體系，以法性為體，法相為用。這是中國佛教哲學的主流傾向。這種傾向在延壽所著的《宗鏡錄》裡，表現得更為清楚而具體。

現在讓我們檢查延壽如何利用法相宗的唯識哲學。《宗鏡錄》鈔引唯識哲學的地方，約有四十多處，其中約十處引文，是長篇鈔

錄。其中詳情可以參考梅輯《宗鏡錄法相義節要》一書，此處不必再加重複。現在要指出的是延壽引用法相義的方法和原因，因此下面的抽樣就是以這兩點為中心。延壽介紹法相宗的傳統，是由卷四十七開始。其所討論的主題，是「正唯識義，約有幾種?」 延壽在回答中首先提出八識名目，次敘經典根據重要思想家的歷史及其貢獻；然後才討論八種識的行相。梅書因受主題的限制，所以他的書中只略出有關「法相義」部份，沒有涉及經籍、人物，在這一點上與《宗鏡錄》原來的面目及精神，自有差異。《錄》文解釋說：

> 經論通辯有八種識：一眼識，二耳識，三鼻識，四舌識，五身識，六意識，七末那識，八阿賴耶識。

《錄》文接著討論了唯識哲學的文獻和思想發展及主要的思想家。梅書未鈔此段，現在鈔出數節，以見延壽百科全書風格片段。《錄》稱：

> 正文出護法菩薩《唯識論》十卷。此論釋天親菩薩唯識三十頌文。慈恩大師製疏釋論此頌文。 ❾❽

建立唯識哲學的重要思想家由天親 (Vasubandhu) 開始，護法 (Dharmapāla) 完成，再由窺基介紹而入中土。窺基為此論所造的《疏》， 正是《成唯識論掌中樞要》四卷。這就是唯識哲學的大思想家與經典根據。《宗鏡錄》接著記述了世親、護法、慈恩三人的小傳，最後才介紹八種識這一主題。

---

❾❽　同上，691a。

《宗鏡錄》中對唯識哲學的主要內容，就是根據上述三家論疏而來。卷四十七首先敘述八種識的行相，其中包括「三能變」（異熟、思量、了別），「變識」裡面，最重要者為異熟變，即第八識——阿賴耶。第八識的作用是「能藏、所藏、執藏」，故名為藏。阿賴耶有十真正理：持種心、異熟心、界趣生體、壽煖識、生死時有心、緣起依、識食、滅定有心、染淨心。唯識及有我法的糾葛，妄有現象與真心的關係，阿賴耶與真性的非一非異，識變義、本識與所生果的關係等。這些心理層次的分析及宗教目的很明顯也非常細緻，但是未免繁瑣，此處不宜詳細討論。上面的提綱性論述，只在說明延壽用那些唯識思想，解決什麼問題而已。至於唯識思想的體系，《宗鏡錄》中有長段引文可供研究，更有近人專書可作參考。

在唯識思想的體系中，第八識最為根本，因為按照這一派的哲學詮釋，現象世界的存在，皆由第八識的「能變」所形成。第八識在各種識系統中的作用，是能藏、所藏、執藏；而所藏的內容就是種子識。《宗鏡錄》的作者抓住唯識哲學的這一核心問題，並且在《錄》文卷四十八中對這一論題，有很長的引文及詮釋，著重說明種子與阿賴耶識的關係非一非異，種子有內外之分（也可以用本有及新熏分別），八識與種子關係及分類，種子的性質及其與熏習的關係等等❾。這些引文和所涉及的哲學內容，充分顯示出延壽的哲學確是廣深博大，也說明唯識思想在延壽宗教哲學中，佔有相當的比重。但是一碰到本體論的問題，延壽馬上又回到禪宗圓教的立場。另一方面，在建立心識及現象的關係問題上，延壽又回到法相宗的思想體系之內，利用法相宗的現成理論架構，乃至邏輯方法，充實補訂禪宗和圓教中的理論空白。例如《宗鏡錄》卷五十九、六十、

❾ 同上，697-702。

六十八至七十二，一再長篇引用唯識哲學中的文獻，論述法相哲學的重要概念。其中重要的名相，包括「三性」（遍計、依他、圓成），「六因」（能作、俱有、同類、相應、遍行、異熟），「十因」（隨說、觀待、牽引、生起……），「四緣」（因、等無間、所緣、增上），「五位百法」等❿。又如在論理方法上，延壽也採用了玄奘由印度帶回的佛教邏輯學——「三支比量義」。雖然上述的這些概念或方法，不一定全屬於法相哲學的創見，但是對中國佛教思想而言，它們的確是由於法相思想家的論述中，才看到印度佛教哲學中那些些論題⓫。作為一部佛教哲學百科全書，延壽在《宗鏡錄》中，不能不對這一筆有影響力的哲學遺產置之不理。這就是《錄》中包含法相義的原因和限度。

　　從以上的討論中可以看出，延壽的哲學思想中，含有百科全書思想。事實上他的著作，如《宗鏡錄》、《萬善同歸集》、《觀心玄樞》都含有濃厚的百科全書色彩。這三部書雖然主題並不全同，但敘事方式及材料採集都又一致：不是一家之言，而為海納百川。就篇幅長短而言，《宗鏡》是大百科，《同歸》是中百科，《玄樞》是小百科。就性質而論，前者著重哲理，後者專注觀心，《同歸》重點在於宗教實踐。

　　由於《宗鏡錄》是一部佛教哲學百科全書，延壽在這本書中，建立了他的哲學體系：立一心為宗，照萬法如鏡，其中有他自己的哲學，也有其他思想家的理論。其他思想包括印度佛教哲理及中華

------

❿　同上，775b，814c，754。

⓫　同上，713–719a，725b，761a，803a。參閱拙文〈延壽佛學思想的形成〉，收於本章❺所引拙書，頁217–218。

佛學的代表宗旨。延壽承繼了晚唐中國佛教的遺產，將那些傳統思想加以整理，重新排列。在禪宗傳統中，奉馬祖一派為正宗，並博採荷澤、牛頭禪法的要旨，強調禪教一致。在理論體系上，他接受《起信論》一心二門的架構為主軸，將禪宗的「心為宗」與華嚴宗的本體論合為一體，建立成「一心萬法」的核心理論。從天台宗的一心三觀、觀心論證中，尋文摘證以加強延壽自己的理論基礎。從唯識哲學中，找到心識的分析和論理，從而使「一心」哲學有一套完整而細緻的理論體系，和邏輯論證程序。在建立百科思想的過程中，延壽對禪與華嚴以外的佛教哲學，採用了吸收與批評的不同態度。這兩種態度在處理唯識哲學時，表現得最為清楚。例如他將「八識」、「種子」、「熏習」等唯識要旨，加以吸收，說明宗教心理學的層次和轉變的可能性；另一方面又引用中觀哲學對「有」的質疑。又用性宗「真如隨緣」和「隨緣不變」的論點，批評中觀之「空」偏於一邊。延壽處理佛教思想的方法，一方面是豐富自己思想的內容及說服力量；一方面也在表現他的博學多才。前者屬思想範疇，後者應歸學術領域。兩者在延壽的百科思想中，有分有合，對書中的重要問題，從不同的角度和立場，作出說明和作者的主張。儘管這些主張不一定能夠說服現代讀者，但是書中所討論的哲學主題，無疑的可以代表中國佛教思想的主流傾向及宗教哲學課題。以此而論，延壽可以視作是中華佛教思想百科全書的集大成者。他的《宗鏡錄》大百科全書，無論在篇幅上或是內容方面，都是上越前賢，後無倫比。

年　表

918 **後梁貞明四年**

延壽十六歲，為儒生。傳云曾作〈齊天賦〉獻吳越文穆王元瓘於杭州，為眾推許。(《永明道蹟》)

919 **貞明五年**

天台山傳教院義寂生(919–987)，俗姓胡。(《宋高僧傳》)

佛教史學家贊寧生 (919–1002)，俗姓高。晚年以著《宋高僧傳》，《僧史略》等書，為世所重。

924 **後唐同光二年**

德韶禪師，尋訪名山，參善知識，拜文益禪師(885–958)，嗣其法，為法眼禪宗第二代領袖，後為延壽之師。(《宋高僧傳》)

928 **天成二年**

漳州羅漢院桂琛(867–928)卒。

929 **天成三年**

錢俶生。後為吳越王，支持延壽甚力。

931 **長興二年**

延壽二十八歲，為華亭鎮將。

934 **清泰元年**

吳越王元瓘建龍冊寺。令參為主持。延壽捨妻孥削髮登戒，修頭陀苦行。

935 **清泰二年**

四明沙門子麟，遊高麗、百濟、日本諸國。高麗遣使李仁日送子麟還。

939 **後晉天福三年**

延壽約於是年去天台山天柱峰下，習定九旬。後又參德韶，嫡法眼禪。德韶一見，深器重之，授以密旨，有所契悟。

947　**後漢天福十二年**

天台山德韶，初至沙田。時吳越忠懿王（錢俶）以王子刺臺州，嚮師之名，延請問道。韶告王曰：他日當為霸主，無忘佛恩。並語俶云：「此地非君為治之所，當速歸；不然不利。」未幾有胡思進之變。

約於此時，德韶告延壽曰：「汝與元帥（錢俶）有緣，他日大興佛事。」

吳越王錢弘佐卒。錢弘倧繼立。

948　**後漢乾祐元年**

吳越將領胡思進，廢錢弘倧，立錢弘俶（後改名為錢俶）為吳越王。俶尊德韶禪師為國師。

951　**後周廣順元年**

杭州永明寺建成，命道潛禪師主之，吳越王賜師號為「應真禪師」。

952　**廣順二年**

延壽住持雪竇山。從他參學者甚眾，《雪竇寺志》稱，延壽所纂《宗鏡錄》初稿在此寺寫成。

會稽大善寺僧行滔(895–956)卒。曾編《大藏經音義》五百餘卷，行於浙左右僧坊。

招慶寺靜、筠二禪師編著《祖堂集》。

954　**後周顯德元年**

杭州永明寺建成。

釋義楚撰《釋氏六帖》。

955　**顯德二年**

周顯德中，高麗國遣使齎金入浙，求《慧琳音義》，時無此本，

故付闕如。

958 顯德五年

清涼文益(885–958)禪師卒。師受法於桂琛(867–928)，善文筆，有撰述。住金陵報恩院，著有《宗門十規論》。其弟子德韶、文燧、高麗慧炬等，並為王者所重。行化一方，世稱法眼宗。

960 顯德七年

杭州靈隱寺復建，延壽受錢俶之邀，主持寺務為新寺開山。周世宗卒，趙匡胤建立宋王朝，都於汴京。

961 宋建隆二年

永明寺主道潛，於九月十八日示寂。

延壽受錢俶之請，入主永明寺。

962 建隆三年

延壽約於是年，開始編纂《宗鏡錄》。

970 宋開寶三年

延壽奉命建六和塔於錢塘。塔高九級，五十餘丈，用之以鎮江水潮汐之險。

972 開寶五年

六月二十八日，德韶禪師卒，世壽八十二。弟子延壽等嗣其法。

974 開寶七年

延壽謝永明寺主持職務。入天台山，開菩薩戒，求受者約萬餘人。

976 開寶八年

十二月二十六日（公元976年元月29日），延壽跏趺而亡於永

明寺。世壽七十二，僧臘三十七。

978　宋太平興國三年

吳越王錢俶，納土入宋，計十三州、一軍、八十六縣，人口五十五萬餘。吳越王國，凡五主七十二年，至是而止。

991　淳化二年

高麗遣宋沙門，從延壽學於永明寺，是年返高麗，持師著《宗鏡錄》等同歸，是為禪宗傳入海東之始。（權相老著：《朝鮮佛教史略》）

998　咸平元年

僧人學者贊寧奉命編撰《宋高僧傳》，曾赴杭州蒐集史料，是年撰寫完工，獻入宋朝政府。詔以此書三十卷入《大藏經》。書中有延壽傳，這是僧史中記載延壽最早的傳記。

1004　景德元年

道原編成禪宗史書三十卷，獻入朝廷，賜名《景德傳燈錄》。書中收有延壽傳。

1072　熙寧五年

沈振撰《萬善同歸集・序》。

1078　元豐元年

宋魏端獻王鏤版印行《宗鏡錄》，分賜名剎。這是此書的最早印本。

1091　元祐六年

錢唐新本《宗鏡錄》流傳入宋東京法雲道場，官僚楊傑為之撰《宗鏡錄・序》，盛讚此本，尤為精詳。開版印行，收入《大藏經》。

1108　大觀二年

福州東禪寺《宗鏡錄》印版刻成。

1123 宣和五年

宋代僧人惠洪，撰《禪林僧寶傳》三十卷，收有〈永明智覺禪師傳〉。

參考書目

略　號

T　《大正新修大藏經》

《續》　《卍新修續藏經》

《宋》　《宋高僧傳》，（宋）贊寧著，范祥雍點校，《中國佛教
典籍選刊》（北京：中華，1987年），T第51冊。

《備史》　《吳越備史》，范坰、林禹撰，《叢書集成新編》（臺
北：新文豐，民74年）。

《印仏研》　《印度學佛教學研究》（日文學報）。

《燈》　《景德傳燈錄》，（宋）道原，T51冊。

《蹟》　《永明道蹟》，大壑，《續》146冊。

古　籍

《道德經名著選輯》，《南華經》，《南華真經》：《中國子學名著
集成》（臺北：中國子學名著集成編印會，民62，66，67
年）。

《舊唐書》，（後晉）劉昫等（上海：中華書局，1975年）。

《新唐書》，（宋）歐陽修　宋祁（上海：中華，1975年）。

《舊五代史》，（宋）薛居正等（上海：中華，1976年）。

《新五代史》，（宋）歐陽修（上海：中華，1974年）。

《宋史》，（元）脫脫等（上海：中華，1977年）。

《宗鏡錄》，《萬善同歸集》，《永明智覺禪師唯心訣》，《定慧相
　　資歌》，《警世》，（吳越）延壽，T48冊。

《受菩薩戒法》，延壽，《續》，105冊。

《智覺禪師自行錄》，文沖編，《續》，111冊。

《觀心玄樞》，延壽，《續》，114冊。

《心賦注》，延壽，《續》，111冊。

《摩訶止觀》，（隋）智顗著，T46冊。

《觀心論》，智顗，T46冊。

《金光明經玄義》，智顗，T39冊。

《三觀義》，智顗，《續》，99冊。

《大乘義章》，（隋）慧遠，T44冊。

《集古今佛道論衡》，（唐）道宣輯，T52冊。

《成唯識論述記》，《瑜伽師地論略纂》，（唐）窺基，T43冊。

《圓覺經大疏鈔》，（唐）宗密，《續》，第14–15冊。

《禪源諸詮集都序》，宗密，T48冊。

《禪門師資承襲圖》，宗密，《續》，第110冊。

《宗門十規論》，文益，《續》，第110冊。

《祖堂集》，（南唐）靜筠（臺北：廣文，民61年）。

《禪林僧寶傳》，（宋）惠洪，《續》，137冊。

《林間錄》，《林間後錄》，惠洪，《續》，148冊。

《人天寶鑑》，（宋）曇秀編，《續》，148冊。

《樂邦文類》，（宋）宗曉編，T47。

《龍舒增廣淨土文》，（宋）王日休編，T47。

《廬山蓮宗寶鑑》，（元）普度編，T47。

《淨慈寺志》、《靈隱寺志》、《雪竇寺志》，收於《中國佛寺志彙
　　編》，杜潔祥編（臺北：明文書局，1980年），一輯第17–19，
　　23冊，三輯第13冊。

《藝文志二十種綜合引得》（北京：燕京大學，1933年）。

《佛藏子目引得》（臺北：成文，1996年影印本）。

《新纂禪籍目錄》（東京：駒澤大學，昭37年）。

近人研究

忽滑谷快天：《禪學思想史》上、下冊（東京：玄黃社，昭12
　　年）。

羅香林：《唐代文化史》（臺北：臺灣商務印書館，民44年）。

陳垣：《中國佛教史籍概論》（北京：科學出版社，1955年）。

馮友蘭：《中國哲學史》（北京：中華，1961年新一版）。

　　《中國哲學史新編》第四冊（北京：人民出版社，1986
　　年）。

阿部肇一：《中國禪宗史研究》（東京：誠信書房，1963年）。

關口真大：《禪宗思想史》（東京：山喜房，昭39年）。

　　《天台止觀の研究》（東京：岩波，昭44年）。

田中良昭：〈敦煌禪宗資料分類目錄初稿(3)〉，《駒澤大學佛教
　　學部研究紀要》，第34號（1964年）。

章群:《唐史》(臺北: 中華文化, 民54年)。

鎌田茂雄:《中國華嚴思想史の研究》(東京: 東京大學, 1965年)。

《禪源諸詮集都序》(東京: 筑摩書房, 1971)。

《宗密教學の思想史的研究》(東京: 東京大學, 1975年)。

《華嚴學研究資料集成》(東京: 大藏出版社, 1983年)。

《禪典籍內華嚴資料集成》(東京: 大藏, 1984年)。

《朝鮮佛教史》(東京: 東京大學, 1987年)。

《鎌田茂雄博士古稀紀念: 華嚴學論集》(東京: 大藏, 1997年)。

柳田聖山:《初期禪宗史書の研究》(京都: 禪文化研究所, 1967年)。

《禪の語錄 2: 楞伽師資記, 傳法寶記》(東京: 筑摩書房, 1971年)。

《祖堂集索引》(京都: 京都大學人文科學研究所, 1984年)。

〈語錄の歷史〉,《東方學報》(京都), 第57號 (1985年)。

小野玄妙編:《佛書解說大辭典》(東京: 大東, 1968年)。

徐復觀:《中國人性史論: 先秦篇》(臺北: 臺灣商務印書館, 1969年)。

《兩漢思想史》(香港: 中文大學, 1975年)。

胡適:《神會和尚遺集》(臺北: 胡適紀念館, 民59年)。

《胡適手稿》(臺北: 胡適紀念館, 民59年)。

印順:《中國禪宗史》(臺北: 慧日講堂, 民60年)。

錢穆:《朱子新學案》(臺北: 三民書局, 民60年)。

藍吉富：《隋代佛教史述論》（臺北：臺灣商務，民63年）。

森江俊孝：〈延壽と天台德韶の相見について〉，《印仏研》，
　　23/2（1975年）。

　　　〈新出資料・逸文「觀心玄樞」の研究〉，《曹洞宗研究員
　　研究生研究紀要》9（1977年）。

　　　〈觀心玄樞の研究(2)〉，《曹洞宗研究員研究生研究紀要》
　　13（1981年）。

張曼濤編：《禪宗典籍研究》（臺北：大乘文化，民66年）。

　　　《淨土宗史論》（臺北：大乘文化，民68年）。

呂澂：《中國佛教源流略講》（北京：中華，1979年）。

高亨：《周易大傳今注》（濟南：齊魯，1979年）。

韓國磐：《隋唐五代史論集》（北京：人民，1979年）。

木村清孝：《中國佛教思想史》（東京：世界聖典刊行會，1979
　　年）。

　　　〈永明延壽の老莊觀〉，《大正新修大藏經會員通信》，77
　　號（1976年8月）。

郭朋：《隋唐佛教》（濟南：齊魯，1980年）。

　　　《宋元佛教》（福州：福建人民，1981年）。

樓宇烈：《王弼集校釋》（北京：中華，1980年）。

土橋秀高：《戒律の研究》（京都：同朋社，1980年）。

Plott,John C.：*Global History of Philosophy*，Ⅲ，Ⅳ（Delhi：
　　Motilal Banarsidass, 1980, 1984）.

日置孝彦：〈「万善同帰集」にあらわされた浄土教説〉，《曹洞
　　宗研究員研究生研究紀要》12號（1980年）。

石井修道：〈真福寺文庫所藏の「裴休拾遺問」の翻刻〉，《禪學

研究》60號（昭56年）。

《宋代禪宗史の研究》（東京：大東，昭62年）。

湯用彤：《隋唐佛教史稿》（北京：中華，1982年）。

上原智周：〈禪と念佛〉，《京都女子學院研究紀要》11號（1982年）。

孔維勤：《永明延壽宗教論》（臺北：新文豐，1983年）。

吳文治：《韓愈資料彙編》（北京：中華，1983年）。

池田魯參：〈趙宋天台學の背景──延壽教學の再評價〉，《駒澤大學佛教學部論集》，14號（昭58年）。

韓泰植：〈延壽門下の高麗修學生について〉，《印仏研》，32/1（1983年）。

王明：《道家及道教思想研究》（北京：社會科學，1984年）。

任繼愈　主編：《中國佛教史》第二卷，第三卷（北京：社會科學，1985，1988年）。

《中國哲學發展史：魏晉南北朝》（北京：人民，1988年）。

卿希泰：主編《中國道教思想史綱》（成都：四川人民，1985年）。

《中國道教史》，第一卷（成都：四川人民，1989年）。

吉津宜英：《華嚴禪の思想史の研究》（東京：大東，1985年）。

鈴木哲雄：《唐五代禪宗史》（東京：山喜房，昭60年）。

Hartman, C.: *Han yü and The T'ang Search of Unity* (Princeton, N.J.: Princeton University Press，1986）．

Welter, Albert F.: *The Meaning of Myriad Good Deeds*：*A study of Yung-ming Yen-show and Wan-shan T'ung-kuei Chi*（McMaster 大學博士論文，1986年）。

梅光羲：《宗鏡錄法相義節要》（臺北：新文豐，民76年影印）。

　　《宗鏡大綱》（臺南：精進念佛會，民79年）。

鄧克銘：《法眼文益禪師之研究》（臺北：東初，民76年）。

Shinohara, K. et. al. 編：*Monks and Magicians*（Oakville：Mosaic Press，1988）.

韓基斗：〈高麗禪宗思想的傳統〉，收於《傳統思想（三）》（漢城：韓國精神文化學院，1988年）。

韓京洙：〈永明延壽の禪淨融合思想〉，《印仏研》，32/1（1988年）。

冉雲華：《宗密》（臺北：東大，民77年）。

　　《中華禪學研究論集》（臺北：東初，民79年）

　　《從印度佛教到中國佛教》（臺北：東大，民84年）。

　　〈黑水城殘卷「承襲圖」研究〉，收於《潘石禪先生九秩華誕敦煌學特刊》（臺北：文津，1996年）。

　　〈宗鏡錄中所見華嚴宗思想〉，收於《華嚴學論集》（東京：大藏出版社，1997年）。

　　〈禪宗七祖之爭的文獻研究〉，《香港中文大學中國文化研究所學報》，新六期（1997年）。

曹仕邦：《中國佛教譯經史論集》（臺北：東初，民79年）。

柴田　泰：〈中國淨土教における唯心淨土思想の研究〉，《札幌大谷短期大學紀要》，第22號（1990年）。

牧田諦亮：《五代宗教史研究》（京都：平樂寺，1991年）。

Shih Heng-Ch'ing：*The Syncretism of Ch'an and Pure Land Buddhism*（New York: Peter Lang，1992）。

釋恆清　主編：《佛教思想的承傳與發展》（臺北：東大，民

84年)。

楊曾文：《敦煌新本六祖壇經》（上海：古籍，1993年）。

　　〈牛頭法融及其禪法〉，收於《佛教思想的承傳與發展》，
釋恆清主編。

黃繹勳：《觀心與成佛——永明延壽「觀心玄樞」第二問題的研
究》（臺北：法光佛教文化研究所碩士論文，1994年）。

王翠玲：《宗鏡錄の基礎的研究》（東京大學修士論文，
1995）。

　　〈永明延壽の傳記について〉，《インド哲學仏教學研究》，
（東京大學大學院）4（1996年）。

麻天祥：〈永明延壽與宋代禪宗的綜合〉，《世界宗教研究》，
1996/4期

仙石景章：〈宗鏡錄に引用をれる大乘經典について〉，北海道
《印度哲學仏教學》，7（平成4年）。

索 引

十二劃

世界哲學家叢書（一）

書　　　　　名	作　　　者	出　版　狀　況
孔　　　　　子	韋　政　通	已　　出　　版
孟　　　　　子	黃　俊　傑	已　　出　　版
荀　　　　　子	趙　士　林	已　　出　　版
老　　　　　子	劉　笑　敢	已　　出　　版
莊　　　　　子	吳　光　明	已　　出　　版
墨　　　　　子	王　讚　源	已　　出　　版
公　孫　龍　子	馮　耀　明	排　　印　　中
韓　　　　　非	李　甦　平	已　　出　　版
淮　　南　　子	李　　　增	已　　出　　版
董　　仲　　舒	韋　政　通	已　　出　　版
揚　　　　　雄	陳　福　濱	已　　出　　版
王　　　　　充	林　麗　雪	已　　出　　版
王　　　　　弼	林　麗　真	已　　出　　版
郭　　　　　象	湯　一　介	已　　出　　版
阮　　　　　籍	辛　　　旗	已　　出　　版
劉　　　　　勰	劉　綱　紀	已　　出　　版
周　　敦　　頤	陳　郁　夫	已　　出　　版
張　　　　　載	黃　秀　璣	已　　出　　版
李　　　　　覯	謝　善　元	已　　出　　版
楊　　　　　簡	鄭曉江　李承貴	已　　出　　版
王　　安　　石	王　明　蓀	已　　出　　版
程顥、程頤	李　日　章	已　　出　　版
胡　　　　　宏	王　立　新	已　　出　　版
朱　　　　　熹	陳　榮　捷	已　　出　　版
陸　　象　　山	曾　春　海	已　　出　　版

世界哲學家叢書 (二)

書　　　　　名	作　　者	出　版　狀　況
王　　廷　　相	葛　榮　晉	已　　出　　版
王　　陽　　明	秦　家　懿	已　　出　　版
李　　卓　　吾	劉　季　倫	排　　印　　中
方　　以　　智	劉　君　燦	已　　出　　版
朱　　舜　　水	李　甦　平	已　　出　　版
戴　　　　　震	張　立　文	已　　出　　版
竺　　道　　生	陳　沛　然	已　　出　　版
慧　　　　　遠	區　結　成	已　　出　　版
僧　　　　　肇	李　潤　生	已　　出　　版
吉　　　　　藏	楊　惠　南	已　　出　　版
法　　　　　藏	方　立　天	已　　出　　版
惠　　　　　能	楊　惠　南	已　　出　　版
宗　　　　　密	冉　雲　華	已　　出　　版
永　明　延　壽	冉　雲　華	已　　出　　版
湛　　　　　然	賴　永　海	已　　出　　版
知　　　　　禮	釋　慧　岳	已　　出　　版
嚴　　　　　復	王　中　江	已　　出　　版
康　　有　　為	汪　榮　祖	已　　出　　版
章　　太　　炎	姜　義　華	已　　出　　版
熊　　十　　力	景　海　峰	已　　出　　版
梁　　漱　　溟	王　宗　昱	已　　出　　版
殷　　海　　光	章　　　清	已　　出　　版
金　　岳　　霖	胡　　　軍	已　　出　　版
張　　東　　蓀	張　耀　南	已　　出　　版
馮　　友　　蘭	殷　　　鼎	已　　出　　版

世界哲學家叢書（三）

書　　　　名	作　　者	出　版　狀　況
牟　　宗　　三	鄭　家　棟	排　　印　　中
湯　　用　　彤	孫　尚　揚	已　　出　　版
賀　　　　麟	張　學　智	已　　出　　版
商　　羯　　羅	江　亦　麗	已　　出　　版
辨　　　　喜	馬　小　鶴	已　　出　　版
泰　　戈　　爾	宮　　　靜	已　　出　　版
奧羅賓多・高士	朱　明　忠	已　　出　　版
甘　　　　地	馬　小　鶴	已　　出　　版
尼　　赫　　魯	朱　明　忠	已　　出　　版
拉達克里希南	宮　　　靜	已　　出　　版
李　　栗　　谷	宋　錫　球	已　　出　　版
空　　　　海	魏　常　海	排　　印　　中
道　　　　元	傅　偉　勳	已　　出　　版
山　鹿　素　行	劉　梅　琴	已　　出　　版
山　崎　闇　齋	岡田武彥	已　　出　　版
三　宅　尚　齋	海老田輝巳	已　　出　　版
貝　原　益　軒	岡田武彥	已　　出　　版
荻　生　徂　徠	王　祥　齡 劉　梅　琴	排　　印　　中
石　田　梅　岩	李　甦　平	已　　出　　版
楠　本　端　山	岡田武彥	已　　出　　版
吉　田　松　陰	山口宗之	已　　出　　版
中　江　兆　民	畢　小　輝	已　　出　　版
蘇格拉底及其先期哲學家	范　明　生	排　　印　　中
柏　　拉　　圖	傅　佩　榮	已　　出　　版
亞里斯多德	曾　仰　如	已　　出　　版

世界哲學家叢書（四）

書　　　　　　名	作　　者	出　版　狀　況
伊　壁　鳩　魯	楊　　適	已　出　版
愛　比　克　泰　德	楊　　適	排　印　中
柏　　羅　　丁	趙　敦　華	已　出　版
伊　本　·　赫　勒　敦	馬　小　鶴	已　出　版
尼　古　拉　·　庫　薩	李　秋　零	已　出　版
笛　　卡　　兒	孫　振　青	已　出　版
斯　賓　諾　莎	洪　漢　鼎	已　出　版
萊　布　尼　茨	陳　修　齋	已　出　版
牛　　　　頓	吳　以　義	排　印　中
托　馬　斯　·　霍　布　斯	余　麗　嫦	已　出　版
洛　　　　克	謝　啓　武	已　出　版
巴　　克　　萊	蔡　信　安	已　出　版
托　馬　斯　·　銳　德	倪　培　民	已　出　版
梅　　里　　葉	李　鳳　鳴	已　出　版
狄　　德　　羅	李　鳳　鳴	排　印　中
伏　　爾　　泰	李　鳳　鳴	已　出　版
孟　德　斯　鳩	侯　鴻　勳	已　出　版
施　萊　爾　馬　赫	鄧　安　慶	已　出　版
費　　希　　特	洪　漢　鼎	已　出　版
謝　　　　林	鄧　安　慶	已　出　版
叔　　本　　華	鄧　安　慶	已　出　版
祁　　克　　果	陳　俊　輝	已　出　版
彭　　加　　勒	李　醒　民	已　出　版
馬　　　　赫	李　醒　民	已　出　版
迪　　　　昂	李　醒　民	已　出　版

世界哲學家叢書（五）

書　　　　　名	作　　　者	出　版　狀　況
恩　格　斯	李　步　樓	已　　出　　版
馬　克　思	洪　鐮　德	已　　出　　版
約　翰　彌　爾	張　明　貴	已　　出　　版
狄　爾　泰	張　旺　山	已　　出　　版
弗　洛　伊　德	陳　小　文	已　　出　　版
史　賓　格　勒	商　戈　令	已　　出　　版
韋　　　伯	韓　水　法	已　　出　　版
胡　塞　爾	蔡　美　麗	已　　出　　版
馬克斯・謝勒	江　日　新	已　　出　　版
海　德　格	項　退　結	已　　出　　版
高　達　美	嚴　　平	已　　出　　版
盧　卡　奇	謝　勝　義	排　　印　　中
哈　伯　馬　斯	李　英　明	已　　出　　版
榮　　　格	劉　耀　中	已　　出　　版
皮　亞　傑	杜　麗　燕	已　　出　　版
索　洛　維　約　夫	徐　鳳　林	已　　出　　版
費　奧　多　洛　夫	徐　鳳　林	已　　出　　版
別　爾　嘉　耶　夫	雷　永　生	已　　出　　版
馬　賽　爾	陸　達　誠	已　　出　　版
阿　圖　色	徐　崇　溫	排　　印　　中
傅　　　科	于　奇　智	排　　印　　中
布　拉　德　雷	張　家　龍	已　　出　　版
懷　特　海	陳　奎　德	已　　出　　版
愛　因　斯　坦	李　醒　民	已　　出　　版
皮　爾　遜	李　醒　民	已　　出　　版

世界哲學家叢書（六）

書　　　　　　　名	作　　者	出　版　狀　況
玻　　　　　爾	戈　　革	已　出　版
弗　雷　格	王　　路	已　出　版
石　里　克	韓　林　合	已　出　版
維　根　斯　坦	范　光　棣	已　出　版
艾　耶　爾	張　家　龍	已　出　版
奧　斯　丁	劉　福　增	已　出　版
史　陶　生	謝　仲　明	已　出　版
馮　・　賴　特	陳　　波	已　出　版
赫　　　　　爾	孫　偉　平	已　出　版
愛　　默　　生	陳　　波	已　出　版
魯　一　士	黃　秀　璣	已　出　版
普　爾　斯	朱　建　民	排　印　中
詹　姆　士	朱　建　民	已　出　版
蒯　　　　　因	陳　　波	已　出　版
庫　　　　　恩	吳　以　義	已　出　版
史　蒂　文　森	孫　偉　平	已　出　版
洛　爾　斯	石　元　康	已　出　版
海　耶　克	陳　奎　德	已　出　版
喬　姆　斯　基	韓　林　合	已　出　版
馬　克　弗　森	許　國　賢	已　出　版
尼　布　爾	卓　新　平	已　出　版